Karl-Heinz Bittl-Drempetic

Gewaltfrei handeln

Ein Handbuch für die Trainingsarbeit

CITY VERLAG

Zum Autor:
Karl-Heinz Bittl-Drempetic, geboren 1956, Diplomsozialpädagoge, Mitbegründer des Fränkischen Bildungswerks für Friedensarbeit, dort hauptberuflicher Friedensarbeiter seit 1985, Lehrbeauftragter an beiden Nürnberger Fachhochschulen für Sozialpädagogik.

Karl-Heinz Bittl-Drempetic

Gewaltfrei Handeln

Ein Handbuch mit mehr als 200 Übungen und Beispielen für die Trainingsarbeit und einem Beitrag von **Alwin Baumert** zum Theater der Unterdrückten in der Trainingsarbeit.

Regenbogen Bayern e.V.
Fränkisches Bildungswerk für Friedensarbeit e.V.

Die Deutsche Bibliothek - CIP-Einheitsaufnahme
Karl-Heinz Bittl-Drempetic:
Gewaltfrei handeln, Handbuch für die Trainingsarbeit
Hrsg.: Fränkisches Bildungswerk für Friedensarbeit e.V. und Regenbogen Bayern e.V., Nürnberg, München, 1993
1. Auflage: City Verlag, Nürnberg, 1993

Printed in Germany 1993

ISBN: 3-924523-21-5

Herausgeber: Fränkisches Bildungswerk für Friedensarbeit e.V. und Regenbogen Bayern e.V., Nürnberg, München
Umschlagentwurf: Inge Eder (entstammt der Übung "Dusche")
Textverarbeitung: Patricia Salingre
Redaktion: Wolfgang Maier, Irene Heiß-Eppig
Gestaltung: Karl-Heinz Bittl-Drempetic
Druck: City Druck GmbH, Nürnberg
Papier: 90 g/m² , 100% Recycling, chlorfrei gebleicht

Inhaltsverzeichnis

Vorwort 10

I. Grundlagen für die Trainingsarbeit 13

Gewalt - Versuch einer Definition 13

Gewalt - als letztes Mittel? 15

Die Spirale der Gewalt 18

Verzicht auf Gewalt 20
Auswahlliteratur zur Gewaltfreiheit: 24

Grundhaltungen zum gewaltfreien Handeln 25
Identität 25
Abgrenzung 29
Toleranz 30
Empathie 30

Passives Denken und Handeln 34
Passives Verhalten überwinden 39

Basis gewaltfreier Auseinandersetzung 41
Die Gruppe 41
Gewaltfreie Aktion als Freizeithandeln 42
Zeitlos in der Gruppe 43
Problembereiche in der Gruppendynamik 44

Spiritualität und Trainingsarbeit 53
Die Überschwelligkeit der Katastrophe 53
Wir sind größer als wir es uns vorstellen können 53
Das Leiden in der Gewaltfreiheit 55
Leiden in der politischen Aktion 56

Die eigene Trauer sehen lernen 57
Die Schwierigkeit mit der Spiritualität 57
Glaube als Kraftquelle 58

Spirituelle Elemente in einem Training 59

Gewaltfreie Aktion 61
Analyse 62
Der Gegner 62
Macht im Bezug auf den "Gegner" 63
Der Dialog 64
Ideenwerkstatt für die gewaltfreie Aktion 66
Zeitverläufe von Gruppe und Justiz 66
Auswertung und Kontinuität 67
Theater und Kunst in der Trainingsarbeit 67

II. Training in Gewaltfreiheit 68
Meine eigene Geschichte mit Trainings 68
Positionen zur Trainingsarbeit 69
Grundzüge eines Trainings 71
Training ist keine Therapie 73
Wann sind welche Trainings sinnvoll? 74
Was oder wer ist eine Trainerin? 77

Mittel für die Trainingsarbeit 84
Einsatz der Spiele und Übungen 85
Von der Distanz zur gewollten Nähe 85
Einsatz von Vertrauens- und Entspannungsübungen 86

Grundaufbau eines Trainings 87

Nutzung des Methodenteils 88

Trainingsformen zum Thema 90
Aggression und Gewalt 90
Erwartungen der Teilnehmerinnen 91
Was geschieht in einer Gewaltsituation? 93
Wie erlebe ich eine Gewalthandlung? 94
Eingriff als Kunstakt? 96
Grundmuster zu einem Seminar 101

III. Rahmenbedingungen 106

Vorbereitung 107
PR-Arbeit für Trainings in Gewaltfreiheit 113
Werbung für ein Seminar 113
Planung eines Trainings : 115
Wieso einen Vertrag? 117
Subventionen für Maßnahmen in der politischen Bildung: 122
Adressen: 123
Die Raumgestaltung 125
Ankommen 126
Erwartungen und Vereinbarungen 129
Die Auswertung 132

Übungen zum Ankommen und sich Öffnen 133
Raumerfahrung 133
Kennenlernen 142
Erwartungsfindung 157
Methoden zur Programmplanung 175

Auswertung 182
In Bewegung kommen 191
um sich Luft zu machen 202
Übungen mit Schreien und Lärm 203
Kontakt finden - die Gruppe spüren 208
Wahrnehmen - Gestalten 223
Fangen und Wetten 236

Kommunikation ... 251
Vertrauen schaffen ... 259

Übungen zur Entspannung und Meditation ... 265
Kurze Einführung in die Zen-Meditation ... 267
Meditation im Training ... 267
Der Weg des Yoga ... 271
Anwendung von Yoga in einem Training ... 272
Entspannungsübungen im Training ... 274

Analyseformen ... 283
Konfliktanalyse ... 288

Entscheidungsfindung ... 312

Theater der Unterdrückten und Gewaltfreiheit ... 337

Übungen für themenorientierte Trainings ... 355
Aggression und Gewalt ... 355

Adressen ... 394

Liste der Übungen und Spiele: ... 396

für
Maeva
Hanna
Samuel
Gabriel
Miriam
Manuel
Noemie
Samy
Nadege
Sumant
Felix
Leo
François-Fidélo

für
alle
Kinder
dieser
Erde

Liebe Leserin, lieber Leser, liebe Kolleginnen und Kollegen

Dieses Buch knüpft an an die Methodensammlung der Trainingskollektive von 1979. Es soll für die bestehende umfangreiche Trainingsarbeit eine Hilfe sein. Es soll auch Menschen motivieren, sich als Trainer/innen ausbilden zu lassen und diese Form der Bildungsarbeit weiter zu entwickeln.
Obwohl dieses Werk eine Methodensammlung ist, beginne ich mit einer inhaltlichen Reflexion. Dabei geht es mir vor allem um bestimmte Punkte, die für mich in der Trainingsarbeit von besonderer Wichtigkeit sind. Die niedergeschriebenen Gedanken sollen das Verständnis und den Zusammenhang für die folgenden Übungsteile herstellen. Da ich mit diesem Buch die methodischen Grundlagen der Trainingsarbeit zusammenfassen will, beginne ich im Methodenteil mit den Rahmenbedingungen und gehe dann über zu den einzelnen Übungen, die in einem Training wichtig sind. Es ist klar, daß Fang- und Wettspiele in manch anderer Sammlung auch zu finden sind, doch halte ich es für wichtig, sie als einen Bestandteil unserer Arbeit in dieses Buch einzubringen, zumal mir bislang eine Sammlung aller hier aufgeführten Varianten in einem Buch noch nicht zu Gesicht gekommen ist. Der Grund, warum ich den Abschnitt "Meditation und Entspannungsformen" mit eingebaut habe, liegt in der für mich wichtigen Wechselbeziehung zwischen Kampf und Kontemplation. Ich hätte diesen Teil gerne ausführlicher gemacht, doch hoffe ich, daß die Literaturhinweise manche Leserin und manchen Leser dazu motivieren, sich dort weitere Informationen und Anregungen zu holen. Nach den Grundlagen - wie Entscheidungsfindung und Analyse - habe ich als thematische Trainingsformen noch die aktuellen Zivilcouragetrainings (auch Anti-Gewalt-Trainings genannt) behandelt. Geplant ist eine Weiterführung mit den Trainings in der Ermutigungsarbeit (Empowermentwork), den Aktionsvorbereitungstrainings einschließlich Aktionsentwicklung und Planung, der elektronischen Vernetzung von gewaltfreien Aktionsgruppen, den Trainingsformen in den Arbeitsbereichen Ökologie und Soziale Konflikte, den Trainings in Kriegs-

gebieten und sozialen Spannungsfeldern. Dies alles wird hoffentlich bald in einem zweiten Band erscheinen. Mit diesem Buch möchte ich Euch Kolleginnen und Kollegen einladen, diese Methodensammlung zu erweitern und zu vervollständigen. Ich möchte Euch bitten, mir Eure Trainingskonzepte zuzusenden. Auch bin ich für jede Kritik dankbar. Die zweite Auflage soll dann von Euch verbessert und vervollständigt herauskommen. Diese Einladung gilt auch für den 2. Band.

Danken möchte ich für die kritische Redaktionsarbeit meinen Kolleg/-inn/en Irene Heiß-Eppig, Wolfgang Maier, Alwin Baumert und der unermüdlichen Übersetzerin und Tipperin Patricia Salingre. Mein Dank gilt auch den Trainingskollegen, die vor 20 Jahren die erste deutsche Methodensammlung als Loseblattsammlung begonnen haben und somit eine wertvolle Grundlage für viele der Übungen geleistet haben.

Schwabach, im Dezember 1993

Karl-Heinz Bittl-Drempetic

Anmerkung der Redaktion: Der heiklen Aufgabe "Wie sag ich's Männern und Frauen" konnten wir uns auch bei diesem Buch nicht entziehen. Um es Frauen und Männern beim Lesen gleichermaßen recht zu machen, die Texte aber nicht durch Schrägstriche oder große I und R zu verhackstücken, haben wir uns entschlossen, soweit dies möglich war, mit männlichen und weiblichen Anredeformen einfach abzuwechseln. Es dürfen sich in jedem Fall Trainer wie Trainerinnen, TeilnehmerInnen, Polizist/inn/en und ÜbeltäteR angesprochen fühlen.

Regenbogen -
Der grün-nahe Träger für politische Bildung in Bayern

Bereits seit mehr als 10 Jahren gibt es in Bayern vielfältige Ansätze und Aktivitäten alternativer, grün-naher politischer Bildungsarbeit. Regenbogen ist der bayernweite Zusammenschluß dieser Initiativen. Seit 1989 sind wir Mitglied im Buntstift, Föderation der grün-nahen Länderstiftungen und Bildungswerke e.V. Unsere Tätigkeit ist geleitet von dem Ziel, basisnah und dezentral zu arbeiten, weil wir meinen, daß politische Fragen und Problemstellungen dort am besten wahrgenommem und formuliert werden können, wo die Menschen unmittelbar davon betroffen sind. Deshalb führen wir einen Großteil unserer Veranstaltungen gemeinsam mit anderen Gruppen, Initiativen oder Vereinen durch. Unsere Veranstaltungen beschäftigen sich hauptsächlich mit folgenden Thememschwerpunkten:

- Feministische Bildungsarbeit und Frauen
- Alternative Wissenschaft
- Ökologie und soziale Innovation
- alternative politische Bildung
- Fünf Neue Länder und Osteuropa
- "Dritte" Welt und Internationales

Dazu veröffentlichen wir auch Bücher und Dokumentationen, erstellen (Wander-)Ausstellungen, Dia-Serien, Videos. In der Geschäftsstelle kann eine Liste dieser Materialien angefordert werden, die sich in der politischen Bildungsarbeit einsetzen lassen.
Mit unseren Veranstaltungen wenden wir uns an Menschen, die nach neuen Wegen suchen, unsere Gesellschaft gewaltfrei und emanzipatorisch gegenüber Mensch und Natur zu gestalten. Wir wenden uns an Menschen, die umfassend an politischen Themen arbeiten möchten, und denen an einer ganzheitlichen Einbeziehung von Wissen und Erfahrung liegt, von gesellschaftlicher Analyse und persönlicher Betroffenheit. Mit unseren Veranstaltungen möchten wir innovative gesellschaftspolistische Impulse geben und anregen, sie im eigenen Umfeld umzusetzen.

I. Grundlagen für die Trainingsarbeit

Gewalt - Versuch einer Definition

Bei seinem Versuch den Frieden zu definieren, beschrieb der Friedensforscher Johan Galtung einst den Frieden als "Abwesenheit von Gewalt". Diese Definition ist heute so aktuell wie eh und je! In seinen Ausführungen zu diesem Friedensbegriff unterscheidet er dabei zwischen positivem und negativem Frieden: den negativen Frieden charakterisiert er als Abwesenheit personaler Gewalt.
Personale Gewalt heißt: der Akteur ist sichtbar, das Opfer erkennbar, die Handlung nachvollziehbar - es ist eine direkte körperliche Schädigung eines anderen Menschen. Angefangen mit dem Schlagen eines Kindes und endend in der Massenvernichtung von Menschen im Krieg.
Der Verzicht auf diese Art von Gewalt bedeutet im staatspolitischen Bereich - Frieden. Für Galtung ist das ein "negativer Frieden", da Gewalt für ihn eine weitere Dimension hat.
Sein Definitionsversuch

"Gewalt liegt dann vor, wenn Menschen so beeinflußt werden, daß ihre aktuelle somatische und geistige Verwirklichung geringer ist als ihre potentielle Verwirklichung"

bedarf weiterer Erklärungen.
Viele vergessen, daß Galtung diese Erklärung im Blick auf die Wirkungsweise des Friedens abgegeben hat.

Frieden ist für ihn "ein zielgerichteter Prozeß engagierter Konfliktaustragung mit sozialen Mitteln bei gleichzeitig zunehmender Verwirklichung der Menschenrechte und damit sozialer Gerechtigkeit und Demokratie."

Mit dieser Definition wird einiges deutlicher. Die Verhinderung somatischer und geistiger Verwirklichung beginnt in den Strukturen, die

sich Menschen geschaffen haben. **Zugleich ist aber Gewalt nicht ein allumfassendes Phänomen sondern ein eindeutig negatives Mittel, welches dem Menschen seine Entwicklungsfähigkeit im Rahmen der Menschenrechte nicht gewährt.** Umgekehrt ist der Einsatz für Frieden nicht ein passives Warten auf eine Besserung, sondern ein aktives Einschreiten gegen Gewalt in sich selbst und im Nächsten.
Nach Galtungs Vorstellung ist Gewalt ein Einfluß.
Ein vollständiges Einflußverhältnis hat für ihn dreierlei Voraussetzungen:

- Es gibt etwas, das beeinflußt (Subjekt),
- das beeinflußt wird (Objekt) und
- eine praktische Methode der Einflußnahme (Aktion).

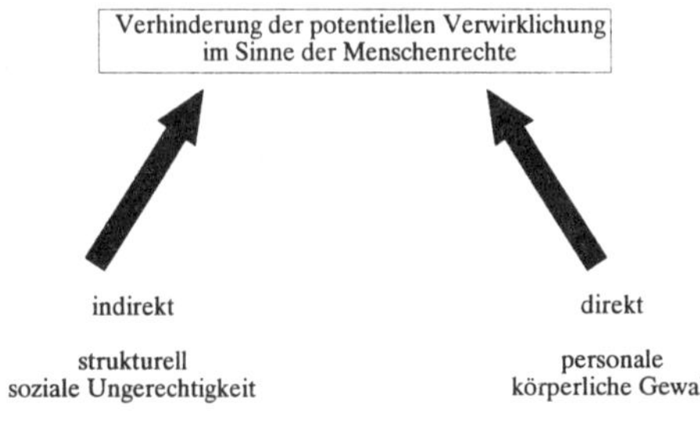

Galtung untersucht Gewalt in ihrer gesamten Ausformung und definiert Unterscheidungsmerkmale, die für uns von Interesse sind.
Die Gewaltanwendung, sprich Verhinderung der Verwirklichung im **Sinne der Menschenrechte**, findet also **direkt**, durch die Zerstörung und Unterdrückung der Möglichkeiten (Ermordung, Folter, Drohgebärde) oder **indirekt** durch generelles Nichtvorhandensein (keine Möglichkeiten zum Kauf von Nahrungsmitteln, keine Schulen, keine Lehrkräfte, keine Spielflächen) statt.
Dieses Nichtvorhandensein bedingt sich durch Strukturen. Zum Beispiel ist eine Mitbestimmung der Schülerin bei der Gestaltung des Unterrichts heute schlechthin nicht vorstellbar. Dennoch wäre dies vom Ansatz echter Identität her eine Notwendigkeit. Ebensowenig vorstellbar ist noch heute die Verfügungs-und Gestaltungsmöglichkeit

eines "normalen" Arbeitnehmers, was seine Arbeitszeit und seinen Arbeitsplatz anlangt. Die Demokratie endet am Fabriktor. Genauso sind es bestimmte Strukturen, die es ermöglichen, daß Kontinente radioaktiv verseucht werden.

Gewalt - als letztes Mittel?

"Gewaltfreiheit" im Sinne des Galtungschen positiven Friedensbegriffs (d.h. Ablehnung struktureller wie personaler Gewalt) hat aber eine weitergehende Bedeutung.
Freiheit von Gewalt ist der Verzicht auf das letzte Mittel Gewalt und Krieg. Da wir in einem System leben, in dem Gewalt als ultima ratio eingesetzt wird, ist dieser Verzicht auf Gewalt zugleich ein Hinweis auf eine Lebensform, die auf einem ganz anderen Fundament aufbaut. Ich möchte hier anhand dreier unterschiedlicher Beispiele zeigen, wieso Gewaltfreiheit dieser bewußte Verzicht auf das "Letzte Mittel Gewalt" ist.

Beispiel 1:	Vater und Sohn befinden sich im Streit. Der Sohn will keineswegs folgsam sein und den Tisch decken. Schon gar nicht, wenn der Vater mit diesem Ton auf ihn losgeht: "Wenn du jetzt nicht sofort...." - ja, was dann?
Beispiel 2:	Die Schüler wiedersetzen sich einer Aufforderung der Lehrkraft und albern weiterhin im Klassenzimmer umher. Die Lehrkraft droht mit Disziplinarmaßnahmen.
Beispiel 3:	Der Kompaniechef befielt seinen Soldaten stramm zu stehen. Einige sehen dies nicht ein und werden ermahnt.

Diese drei willkürlich herausgeriffenen Beispiele enden, wenn sie konsequent weitergedacht werden, mit einem Gewaltakt.
Der Vater züchtigt sein Kind in der Annahme, ein kleiner Schlag hätte noch niemandem geschadet. Die Lehrkraft entzieht den Schülern individuelle Freiheiten, oder falls sie mit den Nerven am Ende ist,

schlägt sie den frechsten von ihnen. Der Kompaniechef wird ebenfalls mit Freiheitsentzug reagieren oder im Kriegsfall die Meuterer erschießen lassen.

Dieser Gewaltakt, der am Ende aller drei Beispiele steht, hat einen gesetzlich legitimierten Hintergrund. Die elterliche Gewalt, die Disziplinierung in der Schule und der militärische Befehl haben rechtliche Grundlagen. Gut, der Mensch in unserer heutigen Gesellschaft ist dieser Gewalt nicht unbedingt schutzlos ausgeliefert. Ein Kind hat ebenso wie ein Soldat bestimmte Rechte, die ihm Schutz gewähren. Gesetze schränken die mögliche Gewalt ein. Was bleibt, ist aber die Vorstellung, daß begrenzte Gewalt zu einer Konfliktlösung in allen drei Fällen führt.
Nehmen wir an, Gewalt sei in unserem Zusammenleben die letzte Möglichkeit zur Lösung eines Konflikts. Welche Konsequenz hat dies im Erziehungsbereich? Würden wir nicht diese Gewalt portionsweise aufteilen und für die Durchsetzung der Erziehungsziele verwenden? Würde nicht das Menschenbild von der Vorstellung geprägt sein, daß ein Kind in eine von uns oder anderen bestimmten Art und Weise zu sein hat? Wäre dann nicht Erziehung ein Gestalten eines unspezifischen Wesens? Würde es nicht bedeuten, daß ein Verlassen des vorgedachten Weges mit "Gewalt" verhindert werden muß?
Überprüfen wir einmal diese Gedanken in der Erwachsenenwelt. Zwei Erwachsene sitzen nebeneinander im Flur des Arbeitsamts. Dem einen fällt die glühende Asche seiner Zigarette auf den neuen Seidenblouson des anderen. Er raucht in aller Seelenruhe weiter. Der Geschädigte spricht ihn gereizt an und verlangt Schadensersatz. Zur Durchsetzung dieser Forderung hat das Opfer den Apparat von Polizei und Justiz zur Verfügung. Diese wiederum muß sich auf unterschiedlichste Vergehen vorbereiten und wird ebenfalls die eigene Gewaltanwendung in unterschiedliche Härtegrade dosieren. In diesem Fall würde die Polizei die Personalien aufnehmen und, falls sich der Täter weigern würde, ihm durch Erzwingungshaft die Daten herauspressen. Für Täter, die keine Rücksicht auf das Leben der Opfer nehmen, gilt die Maßgabe äußerster Gewalt, nämlich die Möglichkeit des gezielten Todesschusses.

Damit jedoch ein solcher Einsatz überhaupt möglich ist, bedarf es bestimmter Strukturen: einer entsprechenden Ausbildung zur Schadensbegrenzung und zur Tötung. Ein System von Befehl und Gehorsam und mit ihm der persönliche Entzug von Verantwortlichkeit entstehen. Betrachten wir das Verhalten von menschlichen Organisationen wie z.B. Staaten, so sind diese bereit, zum Schutze ihrer Bevölkerung und deren Territorien militärische Gewalt anzuwenden

Diese Gewalt muß dem Gegner über eine entsprechende glaubwürdige Abschreckungs-, also Drohwirkung vermittelt werden, während sie für die Angehörigen einen Schutzcharakter bekommen muß. Das derzeitige letzte militärische Gewaltmittel ist immer noch der Einsatz der Nuklearwaffen. In dessen Vorfeld befinden sich die entsprechenden militärischen Einrichtungen, die je nach Notwendigkeit einsetzbar sind. Damit wir Gewalt, sei es auch nur als ultima ratio, einsetzen können, brauchen wir aber erst einmal bestimmte Strukturen. Die allgemeine Wehrpflicht, also der Freiheitsentzug junger Menschen, die entwürdigende Unterwerfung gegenüber einem Befehlshaber, die zwangsweise Einziehung der Steuer für militärische Zwecke seien hier nur als Beispiele angeführt. Für dieses "letzte Mittel" verzichten wir auf über 20 Prozent unseres Staatshaushaltes, riskieren wir Menschenleben in Tieffluggebieten, ruinieren unsere Gesundheit und zerstören die Lebensbedingungen, die es angeblich zu schützen gilt. Dieses "letzte Mittel" bedroht uns faktisch selbst. Es verhindert eine gerechte Weltwirtschaftsordnung, vernichtet wertvolle Ressourcen, die zur Erhaltung der Ökologie notwendig wären, verhindert friedliche Konfliktlösungen, gaukelt uns aber vor, es sei ein Garant des Friedens.

Die Spirale der Gewalt

Dieses vermeintliche "letzte Mittel" birgt in sich die Qualität der Eskalation. Gewaltinterventionen führen erfahrungsgemäß nicht zu einer Lösung sondern zu einer Steigerung der Gewalt. Die Ebenen dieser Eskalationen sind nicht immer die selben. Sie unterscheiden sich in ihrer Form, in ihrer Wirkung aber nicht.

So kann es sein, daß aus der kindlichen Erfahrung struktureller Gewalt heraus (Zuwendung nur nach Leistungserfolgen oder Verwahrlosung durch arbeitsbedingte Abwesenheit der Erziehungspersonen) später durch eine Eskalation in der Form direkter personaler Gewalt an anderen Menschen die notwendige Anerkennung errungen wird. Diese Menschen, konfrontiert mit den entsprechenden direkten Gewaltinstrumenten des Rechtsstaates und den indirekten Gewaltformen der gesellschaftlichen Umgebung, können dann zu weiteren Gewalteskalationen neigen und dauerhaft in die Gewaltkriminalität abgleiten. Zu deren Bekämpfung werden dann paramilitärische Einheiten (Polizei, Streitkräfte) aufgestellt, die wiederum staatliche Instrumentarien der Überwachung gefährdeter Bevölkerungsgruppen benötigen. Ein einzelner Gewalttäter kann dabei der staatlichen Gewalt nicht Paroli bieten. Die Konsequenz ist die organisierte Form verbrecherischer Gewalt. So können gewalttätige Subsysteme innerhalb des Staates entstehen, der wiederum mit weiteren Einschränkungen der bürgerlichen Freiheiten reagieren wird. So kann die soziale Ungerechtigkeit - sprich strukturelle Gewalt - zum Aufbau eines totalitären Gewaltsystems führen. Diese Befürchtungen sind nicht unbegründet, da die sozialen und ökologischen Probleme auf Weltebene eskalieren. Da Gewalt weiterhin als Mittel der Durchsetzung von Interessen anerkannt ist, kommen wir Schritt für Schritt in der Eskalation ein Stück weiter. Das vor zehn Jahren befürchtete Ende war der atomare Showdown der Supermächte.

Heute entwerfen die alltäglichen Meldungen eher ganz andere, nicht minder schreckliche Szenarien:

- Eine durch und durch vergiftete Erde
- Die weitere Verarmung von zwei Dritteln der Weltbevölkerung.
- Die Steigerung der organisierten Kriminalität, da der angestrebte Lebensstandard durch legale Mittel nicht mehr zu erreichen ist.
- Die militärische Verstrickung der reichen Nationen in immer mehr lokale Konflikte in oder mit den ausgebeuteten Ländern.
- Die für die Rettung der bedrohten Welt benötigten Ressourcen werden zur militärischen Konfliktlösung ver(sch)wendet.
- Die Grenze der Wahrnehmungsfähigkeit gegenüber diesen Bedrohungen ist überschritten. Zum Teil zugedeckt mit medialen Betroffenheiten, zum anderen Teil gehen die Probleme weit über das hinaus, was der Mensch mit seinen Fähigkeiten aufnehmen kann.

Zusammenfassung: Gewalt und Krieg als "letztes Mittel" in der Konfliktlösung ist eine Vorstellung, die sich im Laufe der gesellschaftlichen Entwicklung als Normalität aufgedrängt hat. Dieser "Irrweg" führt zu einer totalen Zerstörung der menschlichen Lebensbedingungen.

Verzicht auf Gewalt

Der bewußte Verzicht auf dieses "letzte Mittel" bedeutet den Verlust eines Machtmittels. Zum Aufbau einer Macht, mit der ich Interessen durchsetzen kann, brauche ich ein anderes Mittel.

Ein Mittel, das
- den Gegener von Grund auf respektiert und
- ihn und mich als ein wandlungsfähiges Wesen achtet.

Statt Konkurrenz tritt hier Kooperation in den Vordergrund. Das Prinzip der gegenseitigen Hilfe und die Achtung vor der Schöpfung und ihren Geschöpfen wird Grundlage des Handelns und Wirtschaftens. Das Recht wird zur Hilfe der Grenzziehung unter Gleichberechtigten und die schöpferische Freiheit des Geistes erfährt Förderung. Hier kann weitergedacht werden... .
Gewaltfreiheit wird in diesen Gedanken zu einer eigenständigen Kraft, die sich nicht nur an der herrschenden Situation orientiert, sondern am Wollen der Menschen und der Schöpfung.

- **Gewaltfreiheit ist in die Zukunft gerichtet**, sie hat in sich die visionäre Kraft von der Veränderbarkeit bestehender Verhältnisse.

- **Gewaltfreiheit bezieht sich auf die Vergangenheit**, da sie die Tradition der Menschen fortsetzt, die für die Werte einer gewaltfreien Gesellschaft eingetreten sind.

- **Gewaltfreiheit ist gegenwärtig**, da sie hier und jetzt schon verwirklicht werden kann.

- **Gewaltfreiheit ist prozeßhaft**, da sie alle Faktoren in ihren Veränderungsprozeß miteinschließt. Die Konsequenz ist ein Ringen nach Wahrheit.

- **Das Menschenbild der Gewaltfreien Bewegung sieht den Menschen** mit seinem Potential an Gewalt **und** Gewaltfreiheit und hält ihn für fähig, den Weg der Gewaltfreiheit zu gehen.

- **Das Gesellschaftsbild** der Gewaltfreien Bewegung beruht auf der Suche nach einer Form des Zusammenlebens, die den einzelnen wie das Gesamte achtet.

Dokumentation

"Aus Isais Stumpf aber sproß ein Reis, und ein Schößling bricht hervor aus einem Wurzelstock. Auf ihm ruht der Geist des Rates und der Stärke, der Geist der Erkenntnis und der Frucht Jahwes ...
Er richtet die Geringen in Gerechtigkeit und entscheidet in Geradheit über die Armen im Land.
Gerechtigkeit ist der Schurz seiner Lenden und Treue der Gurt seiner Hüften.
Dann wohnt der Wolf bei dem Lamm und lagert der Panther bei dem Böcklein. Kalb und Löwenjunge weiden gemeinsam, ein kleiner Junge kann sie hüten...." (Jesaia 11, 1-9, zitiert aus Goss Mayr, Hildegard: Der Mensch vor dem Unrecht)

"Fünf einfache Axiome der Gewaltfreiheit, wie ich sie verstehe, sind:

1. *Gewaltfreiheit schließt eine so völlige Selbstläuterung in sich, wie sie nur menschenmöglich ist.*
2. *Mensch für Mensch steht die Stärke der Gewaltfreiheit im genauen Verhältnis zu der Fähigkeit - nicht dem Willen - der gewaltfreien Person, Gewalt anzutun.*
3. *Gewaltfreiheit ist ausnahmslos der Gewalt überlegen, das heißt, die einer gewaltlosen Person zu Gebote stehende Macht ist stets größer als jene, die er besäße, wenn er Gewalt anwendete.*
4. *Bei Gewaltfreiheit gibt es nicht so etwas wie Niederlage. Das Ziel der Gewalt ist sicherste Niederlage.*
5. *Das letzte Ziel der Gewaltfreiheit ist sicherster Sieg - wenn sich ein solcher Begriff bei Gewaltfreiheit anwenden läßt. In Wirklichkeit gibt es da, wo es keine Vorstellung von Niederlage gibt, auch keine Vorstellung von Sieg."*

(Harijan, 12.10.1935 aus: M.K. Gandhi: my life is my message, Kassel 1988)

"Die Gewaltlosigkeit beruht auf zwei Glaubensbekenntnissen: Dem Bekenntnis des Glaubens an Gott und dem Bekenntnis des Glaubens an den Menschen. Dieses Bekenntnis des Glaubens an Gott kann man so formulie-

ren: Gott ist vollkommen gerecht und zugleich allmächtig. Folglich gibt es eine Macht der Gerechtigkeit. Diese Macht ist die Gewaltlosigkeit; sie ist die Macht Gottes. Doch obwohl er allmächtig ist, zwingt Gott niemanden, ihn zu lieben und das Gute zu tun. Folglich soll ich auch niemanden zwingen. Wer Gewaltlosigkeit üben will, hat nicht die Aufgabe, seine Kräfte und Fähigkeiten, seine Tugenden und Talente, seinen Intellekt und sein Wissen zu entwickeln. Er muß sich nicht "als Persönlichkeit bestätigen", wie man heute sagt, und auch nicht seine Ansichten untermauern.Er bemüht sich im Gegenteil, sich seiner selbst zu entleeren und sich zu einem Kanal zu machen, durch den die Kraft der Gerechtigkeit hindurchströmen kann. Wenn er seine Kräfte darauf verwendet, die Deiche instand zu halten, genügt das schon völlig. Wenn ich zur Verteidigung einer gerechten Sache rohe Kraft anwende, dieselbe Kraft, die die Bösen für ihre Sache einsetzen, dann tue ich das, weil ich nicht weiß, daß es eine andere Kraft gibt, die aus der Gerechtigkeit selber kommt und ihr entspricht. Durch diese Unkenntnis stelle ich mein eigenes Tun in Frage und mache mich unglaubwürdig.

Gandhi sagt: ‚Es ist edel, sein Hab und Gut, seine Ehre, seine Religion mit dem Schwert zu verteidigen; aber viel edler noch ist es, dies zu tun, ohne dem Angreifer Böses zuzufügen. ...Feige, widernatürlich und verbrecherisch ist es, sie dem Gewalttäter auszuliefern.' Wenn es nur die Wahl gibt zwischen Gewalt und Feigheit, dann ist die Gewalt besser.

Aber man muß alles tun, um aus diesem falschen Dilemma herauszukommen. Es schadet beiden Seiten und führt zu jenen Verkettungen, aus denen unsere Welt und das Verhängnis der vier Geißeln (Elend, Knechtschaft, Krieg und Revolte) gemacht sind. (aus: Lanza del Vasto: Die Macht der Friedfertigen, S. 286)

Auswahlliteratur zur Gewaltfreiheit:

Bhave, Vinoba:	*Dritte Macht, Verlag Hinder & Deelmann, Gladenbach, 1974*
Bhave, Vinoba:	*Gedanken, Gladenbach, 1979*
Benedict, Hans-Jürgen, Ebert, Theodor:	*Macht von unten, Hamburg, 1968*
Blume, Michael:	*Satyagraha, Wahrheit und Gewaltfreiheit, Yoga und Widerstand bei Gandhi, Gladenbach, 1987*
Del Vasto, Lanza:	*Die Macht der Friedfertigen, Freiburg, 1982*
Gandhi, M.K.:	*Eine Autobiographie, Gladenbach, 4. Auflage, 1984*
Gandhi, M.K.:	*Sarvodaya, Wohlfahrt für alle, Gladenbach, 1975*
Goss-Mayr, Hildegard:	*Der Mensch vor dem Unrecht, Katholische Sozialakademie Österreichs (Hg.), Wien, 4. neubearbeitete Auflage, 1981*
Gregg, Richard B.:	*Die Macht der Gewaltlosigkeit, Gladenbach, 1968*
Grosse, Heinrich:	*Die Macht der Armen, Furche Verlag, 1971*
Jochheim, Gernot:	*Länger leben als die Gewalt. Edition Weitbrecht im Thienemanns Verlag, Stuttgart und Wien, 1986*
King, Martin L.:	*Schöpferischer Widerstand, Gütersloher Verlagshaus, Gütersloh, 1980*
Kobler, Franz (Hg):	*Gewalt und Gewaltlosigkeit, Rotapfelverlag, Zürich, 1928*
Miller, William Robert:	*Non-violence, Grundlagen einer christlichen Theorie der Gewaltlosigkeit, Jugenddienstverlag, Wuppertal, 1971*

Grundhaltungen zum gewaltfreien Handeln

Die für mich vier wichtigsten Grundhaltungen und Fähigkeiten einer gewaltfreien Aktivistin sind:
Identität, Abgrenzung, Empathie und Toleranz.

Identität

Unter **Identität** verstehe ich die Fähigkeit, sich selbst als Einheit und zugleich als einen Teil des Universums zu verstehen. Die logische Konsequenz daraus ist sowohl die Erkenntnis der eigenen Autonomie **als auch** der Abhängigkeit.
Diese an das erste Axiom der TZI (themenzentrierte Interaktion) angelehnte Aussage läßt verschiedene Ich - Aussagen zu:

1. Ich bin ein Teil des Problems und somit ein Teil der Lösung.

Will ich in einen Konflikt eingreifen, muß ich meine Verbindungen dazu kennen. Habe ich keinen Kontakt - keine direkte Beziehung zu einzelnen Konfliktbereichen, so kann ich zwar darüber nachdenken, aber sinnvoll einzugreifen wird mir nicht gelingen. Es bleibt bei einem akademischen Betrachten. Wir sind in das Netz der Katastrophen und das Netz der Unterdrückung verwoben. Der erste Schritt für einen Wandel ist die Frage: "wo bin ich mit diesem Problem direkt verbunden?" Wenn ich diese Verbindung entdeckt habe, finde ich auch meine möglichen Lösungsansätze. Unsere Verbindungen zu den einzelnen Unterdrückungssystemen werden von vielen als Fluch angesehen. Sie fühlen sich gefangen und schuldig. Aber gerade diese Verbindung macht uns doch handlungsfähig!
An einem Beispiel möchte ich dies erläutern: Menschen, die sich entschieden gegen die Energiepolitik der Energieversorgungsunternehmen (EVU) wenden, suchen häufig ihre Auseinandersetzungspunkte vor Atomkraftanlagen.

Dies ist wichtig im Bereich der symbolischen Arbeit. Nach einer Analyse der Energiesystems stellt sich aber heraus, daß wir alle über die EVU damit verbunden sind; wir beziehen Strom, Wasser und Gas über diese Einrichtungen. Das von Robin Wood organisierte Giro-Blau, das dem EVU die Einzugsermächtigung entzieht, macht nun mich und meinen Haushalt zu einem direkten Einflußfaktor. Die Steigerung der Nebenkosten ist für ein EVU eine nicht zu unterschätzende Größe, wenn sich genügend Haushalte entschließen, die reibungslose Zusammenarbeit aufzukündigen. In den Niederlanden wurde auf Grund dieser Aktion das Atomprogramm eingestellt. Die Verbindung des eigenen Haushaltes als Kunde wurde für mich zur Basis direkter Einflußnahme.

2. Ich bin im Lauf meiner Entwicklung von vielen Einflüssen geprägt worden und kann mich immer wieder aufs neue ändern.

Die Veränderungsfähigkeit des Menschen ist Grundlage für ein langfristiges Handeln. Im Blick sollten dabei aber immer die Bedürfnisse des einzelnen bleiben: Liebe, Sicherheit, Information, angenommen und gebraucht zu werden sind nach Charles Rojchmann[1] Grundbedürfnisse, die über alle Kulturen und Klassen hinweg gültig sind. So ist es in Auseinandersetzungen wichtig, daß ich mir die Befriedigung dieser Grundbedürfnisse verschaffe und darauf achte, daß ich sie meinem Gegner zukommen lasse. Auf dieser Basis gelingen Integrationen, die vorher unmöglich schienen. Die Vorgeschichte dabei nicht außer acht zu lassen, ist eine Selbstverständlichkeit.

Angriffsziele der Gewaltlosigkeit

Wo soll ich den
Gegner schlagen?
In die Mitte.
Was heißt das?
Auf den Kopf?
Nein.
Auf die Brust?
Nein.
In den Bauch?
Nein.
Wo dann?
In die Mitte:
in sein Gewissen.

Lanza del Vasto

[1]. Charles Rojchmann: La peur, la hain et la violence, Paris 1993

3. Als Teil des Universums bin ich dafür veranwortlich und somit ermächtigt, Einfluß im Sinne meines Gewissens zu nehmen.

Auch wenn mir durch Erziehung und andere Einflüsse (Medien, Schule, Arbeit) häufig vermittelt wird, daß ich keine Beziehung zu diesem Universum habe, so bin ich doch Teil davon und somit für das Ganze mitverantwortlich. Diese Beziehung deutlich zu machen und aufzubauen, ist ein pädagogischer Prozeß innerhalb der Gewaltfreien Aktion. Menschen zu befähigen, Machtfragen zu stellen, ist ein äußerst wichtiger Bereich in der Trainingsarbeit. Daß dies mit vielen Auseinandersetzungen verbunden ist, wird durch den Gewissensbegriff klar. Gewissensentscheidungen sind Entscheidungen, die aus einer persönlichen Wahrheit heraus gefällt werden, in der Annahme, daß es dazu eine gemeinsame Einstellung geben müßte. Dieser Konsens existiert aber äußerst selten. Somit bleibt mir nichts anderes übrig, als darum zu ringen.

4. In mir stecken unendlich viele - mir entsprechende - Fähigkeiten, die ich zu nutzen in der Lage bin.

Wenn ich diese Fähigkeiten entdecken lerne, dann werde ich in der Auseinandersetzung nicht gegen mich selbst kämpfen, sondern sie in der mir eigenen Art und Weise nutzen. James W. Douglas vom Ground Zero Center vergleicht die Kraft jeder einzelnen Person mit der Initialzündung einer Atombombe:

" ... Ein Satyagrahi ist in Wirklichkeit der Kraft der Wahrheit näher als jemand, der eine Atombombe direkt vor sich zündet, denn es ist ja das eigene Leben, das entsprechend dem Uran oder Plutonium in der Atombombe in explosive Energie verwandelt wird, mit der andere verändert werden. Doch diese Energie ist eine objektive Kraft der Veränderung, die größer ist als das Leben bzw. die Materie, durch die sie zufällig Eingang in diese Welt gefunden hat."

5. Ich bin offen für mich und mein Gegenüber.

Mich zu öffnen macht mich verletztlich. Aber gerade diese Offenheit, diese Verletzlichkeit gibt mir die Kraft, der Gewalt entsprechend zu begegnen. Wenn ich für meine Angst nicht offen bin, sie vor mir und anderen verschließe, werde ich hart und undurchsichtig. Wenn ich von einem Trupp Polizisten stehe und einem davon versuche in die Augen zu sehen und ihm mitzuteilen, daß ich vor ihm Angst habe, kann es geschehen, daß er mir seine Angst auch mitteilt. Es kann auch sein, daß diese Botschaft erst viel später wirkt. Ein mir bekannter Polizei-Einsatzleiter hat mir gestanden, daß für ihn die schlimmste Erfahrung in politischen Auseinandersetzungen die Begegnung mit aufrichtigen Gegnern war. "Wie konnte ich es vor meinem Gewissen verantworten, Menschen, die sich verantwortlich für die Zukunft der Schöpfung fühlen, wie Kriminelle zu behandeln."

6. Ich bin bereit, für meine Sache Leid auf mich zu nehmen.

Über Leid in einer Gesellschaft zu sprechen, die Leid und Schmerz dauerhaft zu verdrängen sucht, ist immer schwierig. Auch bei Trainings sind lustige originelle Lösungen die Renner. Solche Lösungen lassen es aber zu, in der eigenen Verkapselung zu bleiben. Wenn ich jedoch an Bereiche komme, in denen Isolationsangst oder Demütigungen erspürt werden, dann müßte ich meinen Bezug zu dem Anliegen offenbaren. In vielen Einführungskursen zur Zivilcourage wird hier eine Verweigerung spürbar. Leiden wird sofort als negativ bewertet und abgelehnt. Leiden ist schmerzhaft, das ist richtig, doch es ist ein wichtiger Ausdruck menschlichen Seins. Leid auf mich zu nehmen bedeutet nicht, den Schmerz zu suchen, sondern dem Schmerz Ausdruck zu verleihen. Wenn Menschen sich an eine Einfahrt der Wackersdorfer Atomfabrik anketten, drücken sie Leid aus und suchen Wege, andere Menschen vor noch größerem Leid zu bewahren. Sie sind dabei offen und verletzlich. Leiden ist eine Kraft, die in einer "schmerzfreien" Zeit schwer zu vermitteln ist. Wenn ich auf der Straße Flugblätter verteile und in einer Stunde fünfzehn Mal "vergast werden sollte", dann darf ich mich dem nicht verschließen sondern muß lernen, mit diesem Leiden zurechtzukommen.

Abgrenzung

Ein weiterer Aspekt von Identität, den ich hier eigens anführen will, ist die Fähigkeit, die **eigenen Grenzen und die Begrenztheit des anderen** wahrzunehmen. Dieser Faktor ist einer der schwierigsten, brauchen wir doch für das Durchhalten im Kampf auch und gerade die Phantasie, die über das Gegebene hinaus geht. Viele Aktionen scheitern, da die Gruppen sich nicht mit diesen Grenzen beschäftigt haben.
Abgrenzung kann sich dabei an mich selbst richten: So weit will ich momentan gehen! Ich habe nicht mehr Zeit zur Verfügung! So nahe will ich das Problem an mich heranlassen!
Sie kann sich an den Gegner richten: Bleib mir vom Leib! Das kann ich nicht dulden! Sie machen mir Angst! Das geht mir zu schnell!
Die Konsequenz ist ein gemeinsames Lernen, Grenzen zuzulassen und sie auch deutlich zu formulieren. Gerade während des Golfkrieges übernahmen sich viele der noch bestehenden Friedensgruppen. Manche Freunde und Freundinnen waren wochenlang mit vier Stunden Schlaf zufrieden, nahmen noch Deserteure auf und brachen anschließend für Monate zusammen. Ebenso kann eine klare Grenzziehung gegenüber dem Gegner diesem Sicherheit geben. Bei der Blockadebewegung gegen die Massenvernichtungswaffen war bei gut vorbereiteten Aktionen beiden Parteien klar, wo die Grenzen der anderen waren. Wenn ich die Grenzen des Gegners kenne, kann ich durch gezielte Grenzverletzungen Reaktionen hervorrufen, die seine Motive öffentlich werden lassen.
Für Frank Cordaro, katholischer Priester und einer der Aktivsten in der amerikanischen Anti-Atom-Bewegung, sind Aktionen gegen das wahnwitzige Atomprogramm der USA solche Grenzüberschreitungen.

Er dringt mit einer Gruppe von gewaltfreien Aktivisten in das nukleare Testgelände ein. Er verletzt die Bannmeile vor dem Pentagon und schüttet Blut auf dessen Stufen.
Die Grenzen kennen, von ihnen zu wissen, macht mich handlungsfähig. Weiß ich nicht um solche Grenzen, begebe ich mich die Welt der Illusionen und mache mich dadurch handlungsunfähig. Viele der Trainingsübungen beziehen sich auf das Erkennen von eigenen Grenzen.

Toleranz

Toleranz akzeptiert die andere Seite in ihrem Anderssein. Du bist anders - In dir steckt eine eigene Geschichte, eine eigene Person. Dieses Anders-sein ist eine Herausforderung an mich. Oftmals erlebe ich in Gruppen eine Art von Toleranz, die es zuläßt, daß der Gegner als dominierend akzeptiert wird. Übertrieben ausgedrückt: Es steigt mir jemand auf die große Zehe und ich bin so tolerant, daß ich mit verzerrtem Lächeln sein Anders-sein hinnehme. Toleranz ist das nicht! Es ist auch keine Toleranz, wenn ich einen vorhandenen Konflikt abwerte. Die Aussage "wir sind halt verschieden!" bietet keine Lösung für einen Konflikt. Diese Feststellung sollte allenfalls dazu führen, noch klarere Absprachen, noch deutlichere Grenzziehungen zu treffen. Toleranz im Sinn gewaltfreien Handelns ist ein Annehmen, daß der oder die andere das Recht auf eine eigene Identität hat, sofern er/sie nicht die Entwicklungsmöglichkeit und Freiheiten eines Dritten berührt. Da diese Einschränkungen sehr häufig vorkommen, bedeutet Toleranz die Herausforderung, eine Beziehung zu finden, in der niemand zu Schaden kommt. Somit bin ich mit einer prozeßhaften Form von Auseinandersetzung in eine dauerhafte Suche nach der Wahrheit - satyagraha - eingebettet.

Empathie

Empathie richtet sich auch an das Gegenüber. Herauszufinden, was den einen oder die andere bewegt, dies oder das zu tun, erleichtert es mir entsprechend zu handeln. In einer extremen Konfliktsituation brauchen gewaltfreie Aktivistinnen das Einfühlungsvermögen für den Gegner. In einer langfristigen Veränderungsarbeit ist es wichtig, eine klare Vorstellung vom Gegner zu haben. Empathie und Analyse haben viel gemeinsam. Jedoch zeigt mir eine reine Analyse des Gegners nicht eindeutig seine Stärken und seine Schwächen. Ich brauche eine Beziehung zu ihm, um einen Dialog sinnvoll führen zu können. An diesem Punkt tauchen in einem Training häufig einige Verständnisprobleme auf. "Empathie und in Beziehung treten" weckt bei vielen Menschen die Vorstellung von Unterwerfung und Anpassung. "Ich verstehe dich" ist eine typische Redewendung, die viele Konflikte aufsaugt und ins Leere laufen läßt. Aus dem Vorangegangenen kann aber Empathie nicht so verstanden werden. Empathie ist die Fähigkeit, mein Gegenüber in seiner Gesamtheit zu verstehen und bereit zu sein, auf der emotionalen Ebene mit ihm in den Streit, den Konflikt zu treten. Um dies durch ein negatives Beispiel zu verdeutlichen möchte ich folgende Aktion schildern: Ein Musikgruppe wollte in Wackersdorf eine Konzertblockade machen. Alles mußte recht schnell gehen. Die Musiker kamen aus dem gesamten Bundesgebiet und begannen mit einem Konzert vor der Kaserne der Bereitschaftspolizei. Am darauffolgenden Tag hatten sie eine Blockade der Zufahrt zu WAA angekündigt. Sie kamen weder zur Zufahrt noch zu einer regelrechten Aktion, sondern wurden vorher abgefangen. Einige Musikinstrumente wurden beschädigt und einige blaue Flecken einkassiert. Empathisches Vorgehen hätte hier vielleicht bedeutet, sich für diese brisante Aktion mehr Zeit zu nehmen, die Blockade nicht gerade in dieser Form anzukündigen, sich entsprechend Sympathisantinnen zu organisieren ....

Ein positives Beispiel, ebenfalls aus Wackersdorf. Während einer verbotenen Großdemonstration gerieten viele Demonstrantinnen zwischen die Fronten von Steinewerfern und Polizei, die wilde Hetzjagden veranstaltete. Bis zu dem Zeitpunkt, als eine Gruppe von Menschen nicht fortlief, sondern mit ausgebreiteten Armen auf ein Einsatzkommando zuging und es aufforderte, sie zu verhaften, da sie auf einer verbotenen Demonstration seien. Da sich spontan noch weitere Demonstrantinnen anschlossen, standen die Polizisten ratlos herum. Der Zugführer stritt seine Zuständigkeit ab und diese Hundertschaft stellte umgehend ihre Jagdausflüge ein. Festgenommen wurde niemand. Hier wurde einfach wahrgenommen, wo die "Schwäche" der Einsatzkräfte lag und wie emotional darauf reagiert werden konnte. Um die Wichtigkeit empathischer Konfliktanalysen zu beschreiben, möchte ich noch ein anderes Beispiel anfügen: Zu Zeiten der Antiraketenbewegung war ein wichtiger Bestandteil der Konfliktanalyse das Ermitteln der einzelnen Militärstandorte. Neben diesen Militäranalysen war es für uns aber ebenso wichtig, in Tuchfühlung mit den zuständigen Berufsgruppen zu gelangen. So organisierten wir schon sehr früh Begegnungen mit Bundeswehreinrichtungen. Diese Begegnungen gingen so weit, daß wir zu einem politischen Gesprächs- und Grillabend in die Kaserne eingeladen wurden und wir im Gegenzug die Herren Offiziere und Rekruten zu einem Ökobuffet in unsere heiligen Hallen einluden. Bei diesen Begegnungen wurde heftigst diskutiert, eine Unterwerfung fand aber nicht statt. Als ich drei Jahre später auf einer Podiumsdiskussion einem der Offiziere wiederbegegnete, stritten wir für die gleiche Sache - er war mittlerweile beim Darmstädter Signal gelandet.

Die beschriebenen Grundfähigkeiten finden sich in den Satyagrahanormen Gandhis oder in vielen Aussagen gewaltfreier Aktivistinnen wieder. Sie sind in jedem Menschen angelegt und können weiterentwickelt werden. Es ist gerade unser anthropologischer Vorteil, daß wir ein lernfähiges und entwicklungsfähiges Wesen sind. Alle Trainingsmethoden wirken darauf hin, diese Fähigkeiten weiterzuentwickeln. Gerade in den sogenannten Zivilcouragetrainings geht es ja um die Fähigkeit einzugreifen. Dabei ist es wichtig, Klarheit darüber zu haben, was ein Eingreifen häufig verhindert oder was passiv sein läßt. Gewaltfreies Handeln ist niemals passiv! Bevor ich auf die Handlungsschritte der Gewaltfreien Aktion eingehe, möchte ich einige Mechanismen passiven Denkens und Verhaltens aufzeigen.

Dokumentation

"An was erkennt man einen Gewaltlosen?
Vielleicht daran, daß er sanft, liebenswürdig, freundlich, nachsichtig, geduldig, nachgiebig, heiter ist, daß er lächelt und segnet?
Nein, das gilt auch für den Heuchler.
Daß er ruhig, entspannt, gelöst und gleichmütig ist?
So verhält sich auch der Gleichgültige.
Daß er sich beherrscht und seinen Zorn zu zügeln versteht?
Ein höflicher Weltmann tut dies gleichfalls.
Der Gewaltlose ist einer, der seine ganze Taktik darauf ausrichtet, die Dinge klarzustellen und der auf das Gewissen zielt.
Erst in einem Konflikt erkennt man den Gewaltlosen, kann man doch von Gewaltlosigkeit nur dort sprechen, wo es natürlich und vielleicht sogar berechtigt wäre, Gewalt anzuwenden, und nur dann, wenn sie die Probleme löst, die normalerweise mit Gewalt angegangen werden. Im Konflikt versucht der Gewaltfreie nicht, dem Zorn seines Gegners auszuweichen, sein Mitleid zu erregen, ihn zu überlisten, er trachtet vielmehr danach, in aller Klarheit Übereinstimmung zu erzielen.
Um dieses Ziel zu erreichen, können je nach Situation rauhe Worte genauso dienlich sein wie sanfte, kann man mit heftigen Gesten, die verblüffen, mit sarkastischen Äußerungen, die aufrütteln, genauso aufwarten wie mit Flüchen, die warnen, und im äußersten Fall sogar mit Schlägen. Ja, auch mit Schlägen, vorausgesetzt, sie sind so frei von Gewalt wie die von einem Chirurgen zum Zweck der Heilung durchgeführte Amputation eines Gliedes." (Lanza del Vasto, ebd., S. 288)

Passives Denken und Handeln

Voraussetzung für ein effektives Handeln ist das Erkennen und die Überwindung des passiven Denkens und passiven Verhaltens, das uns im Laufe unserer Sozialisation als "normales Denken und Handeln" beigebracht worden ist.

Wenn wir passiv denken, benutzen wir unbewußt das Wissen nicht, das uns über uns selbst, über andere oder über die Situation zur Verfügung steht. Geprägt wird dieses Denken auch von "Grandiosität", d.h., daß einem bestimmten Aspekt der Realität durch Übertreibung ein Stellenwert eingeräumt wird, den er gar nicht hat. So kann in einer Aktionsvorbereitung der Polizei eine Rolle zugedacht werden, die sie weder einnimmt noch einnehmen kann. Die Gruppe zieht aber das gesamte Training an diesem Punkt hoch. Ein weiteres Beispiel erlebe ich immer wieder beim Einsatz des Statuentheaters in Trainings, die ich zum Thema Gewalt anbiete. Bei der Auflösung einer Szene wird allen - nur nicht dem Opfer - die Fähigkeit zugestanden, die dargestellte Gewalt aufzulösen. Wir erwarten also von unserem Gegner sowohl die totale Bedrohung als auch die Fähigkeit zur Lösung der Situation. Dieser Widerspruch läuft unbewußt ab und macht uns unfähig, sinnvoll zu handeln. Die Transaktionsanalyse (TA) nennt passives Denken "abwerten" - discounten, weil zur Verfügung stehende Informationen abgewertet (mißachtet) werden.

Da diese Vorgänge hinter der Hirnschale ablaufen, ist eine Abwertung zunächst nicht äußerlich zu beobachten. Sie kann aber an vier Verhaltensweisen festgemacht werden: Nichtstun, Überanpassung, Agitation und Selbstbeeinträchtigung oder Gewalt.

Ich möchte diese Vorgänge an einem Beispiel erläutern, das, wenn es auch nicht ganz zutreffend ist, hilft, die innerpsychischen Vorgänge zu erklären.

Nichtstun: Herr und Frau X. sehen in der Innenstadt, wie eine Gruppe Jugendlicher einen Penner anstänkern und schließlich mißhandeln. Sie gehen weiter. Sie denken gar nicht daran, etwas dagegen zu unternehmen. Es ist nicht ihre Angelegenheit. Sie haben damit nichts zu tun.

Überanpassung: Herr und Frau X. gehen an der selben Szene vorbei:

Herr X. sagt kurz: "Komm, laß uns gehen, damit wollen wir nichts zu tun haben", worauf Frau X. erwidert: "Bestimmt hat der sogar angefangen."
Wenn sich jemand überanpaßt, dann fügt er sich dem, was er für die Wünsche seiner Umgebung hält. Er überprüft nicht, was seine eigenen Wünsche und Bedürfnisse sind, sondern handelt im Glauben, andere wollten dies so. Im Unterschied gegenüber dem "Nichtstun" denkt die betreffende Person aber über ihre "Handlung" nach.
Auf einem meiner Seminare mit Zivildienstleistenden gab ein junger Mann im Zusammenhang mit einer Diskussion über Sinn und Zweck des Militärs zum besten: "Militär ist doch notwendig, sonst gäbe es ja keinen Zivildienst. Wer sollte dann unsere soziale Arbeit leisten?"
Agitierendes Verhalten: Herr und Frau X. bemerken die Mißhandlung, wenden sich jedoch bestürzt ab und thematisieren lauter als gewöhnlich die Weihnachtsgeschenke für Onkel Albert und Nichte Bianca, daß alles so teuer ist und so fort.
Die beiden nehmen die Unrechtsituation war. Sie akzeptieren sie auch nicht. Sie werten ihre vorhandene Fähigkeit, eingreifen zu können, ab, entwickeln dafür eine Aktivität, die sich auf ein anderes Ziel richtet. Anstatt laut um Hilfe zu schreien oder einzuschreiten, debattieren sie andere Probleme. Es könnte genauso sein, daß sie über die Zunahme von Obdachlosen in der Innenstadt klagen.
Geht es uns nicht häufig ebenso? Wir nehmen zwar eine Unrechtsituation wahr, sind uns auch dessen bewußt, daß wir etwas unternehmen müßten. Ehe wir uns aber versehen, hat eine Reihe wichtiger Termine unser Eingreifen längst verhindert. Auffallend dabei ist, daß dem keine bewußte Entscheidung zugrundeliegt. Nicht als agitierendes Verhalten werte ich hingegen, wenn ich mich in meinen Aktivitäten begrenze und mich dafür entscheide, meine Zeit nur für ein bestimmtes Projekt einzusetzen, hier dafür intensiv.
Sich unfähig machen und damit sich selbst beeinträchtigen oder gewalttätig werden:
Herr und Frau X. sind inzwischen in einen Streit über die Weihnachtsgeschenke geraten. Herr X. beschimpft seine Frau wüst, läßt sie stehen, verdrückt sich in eine Kneipe und läßt sich dort vollaufen.

Dabei gerät er mit einem Kneipenbesucher in Streit und prügelt sich mit ihm. Frau X. ist fassungslos und bricht in Tränen aus. Sie sieht keinen Sinn mehr in einer solch schlimmen Welt und läuft wie im Trance auf eine stark befahrene Straße. Ihr ist alles egal.
Diese Handlungsmuster folgen einer Periode von Agitation. Beide nehmen wahr, daß ihr agitierendes Verhalten zu keiner Lösung führt. Anstatt aber jetzt die eigenen Fähigkeit zu aktivieren, machen sich beide handlungsunfähig. Herr X. ist insofern passiv, da er in seiner Wut seine Frau beschimpft und fern vom Geschehen zur Gewalt greift, Frau X., indem sie sich selbst in Gefahr bringt. Die angestaute Energie entlädt sich destruktiv gegenüber anderen oder sich selbst.
Bei einem Training erlebe ich ähnliches in der sogenannten "Methodendiskussion". Durch eine Übung werden die TN auf ihr passives Verhalten aufmerksam. Aber anstatt über die nicht genutzten Fähigkeiten nachzudenken entwickelt sich eine Diskussion über die Spielanweisung, die Methode an sich und die Person oder Verhaltensweise der Trainerin. Häufig reagieren die Trainerinnen in dieser Auseinandersetzung verletzt und machen sich selbst unfähig.
Diese "inneren Vorgänge" laufen verdeckt ab, sie erklären aber auf sehr einleuchtende Weise, wieso bei immer häufiger werdenden Gewalttaten, die sich in aller Öffentlichkeit abspielen, so wenige Menschen eingreifen. Das auslösende Moment ist oft die Angst vor Schaden an Leib und Leben. Diese Angst ist berechtigt. Doch es gibt genügend Handlungsmöglichkeiten, die es nicht notwendig machen, sich heldenhaft in prügelnde Mengen zu stürzen. Ein Anruf bei der Polizei oder sich der Hilfe von anderen zu versichern, sind kleine Handlungsschritte, die jeder Mensch unternehmen kann.
Ich wage hier sogar die Übertragbarkeit auf die politische Ebene. Wir stehen vor existenziellen Problemen. Die nächsten Generationen sind heute schon dazu verdammt, mit einer zerstörten Umwelt zurechtzukommen. Die Gewaltspirale, ob jetzt im sozialen, ökologischen oder ökonomischen Bereich, ist in unerträglichem Maß faßbar geworden. Keiner kann sich den Problemen mehr entziehen, und dennoch erleben wir einen hohen Grad von Passivität. Die Ursachen für passives Denken und Verhalten liegen natürlich je nach Situation und Person

verschieden.
In der Gewaltfreien Aktion stoßen wir auf diese vier Verhaltensmuster vor allem bei politischen Themen, die Menschen eigentlich bis ins

Ebene	Typus		
Existenz	Reiz - Stimuli	Problem	Alternativen
	Wird ein Reiz überhaupt wahrgenommen? Kann er wahrgenommen werden?	Wird das Problem gesehen- wahrgenommen? Wodurch kann es wahrgenommen werden?	Werden A. überhaupt wahrgenommen? Welche Blockaden tauchen auf? Was verhindert die Wahrnehmung?
Bedeut-samkeit	Was oder wer wertet die Bedeutung des Reizes ab? Wer zieht daraus Nutzen? Was erleichtert diese Abwertung?	Wie wird die Bedeutung des Problems gemindert? Welche Formen der Abwertung sind zu beobachten? Wie kann eine Aufwertung erfolgen?	Wie werden Alterativen zur Bedeutungslosigkeit herabgewürdigt? Wer profitiert von dieser Abwertung? Wie können die Alternativen aufgewertet werden?
Veränder-barkeit	Wer hat Vorteile von der Erhaltung des Status quo? Was würde sich ändern? Welches wären die ersten Schritte?	Wer behauptet, daß dieses Problem nicht lösbar sei? Welchen Vorteil hat er davon? Welche Möglichkeiten zur Lösung des Problems gibt es?	Wieso sind die Alternativen nicht tragfähig? Welche Ängste spielen eine Rolle und verhindern die Verwirklichung der A.?
Persönliche Fähigkeiten	Wer oder war spricht uns die Fähigkeit zur persönlichen Veränderung ab? Was läst mich fähig werden?	Wer oder was teilt mir mit, daß ich/wir dieses Problem nicht lösen kann? Wie können wir uns Mut machen?	Wer oder was verhindert, daß meine /unsere Fähigkeiten aktiviert werden? Welche Vorteile ergeben sich für mich und für meinen Gegner, wenn ich an meine Unfähigkeit glaube?

Mark treffen müßten. Um mit passivem Verhalten besser umgehen zu können, ist die sogenannte "Discounttabelle", die von Ken Mellor und Eric Sigmund entwickelt worden ist, sehr nützlich. In ihr werden die verschiedenen Abwertungen drei Kriterien zugeordnet: nach dem Bereich, dem Typ und der Ebene.

Die **Bereiche**, in denen Menschen ihre Fähigkeiten nicht aktivieren und sie damit abwerten, beziehen sich auf
sich selbst (ich kann da nichts machen),
andere (da hast du wieder versagt) und auf **die Situation** (so ist es halt im Leben).
Den unterschiedlichen Aspekten der Realitätswahrnehmung und Problembearbeitung folgend kommt es zu folgenden Abwertungen: **des Stimulus (Reiz), des Problems und der Alternativen**.
Wenn ich einen **Reiz** abwerte, blende ich ihn aus, negiere ihn. Es gibt sie nicht, die existenzielle Bedrohung menschlichen Lebens, und wenn schon, was hat das mit mir zu tun?
Wenn ich das **Problem**[2] abwerte, habe ich den Reiz zwar wahrgenommen, doch ich streite das dazugehörige Problem ab. Im Alltag gewaltfreier Aktivistinnen tauchen immer wieder Menschen auf, die äußerst gut informiert sind. Sie wissen um alle möglichen Ursachen der Katastrophe und können in sachlicher Manier die ungeheuerlichsten Dinge vermitteln. Auf die Frage, ob diese Dinge für sie bedrohlich seien, kommt häufig die Antwort: Nein, ich möchte mich nur objektiv darüber informieren.

Wenn ich **Alternativen** abwerte, bin ich mir darüber klar, daß etwas passiert ist und daß es ein Problem gibt. Doch ich blende die Möglichkeit aus, daß ich etwas zu seiner Lösung beitragen könnte. Auf die obige Frage käme dann die Antwort: Ja, es macht mich sehr betroffen, aber was kann ich schon tun?
Kommen wir nun zu den Ebenen, auf denen sich das alles abspielt. Mellor und Sigmund bezeichnet sie folgendermaßen: Existenz, Bedeutsamkeit, Änderbarkeit und die persönlichen Fähigkeiten.
Nehmen wir als Problembeispiel das Sterben der Wälder: Ich kann die Existenz des Problems abwerten, "weil ich ja weder etwas davon weiß noch mit Wald sehr viel zu tun habe." Erkenne ich das Problem

2. Das Wort Problem: Hier wird es nicht als irgendeine Schwierigkeit verstanden, sondern es kommt die Überzeugung zum Ausdruck, daß das Geschehene um mich herum ganz häufig einen Anruf an mich beinhaltet, etwas zu unternehmen - das Problem also zu lösen.

immerhin an, kann ich die Bedeutung abwerten. Im politischen Tagesgeschäft geschieht dies mit der unverfänglichen Bezeichnung "Waldzustandsbericht" oder der Floskel "kaputte Bäume hat es schon immer gegeben." Akzeptiere ich die Bedeutung des Problems, kann ich seine Lösbarkeit abwerten: "Was kann schon dagegen getan werden." Verfüge ich nun über eine Reihe von Lösungsmöglichkeiten, so kann ich meine persönliche Fähigkeit zur Lösung des Problems abwerten: "Ich kann das doch nicht machen - ich bin ja doch zu klein"

Passives Verhalten überwinden

Häufig werde ich zu Gruppen oder Organisationen eingeladen, die mir ihr Klagelied über die Passivität der Menschen singen. Worte wie Faulheit, Gleichgültigkeit und ähnliches machen dann die Runde. Lange Zeit stand ich diesen Erklärungsversuchen zur Passivität hilflos gegenüber. Als meine Frau eine TA-Ausbildung begann, wurde ich auf diesen Ansatz aufmerksam, passives Denken und Verhalten zu beschreiben. Mir fiel eine Unzahl von Beispielen ein, bei denen meine Bemühungen fruchtlos waren, die Menschen zu aktivieren, da ich auf der falschen Ebene interveniert hatte. Dieser Erklärungsversuch ist ein Angebot, seine Energien auf der richtigen Ebene einzusetzen.
Natürlich steht dieser Ansatz vor dem Hintergrund der TA mit ihrem Menschenbild, ihrem Skript u.a. Doch ich glaube, daß auch ohne jenes tiefergehende Wissen diese Tabelle in der Trainingsarbeit wertvolle Dienste leisten kann. Ich möchte dies noch einmal für die Trainingspraxis an ein paar Beispielen deutlich machen:
Eine Umweltschutzgruppe in den neuen Bundesländern möchte verhindern, daß eine Autobahn durch ein Naturschutzgebiet gebaut wird. Es ist eine kleine Initiative und sie lädt eine Trainerin ein, um mit ihr ihre Aktivitäten durchzusprechen.
Die Teilnehmer diskutieren über den zunehmenden Autoverkehr und die globale Umweltzerstörung. Sie erkennen aber auch an, daß in unserer Zeit das Auto einen sehr hohen Stellenwert besitzt. Ihre Flugblätter sind Problembeschreibungen über die globale Verantwortung des einzelnen, wonach der Bau dieser Autobahn nicht zu vertreten sei. Hinweise auf die erhaltenswerte Natur gibt es kaum. Die

Gruppe agitiert mit der enormen Bedeutung des Problems, erlebt aber seitens der Bevölkerung **und** der eigenen Gruppe nur Passivität. Nach einer genauen Reflexion stellt sich heraus, daß die Gruppe selbst überhaupt noch nicht im Naturschutzgebiet war und sich von daher noch gar nicht über die Bedeutung des Problems und des Stimulus im klaren ist. Sie weiß um den Reiz Auto, doch nimmt sie für sich selbst noch gar nicht den Zusammenhang mit dem unmittelbar bedrohten Naturschutzgebiet wahr. Nach einer Klärungsphase öffnen sich für die Gruppe verschiedene Handlungsfelder:

a. das Problem des zunehmenden Autoverkehrs und die dadurch notwendige Schaffung von Alternativen.
b. das Problem der drohenden Zerstörung des Naturschutzgebietes und damit die Wahrnehmung des Reizes dieses Gebiets.

Bei a. ergeben sich als Handlungsschritte die Forderung nach einem Ausbau des Schienenverkehrs und nach der Schaffung verkehrsberuhigter Zonen sowie nach der Einschränkung der Begünstigung des Autos vor anderen Verkehrsmitteln usw.

Des Problems b. nimmt sich die Gruppe an, indem sie eine Wanderung durch das Naturschutzgebiet organisiert. Nach der Wanderung entwickelt sie eine Ausstellung mit den schönsten Fotos über diese Landschaft. Für diesen Fotowettbewerb haben Banken im Rahmen eines für sie unverfänglichen Sponsoring Preise zur Verfügung gestellt. Der nächste Volkswandertag verläuft ebenfalls durch dieses Gebiet. Die Gruppe ist Mitorganisatorin und erreicht die Aufmerksamkeit der Wanderer mit Imbiß- und Infoständen. Kinderfreizeiten der Jugendverbände finden nun häufig in diesem Gebiet statt. Das Gebiet gewinnt an Bekanntheit und Bedeutung. Als die Gruppe nun an die Öffentlichkeit geht, stößt sie nur noch auf die Abwertung der Lösbarkeit des Problems. Sie hat somit zumindest einen Teil der Passivität der Menschen überwinden können. Hätte sie weiterhin im unklaren Lamento verharrt, hätte eine Beziehung zur existenznotwendigen Natur nicht geschaffen werden können.

Diese Tabelle im Großformat, mit Platz, um etwas hineinschreiben zukönnen, hat mir schon gute Dienste erwiesen.

Basis gewaltfreier Auseinandersetzung

Die Gruppe

Um unser Ziel zu erreichen, müssen wir darauf achten, daß wir nicht den Zugang zu unseren Quellen verlieren. Die Basis jeden gewaltfreien Handelns ist **die Gruppe**. Gewaltfreies Handeln bedarf einer Rückbindung an Menschen, die gemeinsam diesen Weg gehen wollen und sich dies mitgeteilt haben. Unverbindliche Beziehungen nützen im gewaltfreien Kampf wenig. Ich, der einzelne, brauche Beziehung. Diese muß ich mir suchen und sie pflegen. Manchmal muß ich erst fähig werden, diese Beziehungen einzugehen. Ein wichtiger Aspekt der Trainingsarbeit ist es, die Gruppe zu befähigen, ihre Beziehungen zu reflektieren und auch offen darüber zu reden.
Ein Beispiel aus der Antiraketenbewegung: Als sich der Erfolg der Bewegung abzeichnete und herrschende Gruppen (Parteien, Verbände) deren Forderungen übernahmen, eine der Supermächte sogar einseitige Abrüstung verkündete, entstand in den Friedensgruppen ein Gefühl von Bedeutungslosigkeit. In dieser Zeit waren die Trainings - Sondierungshilfen zur thematischen Weiterarbeit: "Sollen wir jetzt in die Konversionsdiskussion einsteigen oder eher gegen den Rüstungsexport kämpfen?"
Oft hatte ich den Eindruck, die Gruppe suche jetzt eine äußere Klammer für ihre innere Beziehung. In solchen Fällen bat ich die jeweilige Gruppe, einmal das politische Thema beiseite zu lassen und sich die letzten Jahre mit der Gruppe anzusehen. Ich ermutigte sie, sich einander unter Zuhilfenahme verschiedener Methoden mitzuteilen: "Du bist mir wichtig - mit dir möchte ich weiterhin etwas machen." "Du hast mir so viel gegeben, ich bin gespannt, was noch alles auf uns zukommt." "Wie wir beide gerungen haben - vielleicht können wir uns weiterhelfen."... Nachdem diese Gruppenfindung erfolgt war, waren die weiteren Fragen kein großes Problem mehr.
Ein jüngeres Beispiel aus der Antirassismusbewegung: Ich wurde von einer Organisation zu einem Zivilcouragetraining eingeladen. Dabei hieß es, es hätte sich eine Gruppe gefunden, die Antirassismusarbeit

machen möchte. Vorgefunden habe ich einen Kreis unverbindlich Interessierter, die um einen "Runden Tisch" versammelt waren. Einige der Teilnehmenden wollte eine verbindliche Gruppe gründen, doch erfuhr ich dies erst am Ende der Veranstaltung. Diese "Gründungsleute" teilten mir am Ende mit, sie seien enttäuscht, daß so wenige verbindlich mitarbeiten wollten. Auf meine Frage, wieso sie nicht diese Veranstaltung genutzt hätten, für ihre Gruppe zu werben, waren sie überrascht: Sie wollten sich doch nicht aufdrängen.

Gewaltfreie Aktion als Freizeithandeln

Planvoll zu agieren setzt voraus, daß ich meinen gewaltfreien Einsatz für wichtig halte. Fast alle Aktionsgruppen bestehen aus Freizeitaktiven. Nur sehr wenige Organisationen wie Greenpeace arbeiten mit professionellen Aktivistinnen. Größtenteils werden die Menschen in ihrer Freizeit aktiv, wobei ihre Motive sehr vielschichtig sind. Interessant ist, daß in freizeitorientierten Gruppen Professionalität eine sehr untergeordnete Rolle spielt. So habe ich schon erlebt, daß in einer Gruppe, die eine schreckliche Pressearbeit leistete, ein Werbefachmann Mitglied war. Auf eine kleine Nachfrage hin stellte sich heraus, daß er überhaupt noch nicht auf den Gedanken gekommen war, seine Fähigkeiten hier einzusetzen. Diese Trennung von Freizeitaktivität und beruflicher Tätigkeit fiel mir auch vor kurzem bei einem anderen Projekt stark auf, dem Aufbau einer freien Schule. Viele Menschen hatten sich bereiterklärt, in ihrer Freizeit Eigenleistung zu erbringen. Ein entsprechender Arbeitskreis wollte dies organisieren. Im Laufe der Zeit nahmen die Dinge folgenden Gang: es entwickelte sich eine kleine, stabile Arbeitsgruppe, die aber immer wieder bedauerte, daß sie viel zu wenige für diese viele Arbeit seien. Den Eltern wurde vorgeworfen, daß sie sich so wenig einbrächten. Realität war, daß die wenigsten dieser angeforderten Eltern davon etwas wußten. Bei genauerem Betrachten der Gruppenarbeit wurden gravierende Managementfehler sichtbar. Pikanterie dabei: in der Gruppe befanden sich einige Manager und Unternehmensberater, aber keiner kam auf den Gedanken, sein professionelles Wissen zur Verfügung zu stellen. Ich könnte hier noch eine Reihe von Beispielen

aufführen. Wichtig ist, festzuhalten, daß soziale Bewegungen größtenteils von Freizeitaktivitäten getragen werden und einer entsprechenden Gruppendynamik gehorchen.
Was in professionellen Bereichen schon geordnet erscheint, ist in "freien Gruppen" noch offen. Die einsetzende Gruppendynamik bedarf einer Reflexion. Dies ist eines der wichtigsten Arbeitsgebiete einer Trainerin.

Dabei können die
- einzelnen Fähigkeiten sichtbar gemacht werden,
- Mitglieder aus der gruppendynamischen Blockade herausgeholt werden,
- Prozesse und Systeme nachvollziehbar gemacht werden und
- Teilnehmerinnen Mut zu planvollem effektivem Handeln finden.

Im Methodenteil werden einige Übungen beschrieben, die dabei unterstützen können. An dieser Stelle aber möchte ich noch einige wesentliche Problembereiche kurz benennen.

Zeitlos in der Gruppe
Ein weiteres Merkmal der Freizeitgruppe ist ihr Umgang mit der Zeit. Einerseits findet sie auf ein halbes Jahr im voraus nur noch drei Termine. Finden aber dann diese Treffen statt, scheint man unendlich viel Zeit für Nebensächlichkeiten zu haben. Gesprächsführung, Protokolle, Ordnen der Tagesordnungspunkte nach Wichtigkeit, Zeitmanagement erscheinen wie Dinge aus einer anderen Welt. Eine Aktionsgruppe, die dauerhaft ähnliche Prozesse wiederholt, müßte auf andere Faktoren (Passivität, Macht) aufmerksam gemacht werden. Doch können einfach Methoden wie der Einsatz eines Flipchart oder die Übernahme der Diskussionsleitung sehr hilfreich sein.

Relevante Problembereiche in der Gruppendynamik

Bedürfnisse des einzelnen in der Gruppe (nach Charles Maccio)
Die Bedürfnisse, die von einzelnen verspürt werden, können sehr verschiedener Natur sein.
Bedürfnis
- nach Zugehörigkeit, Zuwendung
- nach Prestige
- nach Macht
- nach Kommunikation, Austausch von Gedanken
- nach Aktion, möglichst vielen Aktivitäten
- nach Sicherheit

Mit diesen und anderen Bedürfnissen treten Menschen in Gruppen ein. Die Hoffnung auf deren mögliche Befriedigung ist die Triebfeder für ein regelmäßiges Kommen und für ein Öffnen den anderen gegenüber. Bedürfnisse tauchen zwar bei einer Erwartungsrunde selten auf, trotzdem bestimmen sie das Gruppenleben entscheidend.

Zugehörigkeit
Es klingt so einfach, so banal, dennoch existieren genügend Aktionsgruppen, die keine klare Vorstellung über ihre Zusammensetzung haben. Sie wissen nicht, wer dazugehört und wer nicht. Klare diesbezügliche Erklärungen werden häufig vermieden, da diese den Anschein von Zwang haben könnten. Einerseits wird heute von jungen Menschen ein klares Zugehörigkeitsempfinden verlangt, andererseits sind sie nicht bereit, sich unter unklaren Bedingungen zu binden. Zugehörigkeit kann durch "Verträge" geklärt werden. Die Gruppe klärt mit einem Mitglied ab, unter welchen Bedingungen sie bereit ist, mit ihm zu arbeiten und welche "Leistungen" sie gegenüber dem Mitglied einfordern und erbringen will. Diese Worte entsprechen zwar nicht dem allgemeinen Trend von Freizeitgestaltung, erfahrungsgemäß sind aber Klarheiten für viele Menschen und Gruppen eine gute Voraussetzung, um gemeinsam ihr Ziel zu erreichen.

Zuwendung

Zuwendung braucht jeder Mensch. Wie er zu seiner Zuwendung gelangt, ist abhängig von seiner Entwicklung und seinem erlernten Verhalten. So finden wir in Gruppen Menschen, die mit Leichtigkeit postitive Streicheleinheiten verteilen und annehmen können, und Menschen, die sich durch Mißtrauen und Abwehr ihre Zuwendung einholen. Gerade eine Gruppe, die sich auf einen gewaltfreien Weg begibt, kann mit diesem unterschiedlichen Umgang mit Zuwendung enorme Schwierigkeiten bekommen. Einige Methoden der Trainingsarbeit bieten hier die Möglichkeit, sich seinem Bedürfnis nach Zuwendung zu stellen und schaffen auch "Rituale", die es ermöglichen, zu verteilen und zu erhalten. In dieser Hinsicht ist eine gewaltfreie Aktionsgruppe häufig auch eine Art Selbsthilfegruppe im Lernen, sich das zu geben, was gesellschaftlich nur noch verborgen gehandelt wird.

Prestige/Anerkennung

Wenn ich Menschen in einer Gruppe empfehle, auch nach Anerkennung zu streben, ernte ich meist die Bemerkung: "Das will ich nicht!" Diese Aussage entspricht häufig der Freizeitidee von Aktionsgruppen. Anerkennung wird verbunden mit Macht und Isolation. Dennoch erleben wir in Gruppen genügend verdeckte Verhaltensweisen, die nach Anerkennung geradezu rufen. Wieso nicht offen herangehen? Wieso nicht offen Anerkennung zollen oder sich die Anerkennung holen? "Hab ich das nicht gut gemacht?" oder "Mensch, das hat mich beeindruckt!"

Ein weiterer Aspekt ist das Prestige der Gruppe nach außen. Auch eine Gruppe hat gleichermaßen das Bedürfnis anerkannt zu werden. Dies ist notwendig, um neue Menschen "anzulocken", aber auch um glaubwürdig bestimmte Positionen nach außen zu vertreten. Durch gemeinsame Vereinbarung kann dieses Prestige geschaffen werden. Hilfreich können hierbei Grundlagen der Public Relation (PR) sein.

Macht

Der Umgang mit Macht und Verantwortung in Freizeitgruppen fußt auf der negativen Erfahrung mit verantwortungsloser Macht und Herrschaft. Macht ist aber immer vorhanden. Überall, wo Menschen zusammenkommen, spielt die Frage der Machtverteilung in die Dynamik dieser Gruppe hinein. Wenn nun aber jeder intensiv die notwendige Machtverteilung leugnet, wird sie nicht faßbar und ist somit nicht zu bearbeiten. Benenne ich als Trainer das Bedürfnis nach Macht und die Schwierigkeiten, die damit regelmäßig auftreten, kann die Gruppe durch Machtverteilung Vereinbarungen schaffen, die überprüfbar sind und somit effektiv genutzt werden können.

Romano Guardini erklärt Macht als "die **Fähigkeit, Realität zu bewegen**. Die Idee vermag dies alleine nicht. Sie vermag es erst und wird damit zur Macht, wenn das konkrete Leben des Menschen sie aufnimmt, sie sich mit seinen Trieben und Gefühlen, den Tendenzen seines Wachstums und den Spannungen seiner inneren Zustände, den Absichten seines Handelns und den Aufgaben seines Schaffens verbindet."[3]

Für ihn ist Macht verbunden mit Verantwortung, wenn Verantwortung wegbleibt, entsteht "leerer Raum". Wenn der ansprechbare Wille und somit die Person entfällt und ersetzt wird durch anonyme Organisation, wird Macht "dämonisch". Sie entzieht sich der Kontrolle und der Verantwortung.

"**Macht ist eine wesentliche Lebenskraft**, die immer wirkt, entweder zur Veränderung der Welt oder zur Verhinderung von Veränderung. Macht oder organisierte Tatkraft kann ein tödlicher Explosionsstoff oder ein lebensrettendes Heilmittel sein" [4] Er geht sogar noch weiter: "Leben ohne Macht ist Tod!"

---

3. Romano Guardini: Die Macht, Würzburg, 1952, S. 13

4 aus Saul D. Alinsky: Anleitung zum Mächtigsein, Bornheim, 1984

Kommunikation/Information
Der einzelne in der Gruppe braucht die Möglichkeit, an alle gruppenrelevanten Informationen zu gelangen. Genauso wichtig ist es, sich Zeiträume zu verschaffen, die eine interne Kommunikation zu gruppenrelevanten Themen ermöglichen. Dabei treten immer wieder die Schwierigkeiten ungleichen Zugangs zu Information auf. Das ist eine reine Frage der Verteilung. Nicht alle müssen Informationen über alles haben. Diese sollen zugänglich und nachvollziebar sein, sofern sie Aufgaben betreffen, die es zu bearbeiten gilt. Die Kommunikationsflüsse zu effektivieren kann ein Bestandteil eines Trainings sein. Anhand interner Informationspolitik kann auch Machtballung deutlich werden. Diese Machtballung kann aber auch gewollt und vereinbart sein. Eine Verteilung von Information in einzelne Arbeitsbereiche schafft Machtverteilung, garantiert aber keineswegs einen besseren Informationsfluß. Trainingsarbeit kann hier zu einer Klärung der Organisationsform der Gruppe beitragen.
In Aktionen spielt die Kommunikations- und Informationsfähigkeit eine entscheidende Rolle. Aktionen können jedoch Kommunikationsstreß auslösen und wichtige Informationen blockieren. Aktionsvorbereitende Trainings helfen den Gruppen, Regeln zu finden, die es ihnen ermöglichen, trotz Streß gemeinsame Entscheidungen zu treffen und ihre Kommunikationsfähigkeit zu behalten.

Aktivität
Jedes Mitglied einer Gruppe geht mit einem eigenen Bedürfnis in eine Aktionsgruppe. Für manche kann jede Besprechung schon zu viel sein, für andere wiederum kann eine Straßenaktion schon eine Überforderung darstellen. An dieser Frage scheitern viele Aktionsgruppen. Aktivität nach außen will gelernt sein. Jeder hat eine eigene Belastungsgrenze, die, wenn sie übergangen wird, zu enormen Widerständen führen kann. Simulationsübungen in der Aktionsvorbereitung verdeutlichen dem einzelnen Gruppenmitglied die eigene Grenze und der Gruppe die Belastungsfähigkeit des einzelnen. Aus diesen Übungen können dann Schlußfolgerungen für die entsprechende Aktion gezogen werden. Es gibt ja verschiedene Rollen in einer Aktion. Nicht alle sind den gleichen Belastungen ausgesetzt.

"Grandiosität" von Gruppen
Vielen Gruppen fehlt die Einschätzung ihrer eigenen Fähigkeiten und Grenzen. Dies kann einerseits aus dem oben genannten Freizeitbewußtsein herrühren, andererseits auch eine Form passiven Denkens sein. So kann eine Gruppe nur einen Anteil des gesamten Veränderungsprozesses bearbeiten. Wenn eine Gruppe von der Vorstellung beseelt ist, sie könne allein dieses oder jenes Problem beseitigen, so müßte eine Trainerin mit Hilfe der Analyseformen die Gruppe zu einer realistischen Einschätzung der eigenen Kraft führen. Wenn eine Gruppe die fatalistische Neigung "wir können ja sowieso nichts tun" in sich trägt, kann ebenfalls durch eine der Analysemethoden ein Zusammenhang von Veränderungsprozessen im Kleinen mit dem Ganzen vermittelt werden. Die beiden Extreme der "Grandiosität" tauchen meist in Gruppen auf, die kurz vor dem Auseinanderbrechen sind. Häufig ist hier ein Verhalten zu beobachten, das ein äußeres Argument für die Schwierigkeiten in der Gruppe sucht. Von daher ist es für eine Trainerin notwendig, zu überprüfen, ob es sich nicht um ein gruppendynamisches Stadium - das Ende einer Gruppe - handelt. In diesem Fall kann es sinnvoll sein, die einzelnen Gruppenmitglieder darauf hinzuweisen und sie zu ermutigen, das Ende einer Gruppe als notwendigen Prozeß des Wandels und nicht als politisches Scheitern zu betrachten. Hilfreich ist hier der von Bill Moyer entwickelte Movement action plan.

Der Grad der Zufriedenheit hängt von bestimmten Faktoren ab. Bestimmend sind:
- Die Art der Teilnahme an der Gruppe, ob sie spontan oder erzwungen ist.
- Der Grad der Teilnahme an Entscheidungen. Je stärker die Mitglieder an Entscheidungen beteiligt sind, desto höher ist ihr Grad an Zufriedenheit.
- Das individuelle Bedürfnis nach Macht beziehungsweise nach Zugehörigkeit und Zuwendung. Erfahrungen zeigen, daß bei Gruppen, in denen Mitglieder ein starkes Bedürfnis nach Macht an den Tag legen, z.B. in Gremien, die Zufriedenheit abnimmt. Elementare Bedürfnisse wie Zuwendung treten in den Hintergrund. Diese Zuwendung kann auch nicht durch noch mehr Macht erreicht werden. Ein solches Gremium kann zwar eine lange Lebensdauer entwickeln, jedoch den einzelnen Mitgliedern nicht die nötige Zufriedenheit geben.

Verlust der Anziehungskraft von Gruppen
Trotz längerer Zusammenarbeit können Phänomene auftauchen, die eine Gruppe unattraktiv machen. Die Einbeziehung neuer wie alter Mitglieder nimmt ab.
Ursachen für eine solche Entwicklung können sein:

- **Die Bedürfnisse sind nur teilweise befriedigt worden**. Wichtige Bedürfnisse bleiben offen. Gruppen in dieser Phase drehen sich häufig im Kreis (Schuldvorwürfe) oder bröckeln auseinander. Falls die Gruppe noch einmal die Anstrengung unternimmt, mit einer Trainerin dieses Problem anzugehen, sollte in einem Training offen über die Bedürfnisse der einzelnen gesprochen werden. Wenn die Bedürfnisse gemeinsam nicht mehr zu befriedigen sind, ist es sinnvoll, die Gruppe zu ermutigen sich zu trennen und eventuell mehrere neue Gruppen aufzubauen. Rührt die Unzufriedenheit von anderen Faktoren her, müßte dies eigentlich in einem Training sichtbar werden. Methoden, die dabei helfen können, sind: Bedürfnisbarometer, Zettelwirtschaft zu den Bedürfnissen, ...
- **Äußere Bedingungen** (Studienabschluß, Arbeitsplatzwechsel, Familie) können einzelne veranlassen, aus der Gruppe auszutreten. Die durchschnittliche Lebensdauer von studentischen Gruppen beträgt zwei Jahre. Wird diese Bedingung mißachtet, sind Enttäuschungen bei vielen Mitgliedern vorprogrammiert. Gruppen mit Berufstätigen und Familien haben in aller Regel eine höhere Lebensdauer, jedoch größere Zeitabstände zwischen ihren Treffen. Menschen, die mit der Erwartung wöchentlicher Treffen an eine solche Gruppe herangehen, erleben die Enttäuschung, daß nie alle dabei sein können.
- **Stagnation**: Die Mitglieder der Gruppe haben keinen Grund, die Gruppe zu verlassen, lassen aber ihre Bedürfnisse nicht zum Thema werden. Diese Art von Konformismus ist nicht nur eine Erscheinung "alter" Erwachsenenverbände, zu denen "man halt hin geht", sondern auch im politischen, gewaltfreien Bereich zu finden. Traditionelle Friedensgruppen erleben diese Stagnation, indem sie jedes Jahr dieselben Rituale des Ostermarsches, der Friedensweges usw. wiederholen, aber feststellen müssen, daß keine neuen Menschen zu ihnen stoßen. Wenn ich dann diese jung-vergreiste Gruppe besuche, erzählen die Mitglieder von ihren Blockadeerinnerungen: früher war es ja so schön, da war noch was los usw. Hier die Mitglieder zu ermutigen, sich klar

zu ihren Bedürfnissen zu bekennen, würde erst einmal der Gruppe die politische Komponente rauben. Dies verursacht natürlich entsprechende Abwehr. Konformität ist angesagt.

- **Überforderung**: Die Mitglieder der Gruppe sind überfordert hinsichtlich ihrer Zeit, Energie und Motivation. Sie ignorieren ihre Einzelbedürfnisse und verschaffen sich keine Zeit, darüber zu reflektieren. Eine solche Gruppe hat wenig Kraft für die persönlichen Bedürfnisse übrig. Sie hat auch keine Kraft und Zeit, neue Menschen zu integrieren und sie an ihren Aktivitäten zu beteiligen. Trainerinnen können in diesem Bereich die einzelnen Arbeitsfelder sichtbar machen und der Gruppe dadurch helfen, neue Mitglieder einzuarbeiten.
- **Blockaden**: Einzelne Mitglieder akzeptieren eine Weiterentwicklung der Gruppe nicht, blockieren sie vielmehr mit aller Kraft. Die Gruppe ist mit dieser Blockade überfordert. Die Verweigerer handeln häufig aus Angst vor Neuem (Überfremdung) oder Enttäuschung, da ihre persönlichen Bedürfnisse bisher noch nicht befriedigt worden sind. Da diese Blockaden oftmals nicht offensichtlich und damit angreifbar sind, kann ein Training diese Interessenskonflikte sichtbar machen und zur Sprache bringen. Praktikable Übungen sind hierbei Gruppenbilder.
- **Mangel an Kommunikation - Information**: Dieser Mangel kann entweder durch einseitiges Machtbedürfnis weniger erzeugt worden sein oder durch die Unfähigkeit, Informationen sinnvoll weiterzugeben. Er führt zum faktischen Ausschluß bestimmter Mitglieder aus den Entscheidungsprozessen der Gruppe. Oft erleben die Informationsträger diesen Zustand selbst als unbefriedigend. Trainings können in einen solchen Prozeß klärend eingreifen.
  Klärungsfragen:
  Ist jede Information für jeden wichtig?
  Reicht es, eine personenunabhängige Möglichkeit zu haben um an die Information zu gelangen (Zettelkasten, Mailbox, Postfächer etc.)? Wieviel Information wollen die Informationsträger eigentlich weitergeben? Was sind die Hinderungsgründe für eine Weitergabe? usw.
  Information hat mit Macht zu tun. Ich halte es für sinnvoll, das Machtbedürfnis und das Bedürfnis nach Information gleichwertig nebeneinander zu stellen. Auch sollen die entstandenen Ängste auf den Tisch kommen. Eine Polarisierung in Richtung Schuld und Unfähigkeit nützt weder den Infomationsträgern noch dem restlichen Teil der Grup-

pe. Oftmals sind die vorhandenen Ängste leicht zu benennen und durch klare Vereinbarungen abzubauen. Hilfen könne hierbei die im Anhang benannten Bücher zur Kommunikation in Betrieben sein. (Literatur)

- **Konkurrenz**: Wenn eine oder mehrere andere Gruppen vorhanden sind, die den Gruppenmitgliedern eine bessere Befriedigung ihrer Bedürfnisse versprechen.

- **Konflikte**: "In einer gewaltfreien Gruppe darf es keine Konflikte geben", ist eine der irrigen Meinungen, die jegliche Produktivität im Keim ersticken. Ich ermutige die Gruppen, vorhandene Konflikte möglichst rechtzeitig auszutragen. Macht- und Zuständigkeitskonflikte sind wichtige Lernfelder auf dem Weg zu einem verantwortlichen Umgang mit Macht. Ideen für eine Organisationsform von Gruppen und die Verteilung von Macht sind in den Büchern von Charles Maccio zu finden.
  Hilfreich bei Interessen- und Personenkonflikten können die Ansätze der Mediation sein, die einzelnen in der Gruppe helfen, mit scheinbar unüberwindbaren Gegensätzen zurechtzukommen.

  Literatur: Besemer, Christoph: Mediation, Freiburg, 1993

Wichtige Kriterien für die Erhaltung einer Gruppe sind:

- **gemeinsame Anstrengung**, um die gemeinsamen Bedürfnisse zu befriedigen.

- **Teilnahme** jedes einzelnen an der Organisation einer Gruppe.

- **Strukturen,** die eine aktive Teilnahme jedes einzelnen erfordern und ermöglichen. Diese können durch die Aufteilung verschiedener Aufgaben, die allen dienlich sind, geschaffen werden.

- **Formen,** die die Autonomie der einzelnen fördern, um sie fähig zu machen, voll am Gruppenleben teilzunehmen.

Elemente, die zur Zufriedenheit der Gruppe beitragen:

Information: Jedes Gruppenmitglied erwartet von den anderen, daß sie ihm die Informationen geben, die es haben möchte.

Zuwendung: Das Recht aller einzelnen, ihre eigenen Gefühle zu haben und auszudrücken, ohne daß die Gruppe sie zensiert. Freiheit in der Gruppe fußt auf dem Bewußtsein der eigenen persönlichen Gefühle und der Wahrnehmung der Gefühle der anderen.

Unterstützung: Die Gruppe unterstützt jede Person in ihrer Auseinandersetzung mit sich selbst. Die Mitglieder helfen sich gegenseitig, aktiv am gemeinsamen Leben teilzunehmen.

Abwechslung: Zuneigung und Abneigung, Wertschätzung und Feindseligkeit sind wichtig für ein ehrliches Leben in der Gruppe. Dies zu akzeptieren und Formen zu finden, damit umzugehen, bereichert und fördert die Entwicklung der einzelnen. Ein zu idealistisches Selbstverständnis verleitet dazu, negative Tendenzen und Anteile aus dem Gruppenleben zu unterdrücken. Verweigert man ihnen jedoch den Ausdruck, kann dies zur Blockade der Arbeit führen.

Spiritualität und Trainingsarbeit

Die Überschwelligkeit der Katastrophe

Als Trainer leiste ich Bildungsarbeit und ermutige Menschen, sich als Gestaltende in dieses bestehende System einzumischen. Eines der beliebtesten Ziele von Aktionsgruppen ist es, die "Betroffenheit der Bevölkerung" zu erreichen. Die Zielgruppe ihrer Veranstaltungen oder Aktionen wird überhäuft mit Bedrohungsvorstellungen. Die Angst als natürlicher Motor des Handelns soll aktiviert werden. Politisch aktive Gruppen aber, gleichermaßen wie Sozialwissenschaftler, wissen von einer Art "neurotischer Angstlosigkeit"[5] zu berichten. Viele Menschen verdrängen die Bedrohung auch gar nicht mehr, sie nehmen die Bedrohung gar nicht einmal als solche wahr, da sie zu groß, zu übermächtig ist. Günter Anders[6] bezeichnet dieses Phänomen mit dem Begriff der Überschwelligkeit. Die Katastrophe als Ganzes übersteigt die Fähigkeit des Menschen, sie sich überhaupt vorzustellen. Die Ohnmachtserfahrung der Aktiven ist somit vorprogrammiert. Ich habe dazu noch eine andere Erfahrung gemacht, die ich als "Unterschwelligkeit" bezeichne. Die Antworten, die gewaltfreie Bewegungen seit Jahrzehnten immer wieder gegeben haben, sind angesichts der Katastrophe viel zu klein, als daß sie als reale Größe wahrgenommen werden könnten.

Wir sind größer als wir es uns vorstellen können

Eine weitere Schwierigkeit, mit der die Trainingsarbeit konfrontiert wird, ist die klassisch lineare Vorstellung von effektivem Arbeiten, d.h., aus einem bestimmten Handeln folgt ein bestimmtes Resultat. Das ist einschätzbar und vor allem logisch nachvollziehbar. Dieses Ursache-Wirkungs-Prinzip können vielleicht Militärstrategen für sich benutzen: ein Schuß tötet eine gewisse Zahl von Menschen. Aber schon bei der Berechnung, ob eine militärische Intervention den

5. Franz Josef Ensel: Richtige Angst und falsche Furcht, Frankfurt, 1984

6 Günter Anders: Die Antiquiertheit des Menschen, Zürich, 1984, S. 264

Frieden schaffen kann, scheitern selbst diese Kausalisten. Zahllose Beispiele ließen sich aufreihen.
Auch wenn es oftmals scheint, als ob unser politisches Handeln keine unmittelbare Änderung zeitigt, machen wir uns kleiner als wir sind. In anderen Lebensbereichen hat sich diese Vorstellung bereits gewandelt. So finden wir in der Medizin Heilungskonzepte wie die Homöopathie, die mit minimalen Dosierungen Erfolge nachweisen kann. Im wissenschaftlichen Bereich bahnt sich ein Paradigmenwechsel durch die Chaostheorie an. Kleine, fast nicht wahrnehmbare Veränderungen führen zu total verschiedenen Ergebnissen. So kann der sprichwörtliche Flügelschlag eines Schmetterlings unter bestimmten Bedingungen einen Orkan auslösen. Was dabei freilich schwierig bleibt, ist, diese Ursache zu beweisen und vor allem nachzuvollziehen. Die Wissenschaftler werden sicherlich versuchen, auf der Basis ihrer linearen Logik Erklärungen zu finden.
Vergleichen wir nun die Einstellung der Menschen zu erfolgreichen sozialen Bewegungen. Nehme ich einmal mehr als Beispiel die geplante Wiederaufbereitungsanlage für Atommüll in Wackersdorf. Ihr Bau wurde eingestellt, so die Meinung vieler, weil der VEBA-Chef und die zuständigen Politiker festgestellt haben, sie sei unökonomisch. Ich möchte behaupten, daß die WAA gekippt worden ist, weil eine gewisse Frau Müller aus Winkelhaid mit ihrem Mann und ihren Kindern bei keiner Demonstration gefehlt hat, weil sie von Haustüre zu Haustüre gelaufen ist und Unterschriften gesammelt hat, weil sie unermüdlich in ihrer Kirchengemeinde gegen diesen Wahnwitz agiert hat und weil sie bei den Anti-WAA Gruppen im Nachbarort mitgemacht hat. Diese Frau Müller hat es also geschafft, die WAA zu verhindern. Sie war der Flügelschlag eines Schmetterlings, der dazu geführt hat, daß dieses Prachtstück bayerischer Selbstherrlichkeit gekippt wurde. Ebenso war es wohl die Kerze in der Hand eines einfachen Menschen in der Leipziger Nikolaikirche, die letztendlich zum Sturz des SED-Regimes geführt hat.
Wiederbewaffnung, Whyl, Pershing II, Volkszählung, Vietnamkrieg, Hausbesetzungen, Wackersdorf, Gorleben, Müllkonzepte, Rassismus, Apartheid, Kolonialismus, Welthandel, Rüstungsexport, ... - eine

Mißerfolgstabelle? Wer bestimmt denn, was die Veränderung der Wirklichkeit ist? Nach fast 100 Jahren Kampf gegen die Apartheid geht nun auch dieses Land in eine neue Ära. Wer oder was hat Südafrikas Weiße zum Einlenken bewogen? Ein Steve Biko, ein Nelson Mandela oder die Familie Braun, die den Boykott gegen südafrikanische Waren über 20 Jahre lang konsequent durchgehalten hat? Eine Liste, die sich durch die gesamte Geschichte der Menschheit zieht, könnte folgen. Zwar wird kein Mächtiger jemals zugeben, daß sein Entscheidungswandel aufgrund einer gewaltfreien Bewegung erfolgt ist. Wir sind aber größer, als wir es uns vorstellen können.

Das Leiden in der Gewaltfreiheit

Ich trete mit dem Bewußtsein, daß wir in der Lage sind, gewaltfrei zu leben, einer Realität gegenüber, die es mir schwer macht, dieses Ziel für erreichbar zu halten. Eine Grenze erlebe ich in mir selbst, eine andere durch die Bedingungen um mich herum.

Die Grenze in mir, das ist meine eigene Erfahrung mit der Gewalt, meine eigene Verletzung, die immer wieder aufbricht. Ich bin "Erzogener", wie jeder Mensch. In der Phase des Werdens wurde ich geliebt und auch verletzt. Sei es durch die Ansprüche, die an mich gestellt wurden, oder durch eine hochmoralische Sexualerziehung - so bin ich nun. Mich selbst anzunehmen ist ein Weg, der mit Leiden zu tun hat. Leiden aber nicht im Sinne des sich Beugens vor einem Schicksal, sondern als Teil meines Werdens. Die Verletzungen erfordern die Annahme meines Leids. Leiden ist ein Teil meines Weges zu mir selbst: dabei suche ich nicht das Leid, sondern lerne, es Stück für Stück anzunehmen. Krankheit, Krise oder Verzicht ist in diesem Zusammenhang eine Herausforderung, die es mir ermöglicht, meinen Weg zu finden.

Leiden ist ebenso wie die Liebe disfunktional. In einer Wirtschafts- und Gesellschaftsform, in der die Berechenbarkeit des einzelnen eine hohe Rolle spielt, wird beides zu kontrollieren versucht. Entscheide ich mich für den Weg der Gewaltfreiheit, auf dem ich mir gegenüber ehrlich bleiben will, so werde ich lebendig, sprich nicht funktional. Ich konfrontiere somit das Gemeinwesen mit meinem Ungehorsam.

Dieses Gemeinwesen stellt meine oben erwähnte zweite Grenze dar. Das Leiden an den Bedingungen, in die ich hineingeboren wurde und die ich mitgeschaffen habe, führt zu einem Handeln.

Leiden in der politischen Aktion

Leiden wahrzunehmen und zu handeln, entzieht sich der herrschenden Vorstellung von der gleichgültigen Hinnahme des Rettersystems von Staat und Kirche. Leiden an den Umweltbedingungen, den sozialen Konflikten, den Kriegen, der Ungerechtigkeit, den Katastrophen führt zur Fähigkeit des Menschen, sich Hilfe von anderen Menschen zu holen, sich seiner Trauer zu stellen, sich der eigenen Wut als gestalterischer Kraft bewußt zu werden. Ich habe nun die Wahl, anderen durch Gewalt Leid zuzufügen oder einen Weg zu gehen, auf dem unser gemeinsames Leiden sichtbar wird. Der Weg der Gewalt eskaliert zur Zerstörung dessen, was geschützt werden sollte. Der Weg der Versöhnung bietet die Chance, Leben zu verändern ohne es zu zerstören. Menschen, die sich auf einen gewaltfreien Weg machen, erleben immer ihren persönlichen und politischen Leidensweg. Als Beispiel möchte ich eine ganz einfache Form gewaltfreier Konfliktaustragung nehmen: Menschen, die sich durch atomare Strahlung bedroht fühlen, die den Beschwichtigungen der offiziellen Informationspolitik aber keinen Glauben schenken, schließen sich zusammen, versuchen Informationen zu sammeln, lassen Untersuchungen machen und geben die Ergebnisse per Faltblatt weiter. Sie erleben sehr schnell ihre eigene Hilflosigkeit angesichts der bedrohlichen Strahlenwerte und der Unfähigkeit der Menschen auf der Straße, diese als bedrohlich zu erkennen. Enttäuschung zermürbt die Gruppe. Zu einer Krisensitzung wird ein Trainer eingeladen. Dieser beginnt mit kleinen Übungen zur Eigenwahrnehmung. Die Gruppenmitglieder berichten von ihren Empfindungen, sprechen über Angst und Bedrohung. Dies wird durch Bilder oder Texte fixiert. Im zweiten Schritt animiert der Trainer die Gruppe, darüber nachzudenken, ob die blanke Weitergabe von Untersuchungsergebnissen ihre Angst und ihr Leid vermitteln kann. Im dritten Schritt wird daran gearbeitet, wie die Gruppe lernen kann,

ihr Leid auszudrücken. Die Aktion, die danach herauskommt, ist kein weiterer Informationsstand in der Innenstadt, sondern die Errichtung eines Gräberfeldes.
Das Wahrnehmen unseres Leidens ist ein Bestandteil der Arbeit im Training. Über Trauer und Leiden hinwegzugehen würde einer Abwertung wichtiger Fähigkeiten gleichkommen.

Die eigene Trauer sehen lernen
Ich erlebe manchmal, wie nahe ich daran bin, diese Entwicklungen lustlos und voller Traurigkeit hinzunehmen, wie ich morgens dasitze und die Zeitung gar nicht mehr in die Hand nehmen möchte, wie ich, wenn ich sie dann doch ergreife, das Gefühl habe, nicht zu genügen. Die eigene Begrenztheit anzunehmen ist sehr schwer. Die "Anfechtungen" sind auch nicht verwunderlich, berühren wir doch mit unserer Arbeit Leid und Tod einzelner Menschen und der Menschheit. Im Training mit Opfern von Gewalttaten helfen keine flotten Sprüche, um die "peinliche" Situation eines gebrochenen Menschen, der weinend seine Ängste schildert, zu bewältigen. Das Leid und die Angst vor dem Tod ist für uns eindeutig faßbar. Trainer, die in Kriegsgebieten oder in totalitären Systemen arbeiten, erfahren dies ganz deutlich. Aber auch im geschützten bundesrepublikanischen Terrain findet sich diese Trauer und Angst in den Trainings mit Auszubildenden, die keine Perspektive mehr sehen, mit Eltern, deren Kinder ein Recht auf Zukunft haben, mit Behinderten, die sich nicht mehr auf die Straße trauen, mit ausländischen Jugendlichen und Asylbewerbern. Je tiefer wir uns in diese Arbeit einlassen, desto stärker wird diese Angst vor der Medusa, der wir nicht in die Augen schauen dürfen, um nicht zu erstarren. Wir sind keine Halbgötter wie Herkules, der es vermochte, dieses Ungeheuer zu besiegen, doch wir können uns auf den Weg machen, offen und ehrlich mit unseren Empfindungen umzugehen. Der Trauer, dem Unvermögen, dem scheinbaren täglichen Scheitern können wir nicht ausweichen. Sich zu stellen, erfordert Antworten, die im spirituellen Bereich liegen.

Die Schwierigkeit mit der Spiritualität

Bereits der erste Entwurf dieses Buches enthielt einen Abschnitt "Spiritualität und Trainingsarbeit". Nachdem meine Kollegin diesen Artikel redigiert hatte, fragte sie mich, wieso ich gerade in diesem so wichtigen persönlichen Teil versuche, eine objektive Beschreibung mit möglichst vielen Quellenverweisen von mir zu geben. Ich solle doch im Stil des Textes fortfahren und auch hier persönlich Position beziehen. Im folgenden Gespräch wurde mir klar, wie geschützt ich meine Spiritualität verwahre. Im Gespräch mit anderen Trainerinnen und Trainern entdeckte ich eine ähnliche Zurückhaltung. Wieso? Für viele ist diese Kraftquelle, aus der wir schöpfen, ein sehr intimer und sicherlich sehr zerbrechlicher Bereich. Es existieren keine klaren schützenden Rituale, wie sie in Religionsgemeinschaften vorkommen. Ich bin als Persönlichkeit herausgefordert. Dies ist ein Hindernis, aber auch ein Vorteil. Wir können durch unsere Sensibilität offener mit den Zweifeln und Sehnsüchten der Teilnehmenden umgehen. Wir können dazu einladen, gemeinsam nach diesen Quellen zu suchen und offen unsere eigenen Schwierigkeiten und unsere persönliche Ermutigungsarbeit mit einbringen. Wir verbieten uns damit, ein passendes Rezept anzubieten.

Glaube als Kraftquelle

In dem Kapitel zum Training gegen direkte Gewalt erwähne ich zwei Kräfte, die den Menschen über das Gegebene hinausführen können: der Glaube und die Kunst. Glaube und Kunst verwandeln die Wirklichkeit auf ihre Art. Sie machen es möglich, scheinbar unabänderliche Bedingungen aufzubrechen und sie zu verändern. Glauben ist ein Akt, der sich aus der Vergangenheit in eine Zukunft richtet. Er ist gebunden an eine liebende Transzendenz, die wir göttlich nennen. Glaube ist eine Kraft, die sich ihre kulturspezifischen Antworten gesucht und gefunden hat. Glaube hat nichts gemein mit der Hoffnung auf Siege und Herrschaft. Für mich ist der Glaube an die Gewaltfreiheit verbunden mit meiner Erfahrung von Gott. Gott nicht als Stifter von Religionen, sondern als der Ausdruck einer über den Dingen stehenden Kraft. Einer Kraft, die mir mitteilt, daß ich geliebt bin und damit veränderbar, offen und doch begrenzt sein darf. Somit ist auch mein Gegenüber, mein gesamtes Umfeld - die Schöpfung - geliebt. Ich bin ein Teil davon, ein einmaliger, wichtiger Teil, ebenso einmalig und wichtig wie das Blütenblatt eines leuchtenden Krokusses, der sich der Frühjahrssonne entgegenstreckt. Ebenso verletzbar und endlich. Glaube ist somit nach innen, zu mir, wie nach außen, der Schöpfung und dem Mitmenschen gegenüber, gerichtet. Glaube gibt mir die Kraft, den eigenen Weg zu finden und ihn zusammen mit der Menschheit gehen zu wollen. Damit ist gewaltfreies Handeln nicht ein gegebener Auftrag einer über uns Menschen stehenden Macht, sondern ein Weg, der in uns angelegt ist. Wir sind in der Lage, diesen Weg zu gehen, doch wir sind eben auch fähig, diesen Weg gar nicht wahrnehmen zu wollen.

Spirituelle Elemente in einem Training

Meditation und Yoga

Wanderungen, Naturbetrachtungen, Shiatsu, T'ai Chi, Yoga, Gebet, Gottesdienst, Schweigen, Zazen: alles ist sinnvoll, sofern es dazu dient, die Gegensätze in mir zu versöhnen. Versöhnung bedeutet aber nicht Aufhebung der Gegensätze, sondern Zuwachs an Kraft, um damit zu leben und zu wirken. In meinen Kursen biete ich jeden Morgen Yoga und Zazen an. Andere Trainerinnen arbeiten mit autogenem Training und Phantasiereisen. Regelmäßige Zeiten der Stille, z.B. Sessions oder lange Pilgerwege für Frieden und Gerechtigkeit, sind hierbei (längerfristige) Angebote zur Vertiefung der beiden Aspekte der Bedrohung und der Lebensbewegung. Da es in dieser Richtung ausreichend Literatur gibt, beschränke ich mich im Methodenteil auf einige wenige Hinweise zu Zazen und verweise auf die Literaturliste.

Fasten

Sich zu entleeren, die Gifte zu entfernen, ist eine sehr gängige Praxis vieler gewaltfreier Aktivistinnen, Aktivisten und Trainingskolleg/-

inn/en. Interessanterweise haben alle Weltreligionen diesen Aspekt der Reinigung in sich. Fasten kann eine Form der Befreiung sein. Nicht aus dem Bewußtsein heraus, daß wir schlechte Menschen seien und uns deswegen läutern müßten, sondern unter dem Aspekt von Freiheit für eine Entscheidung. Hier möchte ich nicht den Hungerstreik als Aktionsform, sondern das Fasten als Bestandteil der Trainingsarbeit beschreiben. Fasten als Vorbereitung für eine Aktion kommt sehr häufig vor. Menschen, die einen Schritt tun, bei dem sie ihr Leben aufs Spiel setzen, bedenken in einer Fastenwoche diesen Schritt. Durch die Entleerung werden Kräfte frei, um über sich Klarheit zu erlangen. Fastenliteratur gibt es auch hier in reichlicher Menge.

Empowermentwork
In der großen Zeit der Antiraketenbewegung entstand in den USA ein Konzept der "Ermutigungsarbeit", das genau an diesem Punkt ansetzt. Zwei Namen sind mir dabei besonders wichtig: Joanna Macy mit ihrem Konzept der "psychologischen Friedensarbeit" und Bill Moyer mit seinem "Movement Action Plan".

Das **"despair and empowerment work "** versucht, erfahrungsorientiert das Wissen über die katastrophale Entwicklung zu erweitern, ohne von Angst, Trauer, Wut und dem Gefühl von Hilflosigkeit überwältigt zu werden. Es versetzt die Teilnehmenden in die Lage, Haltungen des Ausweichens und der Lähmung zu überwinden, es stärkt die Fähigkeit zum Mit-Leiden, unser Gefühl von Zusammengehörigkeit und unsere Bereitschaft zum Handeln.
Literatur: Joanna Macy: Mut in der Bedrohung, München, 1983
"Movement Action Plan"
Bill Moyer zeigt in seinen Seminaren auf sehr einleuchtende Art und Weise auf, welche Einflußmöglichkeiten wir haben, welchen Gestzmäßigkeiten Soziale Bewegungen unterworfen sind und wie sie sich diese für den Gruppenaufbau und ihre Aktionen zunutze machen können.
Ein für mich imponierender Einstieg in ein Seminar war die Frage: "Bitte nennt mir die Vorteile, die ihr davon habt, erfolglos zu sein!" Unsere erste Reaktion war Abwehr, dann schafften wir es, eine große Tafel zu füllen.
Literatur: Bill Moyer: Aktionsplan für Soziale Bewegungen, Kassel, 1987

Gewaltfreie Aktion

Was sind die Elemente Gewaltfreier Aktion?
Erst kürzlich hat mir ein Kursteilnehmer allen Ernstes erklärt: "Meines Erachtens handele ich gewaltfrei, wenn ich der Gewalt aus dem Weg gehe." Eine weitere Aussage einer Teilnehmerin: "Wir leben in einer Gesellschaft der Gewalt. Alles was wir tun, ist gewalttätig. Von daher gibt es keine gewaltfreie Aktion. Ihre Aktionen sind genauso gewalttätig und manipulativ wie die ihrer Gegner."

Gewaltfreies Handeln wurzelt in der Idee der Gewaltfreiheit. Würde ich gewaltfreies Handeln auf "nicht gewalttätiges Handeln" reduzieren, käme dies einer Liebeserklärung mit der Aussage "Ich hasse Dich nicht" gleich. Ähnlich wie Liebe ist gewaltfreies Handeln in sich selbst eigenständig und doch auf das andere, das Gegensätzliche bezogen.

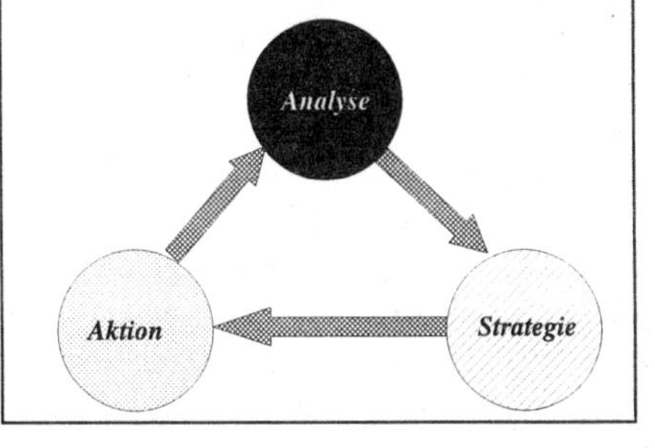

Wenn ich gewaltfrei handeln will, verlasse ich den Weg, den der vermeintliche Gegner mir vorschreiben will. In den Übungen, die im Methodenteil aufgeführt sind, wird aufgezeigt, wie einfach es ist, die eigenen Fähigkeiten zu nutzen. Nutze ich meine Fähigkeiten zur Lösung von Konflikten oder Problemen nicht, so bleibe ich passiv. Gewaltfreie Aktion ist ein planvolles Eingreifen in ein Konfliktgeschehen mit dem Ziel, durch den Dialog zu einer gemeinsamen Lösung zu kommen. Bricht der Dialog ab, verfügt die Gewaltfreie Aktion über genügend Mittel und Möglichkeiten, den Dialog zu erzwingen. Dabei können die Aktionen über den engen Rahmen der Gesetze hinausreichen und illegal, aber auch rechtsformend sein.

Gewaltfreie Aktion ist ein Zusammenspiel von Analyse, planerischem Einsatz von Methoden und der Aktion im eigentlichen Sinne.

Analyse

In der Analyse geht es um

- die Klarheit über das Problem,
- die eigenen Verbindungen zu dem Problem,
- die Stärken und Schwächen des Gegners
- wie der eigenen Gruppe

Die im Kapitel "Werkzeuge" beschriebenen Analyseformen machen deutlich, daß es Zeit und Kraft braucht, eine gute Kenntnis des Problems zu haben. Erfahrungen aus der Trainingsarbeit haben mir gezeigt, wie häufig Gruppen nicht einmal eine klare Problembeschreibung haben. Es bedurfte eines enormen Zeitaufwands, um herauszuarbeiten, was denn nun die Unrechtssituation, die bekämpft werden sollte, wirklich war. Passives Denken läßt es häufig nicht zu, ein Problem deutlich zu formulieren.
Die eigenen Verbindungen zu dem Problem zu finden, geht leichter als sich viele vorstellen können.
Die Analyseformen sind wichtige Bestandteile von Einführungstrainings. Sie können den Teilnehmerinnen aufzeigen, wo und wie sie mit dem Problem verbunden sind und mit welch einfachen Verhaltensänderungen sie schon große Bewegungen in Gang setzen können. Als Beispiel sei hier eine Problemanalyse zu einer Gewaltsituation angeführt: Die Teilnehmerinnen sollten die Beteiligten einer Gewaltsituation in der U-Bahn ermitteln und ihre Beteiligung herausfinden. Dabei setzten sie sich sich natürlich so weit entfernt von dem Opfer hin, daß ihnen ein Eingreifen nicht mehr möglich war. Die Verhaltensänderung könnte logischerweise darin bestehen, daß sie sich künftig einfach potentiell bedrohten Menschen unaufdringlich in die Nähe setzen.

#

Der Gegner

Wer ist eigentlich mein Gegner? Wenn Gandhi oder King von ihren Gegnern sprachen, dann hatten sie genaue Vorstellungen von ihnen. Auch beim Widerstand gegen die WAA oder gegen die Mittelstreckenraketen war noch einigermaßen zu erklären, wer der Gegner der entsprechenden Aktionen eigentlich war. Bei rassistischen Aktionen wird dies schon etwas schwieriger. Rechtsgerichtete Gruppen und deren Sympathisanten lassen sich zwar trefflich als Gegner beschreiben, doch was ist mit dem alltäglichen Rassismus? Was ist mit dem Verwandten, der seinen Arbeitsplatz verloren hat, und plötzlich als alter Sozialdemokrat Aussprüche wie "Der Jude ist an allem schuld" von sich gibt. Was ist mit der "schweigenden Mehrheit" oder den "Protestwählern"? Dazu kommt noch die Frage, ob und wie ich einen direkten Kontakt zu diesen Personengruppen habe und ob ich nicht selbst Teil dieses Rassismus bin?

Nehmen wir nun Problemfelder wie das wachsende Ozonloch, das Waldsterben, die Luftverschmutzung, die Wasserverseuchung oder den Ausbau der Atomkraftwerke im Osten Europas. Interessanterweise liegt selbst auf diesen Feldern eine Beteiligung von mir vor. Ich bin ein Teil des Problems. Bei dem weiterentwickelten Analysemodell von Hildegard Goss-Mayr wird mein Anteil als stützende Kraft sichtbar. Ich bin ein Teil des Problems und kann somit durch meine eigene Veränderung zur Veränderung des Problems beitragen. Der Gegner kann nur noch Dialogpartner sein. Es geht um ein gemeinsames Ringen nach Wahrheit. Eingeschlossen ist dabei meine Bereitschaft, mich mit ihm ändern zu wollen.

Macht im Bezug auf den "Gegner"

Will ich bestimmte Bedingungen verändern und dabei auf dem Weg des Dialogs den Konfliktpartner dazu bringen, daß er an dieser Veränderung mitwirkt, brauche ich Macht. Wenn ich Macht ablehne, verändere ich nichts oder verunsichere nur den Dialogpartner, der in diesem Konflikt ebenso wie ich Klarheit über mich braucht. Da ich verantwortete Macht will, muß ich mich diesem Anspruch stellen. Schon allein der Gedanke, daß ich vom anderen verlange, daß er sich

ändern soll, weckt bei vielen Teilnehmerinnen Widerstände. Aber es führt kein Weg daran vorbei: wenn ich gewaltfrei handeln will, muß ich Machtfragen stellen. Das will aber gelernt sein. Gerade in Zivilcouragetrainings ist dies von entscheidender Bedeutung. Will ich nun Einfluß auf einen Konflikt nehmen oder nicht? Um es an einem Beispiel zu verdeutlichen: Wenn ich in einer U-Bahnstation mitbekomme, daß ein ausländisch aussehender Mitbürger gedemütigt wird, brauche ich Macht, um dies zu unterbinden. Verweigere ich mich dieser Tatsache, bleibe ich handlungsunfähig. Machtfragen zu bejahen bedeutet aber keineswegs, sich auf das Niveau des Dialogpartners zu begeben: ein Aufschrei, überraschendes Eingreifen zum Entschärfen der Situation, wildes Tanzen, von außen her Hilfe holen,.... das sind alles Maßnahmen, die Einfluß nehmen, wenn ich es nur will.
Diese Einflußnahme zu lernen bedeutet, sich mit Macht und eigener Machterfahrung auseinanderzusetzen. Die im Methodenteil beschriebenen Übungen zur Macht beschäftigen sich mit den Widerständen, die wir Normalbürger immer wieder erleben. Ähnliche Mechanismen wie in der Gruppe tauchen auch in dem Gegenüber Gesellschaft auf. Die Teilnehmenden zu ermutigen, sich der eigenen Macht zu stellen, bedeutet nicht, sie zu Machtausübung über andere zu bewegen, sondern sich auf das Machtspiel zwischen Menschen einzulassen. Eine Übung, die ich hier sehr häufig verwende, ist der Weg des Jona (siehe Methodenteil). Die Teilnehmenden sollen versuchen, einen Bezug zu ihrem Willen zur Veränderung zu finden. Allein die Aufforderung, dem Gegenüber mitzuteilen "Ändere Dich!" ruft sofort innere Widerstände hervor. Wie kann ich das bloß von einem anderen verlangen? Viele beginnen die Übung mit einem klassischen "Versprecher": "Ändere mich!"

Formen der Auseinandersetzung

Der Dialog

Gewaltfreie Aktion will keine neue Unterwerfung. Sie sucht Veränderung im Dialog. Diesem Dialog kann sich der Konfliktpartner entziehen. Deshalb bedarf es verschiedener Eskalationsmöglichkeiten, um diesen Dialog zu erzwingen. Der Dialog wird nicht im Bewußtsein geführt, daß der Gewaltfreie die einzige Wahrheit besitzt. Es herrscht das Bewußtsein vor, daß der Konfliktgegner über einen Teil der Wahrheit verfügt und die Lösung nur gemeinsam gefunden werden kann. Gewaltfreie Aktion ist keine Methode, um sich in bestimmten Situationen dem anderen gegenüber zu behaupten. Es ist eine prozeßhafte Auseinandersetzung, in der Mittel und Ziel übereinstimmen müssen.

Dieser Dialogfindungsprozeß stützt sich auf die oben beschriebene Basis von Gruppe und Quellenarbeit. Die Herangehensweise gliedert sich dann in den eher defensiven und den konstruktiven Teil.

defensives Programm		**konstruktives Programm**
z.B. illegale Go-ins, Blockaden, Besetzungen, Turmbesteigung, etc.	Ziviler Ungehorsam, zivile Usurpation	z.B. illegale Radios, Hausinstandbesetzung, illegale Konversion von Militärprodukten, Hüttendörfer, Unibesetzung mit alternativen Vorlesungen, Wehrpaßverbrennung, ...
z.B. Straßentheater, Unsichtbares Theater, Telefonblockade, legale Go-ins, Die-ins, Demonstrationen, Musikveranstaltungen, Giroblau, ...	direkte Aktion, legale Ausübung von Druck zur Dialogfindung	z.B. Gründung konstruktiver Einrichtungen, Alternativbüros, alternative Institutionen wie Energiesparläden, Bildungswerke für Friedensareit, politische Stiftungen, ...
z.B. Informationszettel über die Gefahren eines Produkts, Ausstellung, Filme, Bücher, Podiumsdiskussionen, ...	Informationsarbeit, Aufklärung	z.B. Ausstellung über Alternativen, Bücher, Flugblätter, Bildungsveranstaltungen, ...
Gruppengründung-, findung	Konsens	Spiritualität

Die beiden Stränge lassen sich nach der Gliederung von Theo Ebert in weitere einzelne Eskalationsstufen unterteilen. Ich habe in diesem Schema gröbere Unterscheidungen getroffen. Eskalation beinhaltet immer die Option auf eine mögliche Steigerung. Hier wird lediglich die Konfliktintensität beschrieben. Wenn ich allgemein informierend und aufklärend tätig bin, kann ich dazu wohl Formen der Direkten Aktion verwenden, jedoch noch keinen Druck in Richtung Dialogfindung ausüben.

In der Trainingsarbeit ist es sinnvoll, auf die unzähligen Möglichkeiten der Dialogfindung auf der legalen Ebene hinzuweisen. Gewiß kann es
reizvoller sein, auf der illegalen Ebene zu agieren und viele seiner Gedanken dorthin zu wenden, doch in der Realität nimmt diese nur einen relativ unbedeutenden Teil der Arbeit ein.

Ideenwerkstatt für die gewaltfreie Aktion

Bei der Findung von entsprechenden Handlungsschritten ist unbedingt die Frage zu berücksichtigen, ob deren Mittel den Möglichkeiten der Gruppe und der einzelnen Gruppenmitglieder entsprechen. Natürlich darf die Gruppe beim Brainstorming alle möglichen Aktionsformen auf den Tisch bringen, aber in der Durchführung sollte sie nach den Aktionsformen greifen, die sie sich auch zutraut. Diese Auswahl kann in einem Training beispielsweise mit der Methode der Zukunftswerkstatt getroffen werden.

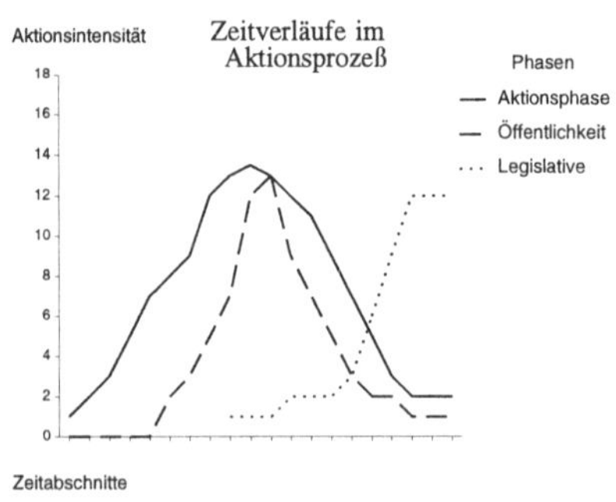

Zeitverläufe von Gruppe und Justiz

Viele Gruppen übersehen, daß die Entwicklung einer Gruppe und ihrer Aktionen einem anderen Zeitverlauf

unterliegt als die Presse und die Justiz. So kann es vorkommen, daß geplante illegale Aktionen folgende Kurve (siehe Abbildung) durchlaufen; die Justiz beginnt gerade einmal zu arbeiten, wenn die Aktionsgruppen sich längst aufgelöst haben.
Diese Beschreibung soll nicht vor Maßnahmen Zivilen Ungehorsams abschrecken, wichtig ist nur der richtige Gebrauch der vorhandenen Mittel. Ziviler Ungehorsam bedarf auf Dauer der Einrichtung von Institutionen, die auf langfristige Arbeit hin angelegt sind und betroffene Personen über längere Zeit hinweg begleiten können. Trainingsarbeit in diesem Bereich sollte neben dem Gespür für die Belastbarkeit der einzelnen auch eine ausreichende Kenntnis der Rechtslage und der entsprechenden Informationsquellen vermitteln.

Auswertung und Kontinuität
Aktionen müssen ausgewertet werden. Sie sind Lernfelder, die uns in der Dialogfindung voranbringen können, sowie Erfahrungsfelder, die uns persönlich reifen lassen. Beide Felder sollten reflektiert werden. Auch vergessen viele Gruppen, daß gelungene Aktionen gefeiert werden können. Bill Moyer fragte mich nach einem Seminar: "Na, habt ihr den Abschied der Pershing II auch entsprechend gefeiert - ihr hattet doch Erfolg!" Mir blieb die Spucke weg - gefeiert hatten wir nicht, wieso denn auch? Auswertungsformen im Methodenteil bieten hierzu einige Anregungen für die Gruppen. Bislang ist die Auswertung von Aktionsschritten mit Trainerinnen eher eine Seltenheit.

Theater und Kunst in der Trainingsarbeit
Vorgegebene Denkstrukturen, Verhaltensmuster und Realitäten werden durch die Vorstellung, gewaltfrei miteinander leben zu können, überschritten. Kunst und Religion weisen ebenfalls Wege über das Gegebene hinaus. Daß religöse Elemente mit der Idee der Gewaltfreiheit verbunden sind, wird in den Visionen beinahe aller Religionen manifest.
Künstler zu sein, also die formverändernde Kraft der Phantasie nutzen zu können, beschreibt Paolo Freire als eine Fähigkeit, die ein Lehrer haben sollte. Die Kunst ist ein wichtiges Element in der

Trainingsarbeit, sei es beim Finden der Aktionssymbole oder in der Ausdrucksform des Theaters: das Gegebene wird durch die Phantasie verwandelt.
In Trainings ermutigen wir immer wieder die Leute, mit ihrer Phantasie diese Welt zu bereichern, den Polizisten im Kopf abzuschütteln und frei zu werden für die eigene gestalterische Kraft.
Eine wichtiges Handwerkszeug in der Trainingsarbeit ist das Theater der Unterdrückten. Es wurde von Augusto Boal entwickelt und im Lauf der Zeit den einzelnen Gesellschaftsbedingungen angepaßt. Der Methodenteil bietet hier wieder einige Anregungen.

II. Training in Gewaltfreiheit

Meine eigene Geschichte mit Trainings
Meine erste Erfahrung mit Trainings machte ich 1975. Im Zusammenhang mit einer Aktionsvorbereitung tasteten sich einzelne Mitglieder unserer Gruppe an ein Trainingskonzept heran. An dieses erste Training kann ich mich noch gut erinnern. Es wurde eine Übung zur Vertrauensbildung in der Gruppe durchgeführt. Das Resultat war der vorzeitige Abbruch des Wochenendes, da wir nach der Übung heillos zerstritten waren. Die Trainer hatten eine für sie wichtige Methoden gewählt und entsprechend eingesetzt, dabei aber unterlassen, einige wichtige Hinweise zu geben. Zudem hatten sie damals sehr wenig Erfahrung mit gruppendynamischen Prozessen und verhärteten sich beim ersten Anzeichen von Kritik. Ich wurde neugierig und stieg in ein Trainingskollektiv ein. Eine Methodensammlung, die über die Graswurzelbewegung und das "Bundestrainingskollektiv" herausgegeben wurde, war mir damals sehr hilfreich. Viele der folgenden Texte und Spiele entstammen noch dieser Loseblattsammlung. Die Trainings orientierten sich jeweils an den aktuellen Problemen. Ging es um die Besetzung von Gorleben, so wurden go-ins und Räumaktionen geübt. War es eine Hausinstandbesetzung, trainierten wir Deeskalationsmaßnahmen zwischen Polizei und Besetzern. Während der Antiraketenbewegung nahm die Blockade als Aktionsform einen fast alles

beherrschenden Raum ein. Die Trainings zu Wackersdorf differenzierten sich in Blockadetrainings und Deeskalationsprogramme. Mit dem Golfkrieg verflog die Blockadeeuphorie, er erforderte andere Aktionsformen. So wurden die Trainings zu "Werkstätten" gegen den Krieg. Mit der rapiden Zunahme der Fremdenfeindlichkeit erhielt die "Gewalt" eine zunehmend persönliche Bedeutung. "Zivilcouragetrainings" und "gewaltfreie Interventionen" sind heute gefragt. Zwischen all diesen sozialen Bewegungen gab es ein personelles Auf und Ab im Bereich der Trainingsarbeit. Zu den Zeiten der großen Blockadeaktionen liefen die "Trainings" tatsächlich auf eine reine Aktionsvorbereitung hinaus; die Gruppen wurden auf ihre Kommunikationsstrukturen und ihre Belastbarkeit hin getestet. Heute sind es vorwiegend Einzelpersonen, die nach Eingriffsmöglichkeiten in direkten personalen Gewaltsituationen suchen, oder Gruppen und Organisationen, die oftmals in der Sozialarbeit tätig sind und die eher vorbeugende Handlungskonzepte entwickeln wollen. Verschwindend gering ist die Nachfrage von Gruppen, die einen langfristigen Veränderungsprozeß im Auge haben und dazu die einzelnen Elemente der Gewaltfreien Aktion lernen wollen.

Positionen zur Trainingsarbeit

" Aus mannigfachen Gründen sehen viele Menschen eine Schulung im gewaltlosen Widerstand nicht als notwendig an. Viele schrecken wohl gar vor dem Gedanken zurück. Einige sind der Ansicht, daß eine solche Schulung zu einem unangenehmen Selbstbewußtsein oder gar zu Unaufrichtigkeit und blasierter Selbstgerechtigkeit führen könnte. Andere meinen, daß sie wahrscheinlich dem Dogmatismus und Fanatismus den Weg bereitet. Andere wollen voraussehen, daß Verlust an Initiative, Einförmigkeit und Langeweile die Folge seien", schreibt Richard B. Gregg[7], ein erfahrener Aktivist aus den Vereinigten Staaten der 50er Jahre.

[7]. Richard B. Gregg: Die Macht der Gewaltlosigkeit, Gladenbach 1982

Er betont aber trotz dieser Gefahren weiterhin die Notwendigkeit zum Üben und Schulen, denn "... die Änderung des Charakters oder der Fähigkeiten kann nur durch Trainings und Änderungen der Gewohnheiten erreicht werden..."(ebenda)

Ein Training ist die "von den Teilnehmern einer Aktion durchgeführte Vorbereitung für diese Aktion, wenn nötig, unter Mithilfe von Leuten, die ihr Anliegen und ihre Ideale teilen. Das Training ist am erfolgreichsten, wenn es auf wirkliche Situationen vorbereitet. Es gewinnt an Wert, wenn die Teilnehmer selbst Änderungen vorschlagen, um das Training sachdienlicher zu gestalten. Training befreit und bereichert die Menschen auf eine Weise, die es ihnen ermöglicht, an Aktionen teilzunehmen, die sie selbst als schöpferisch betrachten" [8]

Man sollte einen
"... detaillierten Lehrplan für das Training in Gewaltlosigkeit herausbringen, ... gleichwertig dem Trainingsprogramm für bewaffnete Streitkräfte"[9].
aus: 2. Internationale Konferenz über Frieden und Gewaltfreie Aktion in Rajsamand (Indien), 1991.

"Ziele eine Trainings in Gewaltlosigkeit können wie folgt beschrieben werden:
1. Die Teilnehmer dazu befähigen, ein tieferes Verständnis der Gewaltlosigkeit zu erreichen.
2. Sie mit den besonderen Fähigkeiten für gewaltlose Einzelaktionen und für Massenaktionen auszustatten.
3. Sie in demokratischer Führung der Konfliktlösungen zu unterweisen und 4. ihnen zu helfen, Verhaltensweisen zu entwickeln, die zur Gewaltlosigkeit führen."[10]

---

8. Olson/Shivers: zitiert aus Rothenpieler/Walker, Training Gewaltfreier Aktion, Waldkirch, 1977, S.20

9. Dr. Ramjee Singh, zitiert aus der Schriftenreihe zur Friedenskunde 9, Training in Gewaltlosigkeit, S.9

10. ebenda: Naranyan Desai, Institute of Total Revolution, Indien

"Im Werkstatt-Training lernt die Gruppe, auf provozierende Fragen, Beleidigungen und physische Angriffe angemessen zu reagieren. Indem sich die Freiwilligen auf das Schlimmste vorbereiten, erzielen sie eine völlig neue Einstellung gegenüber verbalen und physischen gewaltsamen Provokationen." [11]

"Zu Beginn einer Kampagne wird in der Regel die Konfliktsituation geprüft und die eigene Motivation durch kritische Selbstbetrachtung hinterfragt. Da satyagraha nur in selbstlosen Anliegen von öffentlichem Nutzen ausgeübt werden darf, ist sicherzustellen, daß mit der Aktion keine ungerechten oder eigennützigen Interessen verfolgt werden. Diese Introspektive geschieht durch das Beten und Fasten. Werden das Anliegen der Kampagne als gerecht und das Übel als untragbar betrachtet, dienen Selbstverpflichtungserklärungen zur Wahrung der Disziplin und des Durchhaltevermögens der satyagrahis." [12]

Grundzüge eines Trainings

Trainings können Hilfe zur Entdeckung der eigenen Fähigkeiten sein. Wichtige Prinzipien der Trainigsarbeit sind:

1. Lernen durch Erfahrung

Es wird mit dem gearbeitet, was die Teilnehmerinnen in ein Training hineinbringen. Ihre Konflikte, Ängste und Projekte bestimmen den Inhalt und den Verlauf. Ihre Erfahrungen werden durch Simulationen verstärkt und oftmals dadurch erst sichtbar gemacht.

11. Theo Ebert: Gewaltfreier Aufstand, Waldkirch, 1978, S. 99

12. Michael Blume: Satyagraha, Gladenbach, 1987, S. 251

2. Ein Training ist handlungsorientiert
Die Teilnehmer werden ermutigt, ihre Sache selbst in die Hand zu nehmen. Trainer vermitteln Werkzeuge und deren Gebrauch, jedoch keine Rezepte. Sie checken bestimmte Aktionspläne nach Stärken und Schwächen durch - und lassen diese durch Übungen offensichtlich werden.

3. Ein Training ist langfristig angelegt
Ein gesellschaftlicher Wandel erfolgt nicht durch eine beliebige Aktion. Prozesse der Veränderung zu erkennen, darauf hinzuweisen, welchen systemischen Faktoren eine Bewegung ausgesetzt ist, ist ebenfalls Aufgabe eines Trainings.

4. Die Initiative muß erhalten und behalten werden
Ein wichtiger Faktor im Alltag ist der Umgang mit scheinbar ausweglosen Situationen. Die Ursachen der Lähmung, sprich der eigenen Abwertung, werden aufgedeckt. Die Teilnehmerinnen werden ermutigt, "ihre Lösungen" zu suchen und die eigenen Fähigkeiten zu gebrauchen.

5. Die Verbindung zur Gewaltfreiheit ist zu schaffen
Bei vielen Teilnehmerinnen bedeutet die Teilnahme an einem Training nicht automatisch, daß sie auch einen Bezug zur Gewaltfreiheit besitzen. Häufig gibt es Vorurteile und Unkenntnis bezüglich Tradition und Konzeption gewaltfreier Bewegungen. Es gilt, Verknüpfungen in der Menschheitsgeschichte aufzuzeigen, den Mythos von Märtyrertum abzuschaffen, Akzeptanz zu praktizieren statt "gewaltfreie Ideologie" zu verkünden, um so den Teilnehmerinnen einen lebendigen Zugang zu dieser Idee zu ermöglichen.

6. Trainings sind immer existenziell
Wenn Menschen bereit sind, sich mit gewaltfreier Konfliktaustragung zu befassen, stoßen sie unwillkürlich auf das Phänomen des eigenen Scheiterns. Persönliche Schwächen und Zwänge verhindern immer wieder den ersehnten Durchbruch zum "so sein, wie ich will". Diese

Erfahrung persönlicher Defizite ist immer existenziell. Abwehr oder Trauer sind Begleiterinnen intensiver Trainingsarbeit und brauchen Zeit und Raum.

7. Die Verantwortlichkeiten werden offen gelegt
In Trainings werden durch Vereinbarung Machtkonzentrationen aufgelöst. Von Anfang an werden "Verträge" über die Aufgaben der Trainerinnen und Teilnehmerinnen ausgehandelt. Die Konsequenz ist Kooperation. Ein wichtiges Mittel hierbei ist der Konsens.

Zusammenfassung: Ein Training führt zu einer Befähigung von Einzelpersonen und Gruppen, langfristig einen gewaltfreien Veränderungsprozeß einzuleiten und durchzustehen. Es beinhaltet ein planmäßiges Üben und Entwickeln persönlicher und gesellschaftlicher Fähigkeiten, in Gewaltsituationen und -strukturen eingreifen zu können und sie aufzulösen.

Training ist keine Therapie

Wer sich die einzelnen Übungen und Methoden ansieht, kann leicht zu dem Eindruck kommen, es handle sich um eine neue Therapiemischform. Gewiß, das Training enthält Elemente der Selbsterfahrung, der Gruppendynamik und auch verschiedener Gruppentherapien. Jedes Training, wie auch jede politische Aktion, ist ein Grenzgang zwischen individueller Therapie und gemeinsamem Lernen.
Therapie hat den Anspruch zu heilen. Jeder Mensch, der sich auf eine Therapie einläßt, sollte vorher wissen und deutlich vereinbaren, von was er geheilt werden will. Therapie ist geprägt von einem Verhältnis zwischen einem Menschen, der vorgibt heilend wirken zu können, und einem Patienten, der von einer bestimmten Erscheinung geheilt werden möchte. Es gibt einen Heilungsvertrag. Zu diesem Zweck müssen sowohl Aufgaben und Grenzen des Therapeuten als auch eine entsprechende Willensbekundung des Patienten deutlich beschrieben werden. In diesem "Heilungsvertrag" werden dann entsprechende Leistungen vereinbart.
Wir können uns natürlich auf das Bild einer kranken Gesellschaft ein-

lassen und nach Erich Fromm heilende Formen des Eingreifens suchen und finden. Der Begriff "heilend" wird aber hier in seiner umfassenden Form gebraucht. In jedem Menschen steckt die Fähigkeit zu heilen. Jeder Mensch hat ein starkes Bedürfnis nach "Heil-werdung". Aber in einem individuellen Heilungprozeß läßt sich ein "unheiler" Mensch auf das Geschick eines Heilers ein. Er vertraut ihm manchmal sein Leben an. Dieses Beziehungsgeschehen wird allzuoft von beiden Seiten mißbraucht. Dennoch gilt der Grundsatz, daß ein klar beschriebener Heilungsvertrag vorliegen muß; sonst kann der Patient (oder in einem Seminar der Teilnehmer) nur zu leicht zum Opfer einer verdeckten Allmachtsphantasie eines unfähigen Therapeuten werden.
Bei einem Training geht es in erster Linie um Lernen im Sinne von Beratung. Es wird zwischen der Gruppe/Organisation und der Trainerin eine Art Beratungsvertrag geschlossen. In diesem Vertrag wird vereinbart, was das Ziel der Beratung ist. Eine seriöse Trainerin wird bei einem solchem Beratungsgespräch deutlich ihre Möglichkeiten und Grenzen offenlegen und somit ihre Leistungsfähigkeit dokumentieren. Es ist keine Schande Mängel zuzugeben, aber es ist fatal, wenn die Schwächen durch "Scheinkompetenzen" verschleiert werden. Dieser Beratungsvertrag spielt auch bei den ersten Treffen der Gruppe mit der Trainerin eine große Rolle. Die sogenannte Erwartungsrunde soll immer klären, ob der "Vertrag" auch der Gruppe klar ist. Dabei ist es selbstverständlich, die eigenen Vorbereitungen möglichst offen darzulegen und nicht mit einem "Laßt Euch erst einmal darauf ein!" zu beginnen. In dieser Phase der Vertragsfindung muß deutlich werden, ob eine Therapie oder eine Beratung gewünscht wird. Dabei muß sich auch herausstellen, mit welcher Kompetenz die Trainerin auftritt.

Wann sind welche Trainings sinnvoll?

- **Bei Unklarheit über ein gesellschaftliches Problem**
  Was tun? "Wir möchten etwas gegen die Ausländerfeindlichkeit

tun und wissen noch nicht genau was." Solche Anfragen sind sichere Anzeichen für eine unklare Vorstellung über die eigenen Möglichkeiten, an diesem Problem zu arbeiten. Hier kann ein Einführungsseminar die Grundlagen Gewaltfreier Aktion aufzeigen. Dabei ist der Analyseteil von maßgeblicher Bedeutung. Die vorhandenen Methoden bieten den Gruppen eine ausreichende Grundlage, selbst damit zu arbeiten.

- **Bei Schwierigkeiten im Gruppenprozeß**
  Eine Gruppe hat schon eine gewisse Zeit miteinander gearbeitet. Probleme von außen haben ihr kaum die Zeit gelassen, sich um die internen Belange zu kümmern. Stagnation oder Blockade sind die Folge und zwingen nun die Gruppe, über ihre weitere Arbeit nachzudenken. Die Anfrage bei einer Organisation, die Trainings in Gewaltfreier Aktion anbietet, könnte zu einer ersten Supervision mit einer Trainerin führen. Anschließende Vereinbarungen sollten klar formuliert und zeitlich begrenzt werden.

- **Unterstützung der Gruppe/Gemeinschaft**
  "Wie schaffen wir ein gutes Gefühl zueinander?" Trainings zum Kennenlernen, zur Vertrauensfindung und zur gegenseitigen Bestärkung dienen der Entwicklung der Gruppe wie auch des einzelnen Gruppenmitglieds. Es muß kein spezielles Problem vorliegen, um sich über sich in der Gruppe klar werden zu wollen. Diese Art von Beziehungspflege kann in einem Training zur Gruppenfindung mit vielen sinnlichen und spielerischen Elementen erreicht werden.

- **Den eigenen Standpunkt finden**
  Im Gefolge verschiedener Pressekampagnen zur Gewalt gegen Ausländer stand unser Telefon kaum still. Anderen gewaltfreien Bildungseinrichtungen erging es ebenso. Einige der Anrufenden waren Menschen, die zwar etwas tun wollten, aber keinen Anschluß an eine Gruppe hatten. Als Gruppenvermittlung aufzutreten überstieg unsere Möglichkeiten, da wir nur spärlich

über die Entwicklungen der einzelnen spontan gebildeten Gruppen informiert waren. Die meisten Anrufenden erkundigten sich jedoch nach einer Möglichkeit einer unabhängigen Fortbildung. So entwickelte ich eine Seminarreihe von sechs Abenden und einem Tagesseminar. Alle Kurse waren ausgebucht. In diesen Kursen gehtes hauptsächlich um das Finden eigener Standpunkte und Haltungen zu Gewalt und Gewaltfreiheit. Einführungsseminare zur Gewaltfreiheit oder Zivilcouragetrainings gehen in die gleiche Richtung.

- **Effektive Organisationsformen für größere Kampagnen finden**
  Eine mögliche Aktionsform zur Durchsetzung von Dialogen ist die Kampagne. Kampagnen haben eine bestimmte Struktur im Aufbau und in der Durchführung. Ähnlichkeiten mit Werbekampagnen sind nicht rein zufällig. Die notwendigen Einzelschritte, die Vernetzungen und Organisationsformen können in einem speziellen Kampagnetraining vermittelt werden.

- **Vorbereitung einer Aktion**
  Aktionstrainings bereiten die Gruppe auf entsprechende Belastungssituationen vor. Jede Aktion ist mit Streß verbunden. Wie dem zu begegnen ist, zeigen verschiedene Simulationsübungen. Darüber hinaus müssen bei einer Aktion bestimmter Rollen ganz klar definiert und abgesprochen werden. Ein Aktionsvorbereitungstraining achtet auch auf die Kommunikationsstrukturen innerhalb der Gruppe und hilft bei der Überprüfung der persönlichen Entscheidung.

- **Entwickeln von langfristigen Strategien**
  Trainings zur langfristigen Planung von gewaltfreien Aktionen, finden meist mit Organisationen statt. Selten gibt es Gruppen innerhalb sozialer Bewegungen, die sich auf Jahre hinaus Konzepte überlegen. Organisationen, die von ihrem Auftrag her an eine gewaltfreie Konfliktaustragung gebunden sind (z.B. kirchliche, caritative und friedenspolitische Einrichtungen) können eine solche

Beratung nutzen. Diese ist natürlich mit einer Institutions- und Konfliktanalyse verbunden. Zukunftswerkstätten mit den einzelnen Abteilungen über Organisationsformen und Herausarbeiten der einzelnen Schritte führen zu Ergebnissen, die, gemeinsam entwickelt, auch gemeinsam getragen werden.

- **Erarbeitung einer Konfliktanalyse**
  Den Hebel der Veränderung herauszufinden ist Aufgabe eines Analysetrainings. Dabei beginnt die Gruppe mit einer genauen Problembeschreibung, arbeitet eine verständliche Zielformulierung aus und ermittelt mit den angebotenen Analysemethoden die einzelnen Zielgruppen, die sie mit den der Gruppe angepaßten Methoden in die Veränderungsarbeit einbezieht.

- **Kraftsammeln**
  Sich Zeit nehmen, nachdenken, nachspüren, fasten, meditieren.

Was oder wer ist eine Trainerin?

Es gibt meines Wissens in Europa keine direkte Ausbildung zu einer Trainerin in Gewaltfreier Aktion. Verschiedene Versuche wie die Trainerinnen-Selbstausbildung der Trainingskollektive wurden wohl unternommen, gemeinsame Konzepte dafür gibt es aber nicht. Trainerinnen in Europa sind Menschen, die sich selbst für kompetent halten. Manche Gruppen von Trainerinnen bezeichnen sich als Trainingskollektive (TK) und haben bestimmte Kriterien für die Mitgliedschaft im TK. Augenfällig ist die Korrelation der Anzahl an Trainerinnen zu Boom und Flaute der aktuellen sozialen Bewegungen. Was fehlt, ist ein gemeinsames Berufsbild für einen Trainer oder eine Trainerin in Gewaltfreier Aktion.
Um so wichtiger ist es für eine Gruppe, die ja nicht per Bestellung einen Menschen mit einer festgelegten Qualifikation ordern kann, mit der Trainerin klare Vereinbarungen zu treffen. In der Regel sind die Trainerinnen akademisch ausgebildet. Sie verfügen meist über

langjährige Erfahrungen in gewaltfreien sozialen Bewegungen, haben selbst schon mehrere Trainings mitgemacht, sind rückgebunden an eine Organisation oder ein TK und haben meist noch entsprechende Zusatzqualifikationen. In Deutschland gibt es gegenwärtig etwa 20 - 30 hauptamtliche Trainerinnen, und Trainer, die aber wiederum auf bestimmte Gebiete spezialisiert sind. Die Bandbreite kann von Mediationsseminaren im Bürgerkriegsgebiet bis zur internen Organisationsentwicklung einer Bürgerbewegung gehen.
Hintergrund für diese Offenheit ist eine Philosophie, die es jedem fähigen Menschen ermöglichen soll, im gemeinsamen Lernen und durch die gemeinsame Reflexion Trainer oder Trainerin werden zu können. Das ist im Prinzip richtig und wünschenswert, nur gibt es noch keine gemeinsamen Strukturen, die eine europa- oder weltweite Qualifikation garantieren können. Die fortschreitende Professionalisierung der Trainerinnen wird diesem Zustand aber zwangsläufig ein Ende bereiten müssen.
Ein wichtiger Schritt auf dem Weg zur "Dipl. Trainerin" ist die Schaffung eines klaren Berufsbildes, das wiederum aus dem Selbstverständnis bereits professionell arbeitender Trainerinnen entstehen wird. Sicher wird die Bandbreite der Angebote erhalten bleiben, und ebenfalls sicher ist, daß der "Beruf" auch weiterhin offen sein muß für alle Menschen, die in sozialen gewaltfreien Bewegungen beheimatet sind.

Wichtig für die Auswahl einer Trainerin:
Es ist für jede Gruppe unabdingbar notwendig, die Trainerin, die engagiert werden soll, nach ihrer Erfahrung und Kompetenz zu fragen. Eine souveräne Trainerin wird selbstverständlich darauf eingehen und die verschiedenen Trainings, die sie anbietet, beschreiben. Auch wird sie Informationsmaterial über die Organisation in ihrem Hintergrund anbieten und bei Bedarf einige exemplarische Verläufe von Seminaren weitergeben können. Bei einem zweiten Gespräch können dann sogenannte Vorvertragsverhandlungen klären, in welche Richtung die Erwartungen gehen und was die Trainerin dazu anbieten kann.

Trainingsformen

Anti-Gewalt-Trainings oder Anti-Aggressions-Trainings oder Trainings in Zivilcourage?

Die zunehmende Betroffenheit über die gewalttätigen Ausschreitungen haben zu einer regen Nachfrage nach Seminaren mit den Themen "Wie umgehen mit Gewalt?", "Anti-Aggressionsprogramm", "Training in Zivilcourage" oder "Training in Gewaltfreiheit" geführt. Nach außen zeigt sich dabei fast kein Unterschied. Die Erwartungen der Teilnehmer beziehen sich auf eine Handlungskompetenz und Lösungsmöglichkeiten in Gewaltsituationen. Ich möchte hier den Versuch unternehmen, die verschiedenen Arten der "Trainings" zu unterscheiden.

Einführung in die Gewaltfreiheit

Inhalt: Hintergründe der gewaltfreien Idee, die Entscheidung Gewalt - Gewaltverzicht, die Spiritualität der Gewaltfreiheit und die Grundzüge gewaltfreien Handelns.

Veranstaltungsform: Abendveranstaltung, Tagesseminar oder Wochenende.

Einführung in gewaltfreies Handeln (Gewaltfreie Aktion)

Inhalt: Konfliktanalyse, Strategieentwicklung, Erkennen eigener Reaktionsmuster, Prozesse der Gewaltfreien Aktion, Konsens und Entscheidungsfindung, Aufbau, Vorbereitung, Durchführung und Auswertung von Aktionen. In diesen Seminaren geht es um **langfristige Lösungen** gesellschaftlicher Konflikte, nicht um die Bewältigung **situativer Gewalt**.

Veranstaltungsform: Minimalzeitraum für ein Seminar ist ein Wochenende, besser ist es, eine ganze Woche Zeit zu haben. Um die Grundlagen aber verstehen zu können und eine entsprechende Kompetenz zu erreichen, sind mit Sicherheit mehrere Seminare notwendig.

Aktionstrainings

Inhalt: Vorbereitung einer Aktion. Dazu gehören: Zielfindung,

Konfliktanalyse, persönliche Belastung in Streßsituationen, Aktionsentwicklung, Aktionsplanung, Zeitmanagement, Rechtsberatung, Entscheidungsfindung und -strukturen unter Belastung, Rollenaufteilung, Auswertung.
Die Teilnehmer an einem Aktionstraining sind kommen normalerweise aus Gruppen, die sich entschieden haben, eine Aktion machen zu wollen, oder die aktiv werden wollen. Aktionstrainings offen auszuschreiben ist wenig sinnvoll; ihnen fehlt die Verbindlichkeit.
Veranstaltungsform: auch hier mindestens ein Wochenendseminar, besser eine ganze Woche.

Gruppentrainings
Inhalt: Auseinandersetzung mit gruppendynamischer Entwicklung, Störungen und Konflikte in Gruppen, Entscheidungsfindungsprozesse, Suche nach gemeinsamen spirituellen Wurzeln.
Veranstaltungsform: Wochenend- oder mehrtägiges Seminar.

Analyseseminare
Inhalt: Den Hebel der Veränderung entdecken: dazu dienen die verschiedenen Methoden, die auch in diesem Buch beschrieben sind. Empfehlenswert ist das Hinzuziehen einer außenstehenden Person. Bei Entscheidungsfindungsprozessen kann ein Trainer effektiver und objektiver agieren als ein betroffenes Gruppenmitglied.
Veranstaltungsform: Wochenend- oder mehrtägiges Seminar.

Spezialtrainings

Anti-Gewalt- oder Anti-Aggressionstrainings
Inhalt: eine **mögliche Gewaltsituation.**
Ziel: Die Teilnehmer möchten kompetent **gewaltmindernd eingreifen**.
Hierbei unterscheide ich nach Zielgruppen:
1. (potentielle) Opfer,
2. betroffene Dritte,

3. professionell Tätige im erzieherischen Bereich
4. (potentielle) Täter

Seminare für potentielle Opfer

Als (potentielle) Opfer sind hierzulande zu nennen: Menschen anderer Nationalität, anderer Gesinnung, anderer Hautfarbe, scheinbar Schwache wie Frauen, Behinderte, Kinder oder Alte.

Inhalt der Trainings ist die Auseinandersetzung mit folgenden Fragen: Wie kann ich mich der Gefährdung entziehen, ohne dabei Gewalt anzuwenden oder Gewalt eskalieren zu lassen? Wie durchbreche ich den Opfermythos, den andere mir auferlegen? Wie vermeide ich eine Opferhaltung, die ich mir selbst zugelegt habe?

Den Bezugsrahmen bildet dabei nicht nur die personale direkte Gewalt wie eine Schlägerei oder ein Überfall. Strukturelle Gewaltformen wie z.B. die Angst, nachts alleine auf einer öffentlichen Straße überfallen zu werden, stellen für diese Gruppe eine massive Beeinträchtigung ihrer Freiheit dar.

Veranstaltungsformen: Tagesseminare, Kurse, Wochenenden.

Methoden: erfahrungsorientiertes Erlernen von Verhaltensweisen in einer Bedrohungssituation.

Seminare für betroffene Dritte

Inhalt: Kompetentes Eingreifen in Gewaltsituationen statt ohnmächtig an ihnen vorbeizugehen oder gar zuzuschauen. Ablegen passiven Verhaltens und aktive Einmischung in das öffentliche Leben.

Veranstaltungsformen: Tagesseminare, Wochenenden, Kurse, internationale Begegnungen, Reisen.

Methoden: erfahrungsorientiertes Erlernen von Handlungsfähigkeit.

Seminare mit professionell im erzieherischen und sozialen Bereich Tätigen

Inhalt: Verbesserte Aufgabenbewältigung durch Reduzierung von Störungen. Dem zugrunde liegt die Erfahrung, daß Gewalt für die Arbeit dieser Zielgruppe eine Störung darstellt. Aufgrund einer konzeptionellen Überforderung sind oft langfristige Maßnahmen zur Lösung des

Gewaltproblems nicht möglich. Voraussetzung einer Auseinandersetzung mit dem Gewaltproblem ist die grundsätzliche Bereitschaft, auch Rahmenbedingungen, z.B. den Schulraum oder den Jugendtreff verändern zu wollen.
Veranstaltungsform: mindestens 3 Tagesseminare.

Seminare mit "Tätern"
Täter kommen häufig vor in rechtsradikalen Gruppen und Organisationen, im kriminellen Milieu, weil sie nur dort noch Anerkennung erfahren, oder in anderen Gruppierungen und Gangs. Ein großer schweigender Teil der Bevölkerung ist auch dazuzurechnen, aber nur sehr schwer zu fassen.
Inhalt: Minderung des Gewaltimpulses und Stärkung der Selbstbehauptung, ohne Gewalt anwenden zu müssen.

Seminarform: In einigen Justizvollzugsanstalten der USA werden seit den 70er Jahren "Anti-Aggressions-Trainings" durchgeführt. Diese Trainings, von Sozialarbeitern und Psychologen geleitet, wurden von Jens Weidner in der JVA Hameln getestet und auf deutsche Verhältnisse übertragen. Mittlerweile haben auch Versuche in anderen Anstalten stattgefunden. Bei diesen freiwilligen Langzeittrainings entstehen spezielle Wohn- und Gesprächsgruppen im Knast.
In einem Nürnberger Jugendfreizeitheim versucht mein Kollege Alwin Baumert, mit der Methode des Theaters der Unterdrückten jugendliche Straftäter zu anderen Formen der Selbstbehauptung zu führen. Es gibt noch eine Reihe weiterer täterorientierter Trainingsarbeiten, die ich hier nicht aufführen möchte, da sie derzeit in der Trainingsarbeit eine eher untergeordnete Rolle spielen. Die Täterrolle möchte ich jedoch nicht auf Kriminelle beschränken. Viele Gruppen handeln gewalttätig, nur wird deren Gewaltanwendung nicht geahndet. Ebenso ist im Alltag oft schwer zu unterscheiden, wer nun Opfer, wer Täter ist? So verstehe ich Trainings mit Opfern oft haarsträubender gesellschaftlicher Strukturen wie z.B. Arbeitslosen, Lehrlingen und Schülern, die sich zu rechten Ideen bekennen und die einem "Aufräumen" in

Deutschland das Wort reden, als Präventionsmaßnahme mit einer potentiellen Tätergruppe.

Zivilcouragetraining
Inhalt: Zivilcourage ist mehr als "nur" ein Eingreifen in personale Gewaltsituationen. Zivilcourage bedeutet, mit wachen Sinnen die Umwelt wahrzunehmen und sich in den Gestaltungsprozeß einzubringen.
Veranstaltungsform: Tages- und Wochenendseminare, Kurse
Methode: Ich arbeite bei Trainings in Zivilcourage mit vielen sinnhaft erfahrbaren Übungen, die Mut dazu machen, die Augen zu öffnen und alltäglich neue Interventionstechniken auszuprobieren.

Antirassismustrainings und Seminare zur interkulturellen Arbeit
Inhalt: Die Mechanismen von Vorurteil und Fremdenhaß (nichts anderes ist Rassismus!), Vermittlung der Bedeutung von Rassismus für seine Opfer, Verhinderung von Rassismus, das Sündenbockprinzip. Vertieft werden vor allem die deutsche Geschichte und die Unfähigkeit vieler Deutscher, aus ihr zu lernen. Hervorgehoben wird auch die Problematik des Nationalismus in Europa und die Rolle der Asylbewerber als Sündenböcke für eine verfehlte Politik.
Veranstaltungsform: Wochenend- oder Mehrtagesseminar.
Methode:
Antirassismustrainings wurden in den USA innerhalb der Gewaltfreien Bewegungen entwickelt, von der UNO aufgegriffen und werden heute auch in Europa angeboten. In den Seminaren sollen Verhaltensänderungen sichtbar gemacht und eine Perspektive aufgezeigt werden. Ein für mich kritischer Punkt in der herkömmlichen Bildungsarbeit gegen rechtsradikale Ausschreitungen ist das rein kognitive Betrachten des Geschehens. Als Ergebnis kommt häufig nur eine appellative Haltung gegenüber den politischen Größen heraus, was bedeutet, daß man von ihnen verlangt, ein Politik zu ändern, von der sie profitieren. Für meine Begriffe ist es wohl wichtig, über Appelle und Forderungskataloge zu diskutieren, mindestens ebenso bedeutsam ist aber die Verwirklichung einer interkulturellen Lebensgemeinschaft. Die interkulturelle Pädagogik als reales Moment der Erziehung und

der Bildungsarbeit ist ein konstruktives Herangehen an das Problem des Nationalismus und Rassismus. In diesem Zusammenhang ist die Kompetenzerweiterung im interkulturellen Bereich ein wichtiges Element gewaltfreier Trainingsarbeit. Gemeinsam mit meinem französischen Kollegen Hervé Ott vom Cun du Larzac, einer gewaltfreien Bildungs- und Begegnungsstätte in Südfrankreich, biete ich vor diesem Hintergrund eine Aus- und Fortbildung zur interkulturellen Pädagogik an. Die Fortbildung ist zweisprachig (deutsch-französisch) und erstreckt sich über zwei Jahre. Im Gesamten werden in drei Wochen- und vier verlängerten Wochenendseminaren folgende Inhalte vermittelt:

- **Anfangssituationen, kulturelle Identität, Vertragsarbeit**
- **Gruppendynamik in interkulturellen Gruppen**
- **Pädagogische Grundlagen und Vermittlung von Inhalten**
- **die Idee der Gewaltfreiheit, Konfliktmanagement**
- **das Spiel in den verschiedenen Kulturen**

Zusammenfassung
Trainingsarbeit reduziert sich nicht auf das **Eingreifen in Gewaltsituationen** sondern ist auf **langfristige Lösungen von gesellschaftlichen Konflikten** ausgerichtet.
Im Folgenden beziehe ich mich in erster Linie auf die aktuellen Anti-Gewalttrainings und Zivilcouragetrainings. Die anderen Trainingsformen werden in einem weiteren Buch behandelt werden müssen.

Mittel für die Trainingsarbeit

In der Trainingsarbeit verfügen wir über Spiele, Übungen und Werkzeuge. Entsprechend ist der anschließende Methodenteil gegliedert.

♦ **Spiele**, die den gruppendynamischen Prozeß, das Wohlsein der einzelnen fördern, Aufwärmspiele, Vertrauensspiele, ...

- **Übungen**, die Zusammenhänge aus dem Hintergrund herausholen und faßbarer machen, z.B. Monsterbau, Aus-der-Reihe-tanzen, Verräterübung, Simulationsübungen, ...

- **Werkzeuge**, die helfend und unterstützend für die einzelnen und eine Gruppe sind, z.B. Analyseformen, Methoden der Strategieentwicklung, Planungsformen, Zeitmanagement, Darstellungsformen, ...

Einsatz der Spiele und Übungen

Für den Einsatz von Spielen verwende ich die zwei Dynamiken: "ich-du-wir" und "Distanz zur gewollten Nähe". Sie erscheinen mir als geeignet, da sie dem normalen Wahrnehmungsablauf entsprechen.

Ich - du - wir

Dieser Weg beginnt mit Spielen und Übungen, in denen ich mich selbst wahrnehme, ohne mit einer anderen Person korrespondieren zu müssen, z. B. Raumwahrnehmung, Raumbegehung mit unterschiedlichen Figuren (alt, klein, hektisch, langsam), Sich ausschütteln, Yogaübungen, Shiatsu-Übungen, Strecken, ... Dann gehe ich zu Spielen zu zweit oder Partnerübungen über. Gleichgewichtsübungen, Seilzug, Schwingen, ... Die Spiele mit der Gruppe eröffnen den Blick für das Gesamte und schaffen Mut, mit allen herumzutollen, sich loszulassen. Beispiele für Gruppenaktionen: Bruder/Schwester, hilf!, Versteinern - Entsteinern, Zweier-Zweck, Atomreaktor.

Von der Distanz zur gewollten Nähe

Dieser Weg berücksichtigt die Entwicklung der Gruppe. Zu Beginn ein sehr "nahes" Spiel wie Knoten oder Urwald zu spielen, würde unnötige Widerstände hervorrufen. Gerade in der internationalen Arbeit ist der Aspekt der Distanz von besonderer Bedeutung. Distanz und Nähe sind kulturspezifisch geprägte Empfindungen und erfordern Feingefühl, um nicht gleich zu Beginn Menschen zu bedrängen oder zu überfordern. Aber deswegen auf Spiele zu verzichten ist nicht notwendig. Entscheidend ist das Herantasten an **gewollte Nähe**.

Achtung!!!!
Auflockerungsübungen sind Übungen mit Inhalt, der jedoch nicht interpretiert oder gar bewertet werden soll. Wenn der Trainer am Ende einer solchen Übung versucht, die TN zu einem Austausch über die Übung oder das Spiel zu drängen, verbaut sie sich die spielerische Freiheit. Bewertungen im gruppendynamischen Sinn ohne vorherige Vereinbarung sind glatter Mißbrauch!

Einsatz von Vertrauens- und Entspannungsübungen
Vertrauensübungen sollen erreichen, daß sich die Teilnehmer von der Gruppe getragen fühlen und diese auch genießen können. Die Gruppe als Grundeinheit des gewaltfreien Handelns erheischt ebenfalls Pflegemaßnahmen. In Trainings gibt es eine Reihe von Übungen, die den Blick für die Gruppe öffnen, diese in ihrer Gesamtheit wahrnehmen lassen. Es gibt auch Übungen, die es zulassen, Vertrauen in die anderen zu spüren, nicht unbedingt nach dem Motto "Nun zeig mal, wieviel Vertrauen du zu uns hast!", sondern vielmehr als Genuß, mit anderen Menschen solch schöne Dinge zu tun. Übungen und Spiele fördern die Gruppe, Vertrauensübungen stabilisieren sie. Die Grundidee dieser Übungen ist dabei durchaus sprichwörtlich: Blind vertrauen. So baut ein Teil der Übungen darauf, daß die anderen oder die Mitspieler den Sinn ergänzen, den ich ihnen vertrauensvoll überlasse. Auf dieser Basis lassen sich unzählige Vertrauensübungen entwickeln.
Ich möchte aus meiner Erfahrung heraus noch einmal betonen: Vertrauensübungen haben nichts mit Mutproben gemein. Auch Reflexionen über Verweigerungen bedürfen einer klaren vorherigen Vereinbarung. Eine vereinbarte Reflexion oder Bearbeitung erfolgt dann, wenn die Gruppe eindeutig an gruppendynamischen Schwierigkeiten arbeiten möchte und das Training entsprechend "bestellt" hat. Die Anmerkungen bzw. Auswertungsfragen zu den entsprechenden Übungen beziehen sich auf eine solche Situation.

Grundaufbau eines Trainings

Ich verwende in der Trainingsarbeit den Dreischritt: **Wahrnehmen - erkennen - handeln**. Dies aber nicht linear, sondern in der Form einer zyklischen Wiederholung.

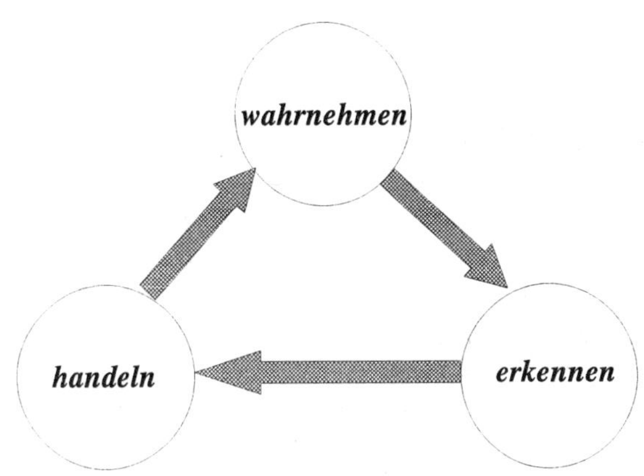

Wahrnehmung: Der Teilnehmer soll die Zeit und die Möglichkeit haben, sich selbst und die anderen wahrzunehmen. Er soll seine Haltung und die Positionen der anderen gegenüber dem Problem sehen und empfinden. Er soll seine Sinnesorgane einsetzen lernen. Wahrnehmung ist auch Reflexion über das Erlebte.

Erkenntnis: Für die Erkenntnis braucht es die Entscheidung des Trainers wie des Teilnehmers, welchen Erkennisweg sie gehen wollen. Diese beinhaltet das Erklären der einzelnen Probleme aber auch das Erkennen der Hintergründe. Für beides werden Übungen, Spiele und Werkzeuge eingesetzt. Der Weg zum Erkennen von Zusammenhängen ist erfahrungsorientiert und nicht wissensvermittelnd.

Handeln: Daß der Teilnehmer handlungsfähig werden will, impliziert schon das Wort "Training". Von daher sind die Methoden so angelegt, daß die Umsetzung möglichst leicht fällt. Dabei geht es nicht nur um die Lösung eines politischen Konflikts, sondern auch um die Umsetzung im Alltag.

Nutzung des Methodenteils

Die folgende Zusammenstellung orientiert sich an der Chronologie eines Trainings. In den einzelnen Abschnitten der Rahmenbedingungen sind auch noch Hinweise über die Nutzung der Methoden zu finden.

Rahmenbedingungen:	Vorbereitung eines Trainings Planungshilfe für ein Seminar Öffentlichkeitsarbeit Vertrag Subventionen Anfangssituationen Warming up Erwartungsfindung und Vereinbarung Auswertungsformen
Übungen zum Ankommen und sich Öffnen	Raumerfahrung Kennenlernen Erwartungs- und Vertragsfindung
Übungen zum Wahrnehmen und Vertrauen finden	Kontaktübungen Wahrnehmen - wahrgenommen werden Vertrauen schaffen
Spiele	In Bewegung kommen Sich Luft machen Schreien und Lärmen Fangen und wetten Kommunikation

Entspannung und Meditation	Einführung in die Zen-Meditation Yogaübungen im Training Entspannungsübungen Betrachtungen Übungen mit Partner
Werkzeuge für inzelne Trainings	Analysemethoden Entscheidungsfindung für Aktionen Theater der Unterdrückten

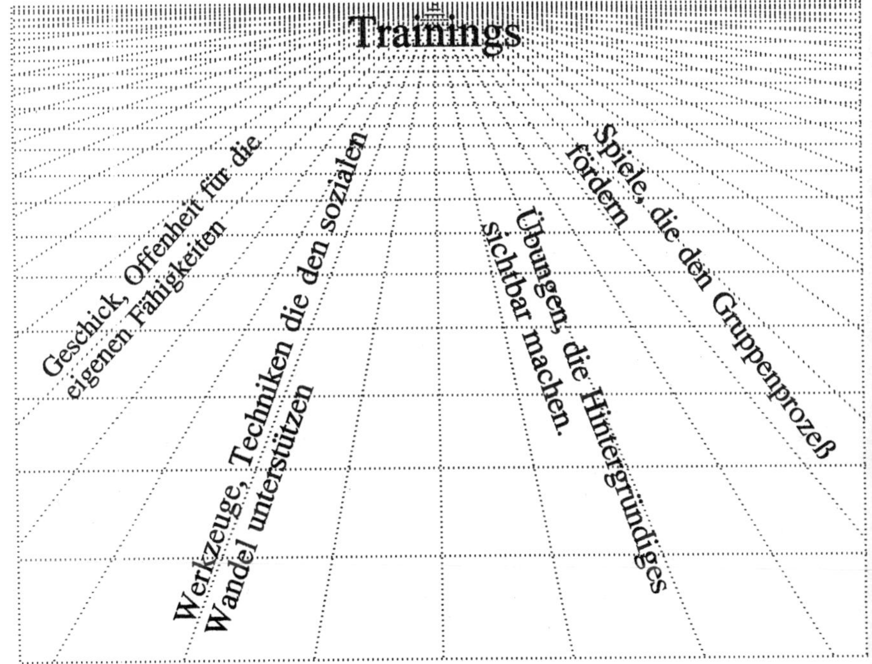

Trainigsformen: Aggression und Gewalt

Erwartungen der Teilnehmerinnen

Ein Training anzubieten bedeutet gleichzeitig auch immer, bestimmte Wünsche und Anforderungen zu wecken. Die Erwartungen, die meinen Erfahrungen zufolge an ein Training gerichtet werden, lassen sich grob folgendermaßen unterscheiden:

A. vorbeugend	• Die TN befürchten, Opfer zu werden • Sie möchten eingreifen, wissen aber nicht wie • Sie möchten mit der Aggression und Gewalt ihrer Kinder oder Schüler besser zurechtkommen.
B. defensiv	• Sie betrachten sich selbst als Opfer von Gewalt • Sie möchten in konkrete Gewaltsituationen eingreifen, wissen aber nicht wie • Sie suchen Lösungen im Umgang mit Gewalt im Erziehungsbereich. • Sie suchen Lösungen gegen die globale Bedrohung durch Gewalt.
C. erhaltend, stabilisierend	• Das Problem beschäftigt sie stark, im Grunde aber möchten sie nichts verändern.
D. revolutionär	• Sie streben eine fundamentale Veränderung des Gewaltsystems an.

Eine Haupterfahrung taucht immer wieder auf: das Gefühl, der Gewalt **ohnmächtig** gegenüberzustehen, sei es auf dem Pausenhof, im Klassenzimmer, im Kindergarten, als Eltern zu Hause, als Frauen in der Öffentlichkeit, als ausländische Mitbürgerinnen und deren Ehepartner, in Antirassismusgruppen usw. **Diese Ohnmachtserfahrung** ist für die meisten Interessentinnen eines der treibendsten Motive, sich zu einem Seminar oder Training anzumelden, wobei meine Erfahrungen in den letzten zwei Jahren mich die obenstehenden vier TN-Typen unterscheiden haben lassen. Die Teilnehmerinnen (in der Tat sind Frauen meist in der Überzahl!) werden in der Regel vom Wunsch getrieben, fähig zu werden, in einer Gewaltsituation deeskalierend und hilfreich eingreifen zu können. Die wenigsten haben dabei Erfahrungen mit direkter personaler Gewalt.

Die Motive und die Schwierigkeiten im Training

Das Motiv der **Gewaltprophylaxe** ("Wie vermeide ich eine Gewalteskalation?") bezieht sich auf eine angenommene oder befürchtete Gewalt. Sie resultiert aus der begründeten Angst, mit einer Bedrohung nicht umgehen zu können. Im Training suchen diese Teilnehmerinnen gerne nach möglichen Tips und Kniffen für ein "gutes Ende" einer Gewalteskalation. Meistens sind die Vorstellungen von Gewaltsituationen sehr hypothetisch.

In Trainings arbeiten die Teilnehmerinnen häufig an fast ausweglosen Situationen (Skinheadbande mit Knüppeln), anstatt eigene alltägliche Gewalterfahrungen (rassistische Witze im Bekanntenkreis) einzubringen.

Das Motiv der **Gewaltabwehr** ("Was mache ich in einer konkreten Situation?") beruht auf konkreten Erfahrungen mit Gewalt. Nicht mehr wehrlos einer solchen Situation ausgeliefert zu sein, ist eine der wichtigsten Erwartungen. In Trainings kommen dann Sätze wie: "Zeige mir, was ich in dieser Situation hätte anders machen können!" Diese Herausforderung an die Trainerin und die anderen Teilnehmerinnen reizt zu spekulativen Ratschlägen, die aber sehr schwierig zu konkretisieren sind, da sich Situationen zwar gleichen, die Bedingungen sich aber immer unterscheiden.

Die Orientierung an der **Gewaltnegation** ("Eigentlich war alles friedlich, bis die Mauer geöffnet wurde", "Ich tue doch keiner Fliege was zuleide") ist typisch für einen Teilnehmerinnenkreis, der häufig nicht freiwillig zu dieser Veranstaltung kommt. Es sind Schülerinnen und Auszubildende, die aufgrund der Vorstellungen ihrer Lehrerin oder ihrer Ausbildungsleiterin im Seminar sitzen. Es sind auch Mitarbeiterinnen kirchlicher oder anderer Einrichtungen, die an einem Seminar als Pflichtveranstaltung ihrer Arbeitgeberin teilzunehmen haben.

Der "revolutionäre Ansatz" **Gewaltverzicht** ist immer seltener anzutreffen. Er setzt ein hohes Maß an Veränderungswillen voraus. Die Teilnehmerinnen sind meist in einer Aktionsgruppe organisiert und suchen noch nach einer gemeinsamen Orientierung.

Gleich bleibt für alle Teilnehmerinnen, aus welchen Motiven sie sich für ein Training angemeldet haben, daß sie ernst genommen werden wollen und müssen!

Rezepte gegen die Gewalt

Thea Bauriedel[13] präsentiert eine interessante Erklärung des Wunsches nach einem einfachen "Rezept" in der politischen Arbeit: Die Angst vor der Wiederholung verdrängter Konfliktanteile ist eine starke Antriebskraft für die Suche nach möglichen Rezepten. Wenn ich ein Rezept zur Verfügung habe, brauche ich mich nicht auf mein Gefühl einzulassen und auch nicht aus meinen subjektiven Empfinden heraus zu handeln. Zwei sehr interessante Muster werden hier angesprochen, die in der Arbeit an diesem Thema zu beachten sind: Zum einen ist es der Mangel an praktikablen "Rezepten", wie er gerade der Gewaltfreien Bewegung vorgeworfen wird, als ließen sich klare und schlüssige Interventionsformen z.B. im Bosnienkrieg oder bei rechtsextremen Ausschreitungen aus dem Hut zaubern. Zum anderen ist es gerade die Bereitstellung solcher "Rezepte" und die darin quasi eingeschlossenen Erkenntnis, daß sie nicht funktionieren. Beide Verhaltensweisen sind Ablenkungsmanöver. Sie dienen nicht der Motivation, ein Problem selbst mit den eigenen Fähigkeiten in die Hand zu nehmen. Sie bieten allenfalls die Legitimation, "unfähig", also passiv zu bleiben.

Was geschieht in einer Gewaltsituation?

Gewalterfahrungen konfrontieren jeden Menschen mit seiner eigenen Geschichte von Gewalt. Die Abwehrmechanismen, die Abwertungen

13.Thea Bauriedel: Wege aus der Gewalt, München, 1991

und die Interventionen entsprechen der durch Erfahrung erworbenen gegenwärtigen Disposition. Sie sind aber auch beeinflußt vom persönlichen Willen und seinem Antrieb. In meiner eigenen Geschichte finde ich meine Anlagen, meine Grundfähigkeiten, vielleicht sogar mein Temperament. Ich finde erlerntes Verhalten, Muster, die sich mir im Laufe der Zeit eingeprägt haben. Meine Körpergröße und -kraft spielen eine Rolle. Hinzu kommt noch meine augenblickliche Befindlichkeit: bin ich in Eile oder verärgert? Ist der Kopf voller Sorgen oder bin ich gerade verliebt? Das ist aber noch nicht alles. Wenn ich als Betroffener oder Dritter in eine Gewaltsituation komme und eingreifen möchte, brauche ich auch eine ungefähre Vorstellung davon, in welche Richtung meine Intervention gehen soll. Das bedeutet aber, daß ich Macht ergreifen muß, um diese Angreifer auch gegen ihren Willen von ihrer Gewaltidee abzubringen. Macht wahrzunehmen und zu ergreifen fordert meine Verantwortung heraus. Ich kann nicht intervenieren und dann so tun, als wäre ich nicht dabeigewesen.

Ich möchte es so zusammenfassen:

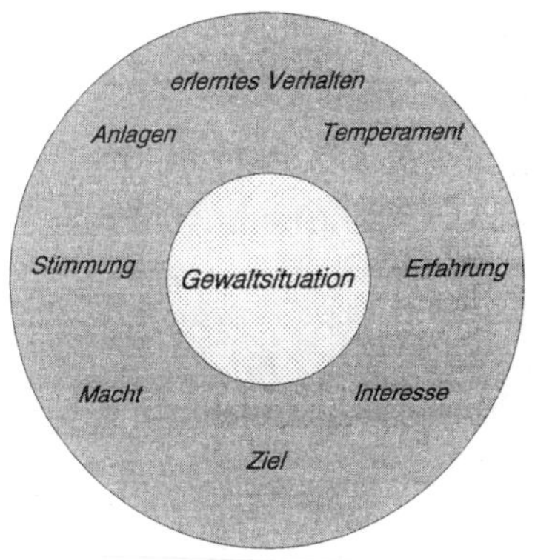

1. Ich gehe nie unvorbelastet in eine Gewaltsituation.
2. Ich beteilige mich schon durch mein "Nichts tun" an dieser Situation.
3. Wenn ich eingreife, handle ich mit den mir zur Verfügung stehenden Dispositionen.
4. Die Art, wie ich eingreife, entspricht meiner Vorstellung und Erfahrung von Konfliktlösung.

Wie erlebe ich eine Gewalthandlung?
Auf den ersten Blick würden viele sagen: bedrohlich. Ich fühle mich

gefährdet. Schauen wir genauer hin, so entdecken wir viele Situationen, die für einen Erwachsenen keineswegs gefährlich sind. Wir handeln aber trotzdem nicht. Ein Grund dafür ist die **Angst** vor einer Schädigung. Diese Angst drückt sich, wenn auch ihr Zweck der eigene Schutz ist, als Unwillen aus, mich dieser Bedrohung zu stellen. Dieser Unwillen manifestiert sich in den oben beschriebenen vier Formen des passiven Verhaltens. Neben diesem Verhaltensmuster ist noch ein weiteres zu beobachten: Menschen, die Gewalt ausüben, tun dies in einer Art "Intimsphäre", die von Außenstehenden stark respektiert wird. Ich habe lange nach einem anderen Wort für "intim" gesucht, aber keines gefunden. Diese Intimsphäre wird geschützt durch die Vorstellung, daß Haß und Gewalt ebenso privat seien wie Liebe und Eifersucht.

Ich möchte dies an zwei einfachen Beispielen verdeutlichen:

a. Ein Mann verprügelt ein Kind. Mir ist das zwar zutiefst zuwider, bevor ich aber (spontan) eingreife, prüfe ich erst unwillkürlich: 1. Sind es Vater und Kind? 2. Wieso schlägt er es? 3. Darf ich mich da einmischen?

b. Ein Mann und eine Frau schlagen sich: 1. Handelt es sich um einen Beziehungsstreit? 2. Hat der Mann die Frau "angemacht"? 3. Sind sie verheiratet?

Beide Gewalthandlungen spielen sich auf den ersten Blick in einer Form von "Intimität" ab, in die ich mich nicht einmischen möchte. Dort einzubrechen kann zur Folge haben, daß beide auf mich losgehen, oder der Mann sich wirklich als der Vater entpuppt und meine Einmischung mit dem Argument zurückweist, er handele im Sinne seines Erzie-

hungsauftrags.
Greife ich dennoch ein, muß ich mir darüber im klaren sein, welches Interesse ich an einem Eingreifen habe. Darüber hinaus brauche ich eine Interventionsform, die mir entspricht und tatsächlich deeskalierend wirkt. Beispielsweise macht es wenig Sinn, wenn ich als Mensch mit Körpergröße von 1,60 Meter einem Hünen von einsneunzig mit einer Ohrfeige drohe und nicht die Fähigkeit habe, diese Drohung zu realisieren. Auch habe ich nicht das gewünschte Ziel erreicht, wenn ich den Vater erst richtig in Rage bringe und er das Kind daraufhin noch ärger prügelt.

Eingriff als Kunstakt?
Um diese von Angst und Intimität gesetzte oder angenommene Grenze zu überschreiten, benötige ich eine Fähigkeit, die sehr viel mit anderen Formen der Grenzüberschreitung zu tun hat. So ungewöhnlich das hier klingt: es hat etwas mit Kunst zu tun.

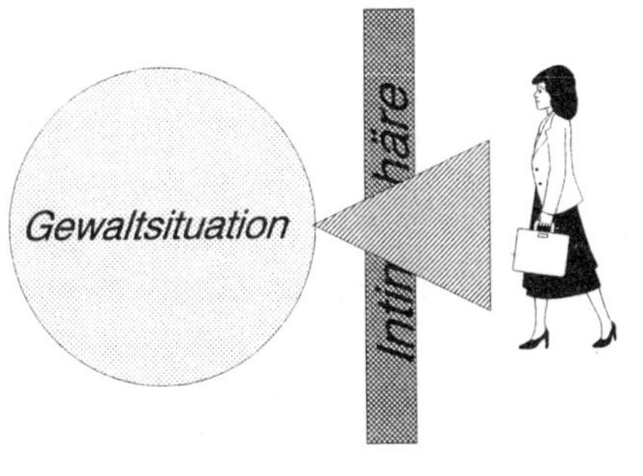

Kunst kann das Gegebene überschreiten und Neues, Ungewöhnliches schaffen. Kunst materialisiert die Phantasie des Menschen. Es geht aber nicht einfach darum, daß ich Phantasien entwickle, was ich tun könnte, sondern daß ich diese auch materialisiere. Phantasien entwickeln wir zur Genüge. Allmachtsphantasien oder Ohnmachtsphantasien tauchen in jedem Konflikt auf. Lerne ich aber, diese zu materialisieren, so überschreite ich die Grenzen, die mir durch die verschiedenen Arten meiner Sozialisation gesetzt worden sind. Ich möchte diese Herangehensweise nicht unbedingt verallgemeinern, aber ich habe festgestellt, daß sie hilfreich ist. Sie befreit von der Vorstellung, es müsse alles ganz ernst und vollkommen durchdacht sein, wenn ich eingreifen möchte. Nein, es kann auch phantasievoll und ungewöhnlich sein!

Zusammenfassung:

Will ich effektiv eingreifen,
- überschreite ich angenommene oder gesetzte Grenzen
- brauche ich Klarheit über mein Ziel
- sollte die Interventionsform meinen Fähigkeiten entsprechen.

Rolle des Trainers

Welche Rolle hat ein Trainer in einem sogenannten "Anti-Gewalt-Training"? Thea Bauriedel spricht für sich als Therapeutin und stellt fest, daß einem dieses "Austragen oder Durchstehen von Konflikten kein Ratgeber abnehmen" kann. "Ein Psychoanalytiker, der Ratschläge gibt, deckt dadurch den Konflikt, um den es sich handelt, zu. Es kann sein, daß er in einem bestimmten Fall nicht anders handeln kann, weil die Angst vor dem Aufdecken des Konflikts bei seinem Patienten und deshalb auch bei ihm selbst noch zu groß ist. **Einen Veränderungsprozeß, der neue, befriedigendere Konfliktlösungen ermöglicht, kann niemand machen, auch kein Psychoanalytiker.**"
Wie ich bereits zu Beginn erwähnt habe, treten wir nicht als Therapeuten auf. Unser Vertrag verpflichtet uns zu Beratung und Unterstützung in einem klar umrissenen Gebiet. Ich kann den Teilnehmern aufzeigen, wie verflochten sie mit dem Gewaltphänomen sind. Diese Verflechtung zeigt ihre Ohnmacht, **aber auch** ihre Macht auf, die es auszuhalten und zu entdecken gilt. Des weiteren kann ich Erfahrungsräume anbieten, in denen die vorhandenen Fähigkeiten zum Vorschein kommen und als Handlungsmöglichkeit eingesetzt werden können. Ich werde mich in keinem Fall auf eine "Rezepterwartung" einlassen, sondern versuche, Haltungen und Positionen sichtbar zu ma-

chen. Statt einer allgemeinen Definition, die sehr schwer zu finden ist, arbeite ich mit persönlichen Haltungen, die verändert werden können. Es geht mir dabei nicht um Betroffenheit, sondern um Ermutigung und um das Entdecken der individuellen Fähigkeiten.

Schritte in einem Anti-Gewalt-Training
- Wahrnehmen des eigenen Verhaltens
- Überprüfen der eigenen Absicht
- Festigung des eigenen Wollens, Lernen, mit Macht umzugehen
- Vermitteln der Hintergründe passiven Verhaltens
- Erweiterung der individuellen Interventionsfähigkeiten, Dritter Weg
- Befähigung, das eigene Phantasiepotential anzuregen
- Verdeutlichen, daß die situative Reaktion auf Gewalt noch zu keiner langfristigen Lösung führt

Aufbau eines Zivilcouragetrainings
- Erkennen eigener Haltungen gegenüber der Gewalt
- Wahrnehmen eigener Utopien, Wünsche, Träume
- Erkennen von Mustern passiven Verhaltens
- Entwickeln von Kompetenz, die eigenen Interessen zu vertreten
- Übertragung in das Alltagshandeln

Aufbau eines Trainings "Aggression und Gewalt gegen Fremde"
- Verstehen, was Fremd-sein heißt
- Erkennen der Gruppenmechanismen der Ausgrenzung
- Verstehen des Sündenbockmechanismus
- Lernen, mit Konflikten anders umzugehen
- Entwickeln von Verhaltensmustern, die Fremdenfeindlichkeit nicht zulassen
- Lernen von Interventionsformen bei struktureller und personaler Gewalt

Die für diese Trainings notwendigen Übungen (ohne Kennenlernen, Erwartungsabklärung und Vertragsfindung) habe ich wie folgt gegliedert:

1. **Finden der Haltung zur Gewalt**
   Die hier aufgeführten Übungen verdeutlichen dem einzelnen seine eigene Haltung zum Themenbereich und geben ihm eine Einschätzung der Positionen, die er in der Gruppe finden kann. Dies führt zu einem besseren Verständnis der Gruppe untereinander und einem leichteren Miteinander-arbeiten. Da es bei den Trainings um persönliche Positionen geht, sollten die Trainer sehr sensibel auf Verallgemeinerungen reagieren.

2. **Erkennen eigener Reaktionsmuster, Opfer-Täter-Retter, passives Verhalten,**
   Die Erkenntnis und die Einschätzung der eigenen Verhaltensmuster führt zu einer Relativierung der meist hehren Ansprüche. Sie enthebt den Trainierenden des Totalanspruchs, in dieser oder jener Situation genau das Richtige tun zu müssen. Ziel soll vielmehr sein, das Bestmögliche mit den eigenen Fähigkeiten zu leisten.
   Die Konstellation **Retter - Opfer - Verfolger** aus der Transaktionsanalyse bietet eine sehr schöne, einfache Übung an. Die Transaktionsanalytiker mögen mir verzeihen, daß ich die intra- und interpersonellen Transaktionen hier für ein politisches Training verwende.

3. **Finden des "Dritten Wegs" und Abklärung der eigenen Interessen in der Gewaltsituation**
   Die Übungen unter dem Titel "Der Dritte Weg" haben zum Ziel, Klarheit über Interventionsziele zu erhalten. Zugleich wird die Phantasie aktiviert, um in bedrohlichen Situationen den sogenannten **Dritten Weg** zu finden. Eine der wichtigsten Übungen hierfür ist das **Statuentheater**. Es bietet im Auflö-

sungsbereich genügend Stoff, um die Grenzen realistischen Handelns zu finden.
Eine weitere Übung, die ich oft verwende und mit Alwin Baumert gemeinsam entwickelt habe, ist das "Monsterkabinett". In diesen Bereich gehört auch die Frage, welche Rolle ich bei einer Intervention einnehmen will.

4. **Übungen zur Macht-ergreifung**
   Wenn mir bewußt ist, daß und warum ich eingreifen will, und wenn ich auch eine Ahnung davon habe, in welche Richtung mein Eingreifen geht, dann ist es immer noch eine Frage der Macht, ob ich überhaupt zum Handeln komme. Will ich ein bestimmtes verwerfliches Handeln unterbinden, benötige ich den Willen **und** die Möglichkeit, dies zu tun - also Macht. Für viele Teilnehmer ist dieser "Wille zur Macht" ein grundsätzliches Problem, haben sie doch Macht bisher in der Regel als Schwächere und meistens negativ erlebt. Gewaltfreiheit bedeutet nicht Machtlosigkeit. Im Gegenteil: Gewaltfreiheit ist machtvolles Handeln. Die Macht der Gewaltfreiheit ist verantwortete Macht. Viele, die sich als ohnmächtig bezeichnen, sind es nicht, sie verzichten lediglich darauf, ihre Fähigkeiten zu nutzen.
   Die aufgezeigten Übungen sollen die Teilnehmer befähigen, "Macht zu ergreifen", eine Macht, die mit Verantwortung verbunden ist. Bei den Übungen handelt es sich zum großen Teil um Simulationsübungen, die, auf das Wesentliche beschränkt, die Kraft verdeutlichen, die notwendig ist, um Macht anzuwenden.

5. **Verfestigung der entdeckten Interventionsfähigkeiten**
   Durch Rollenspiele und szenische Übungen, die auch im Aufsatz von Alwin Baumert zu finden sind, werden die entdeckten Fähigkeiten verfestigt.

6. **Entwickeln von Lösungsansätzen**
   Das Aufzeigen von Lösungsansätzen erfolgt über die Darstellung gewaltfreien Handelns, der Prozesse sozialer Veränderung, und die Schilderung verschiedener Methoden von der Konfliktanalyse bis zur Auswertung.

7. **Spezielle Übungen aus Trainings zum Thema "Aggression und Gewalt gegen Fremde"**
   Diese Übungen zeigen Beispiele, wie Vorurteil und Fremdenhaß mit erfahrungsorientierten Beiträgen herausgearbeitet werden können. Wir setzen diese Übungen in Betrieben mit Auszubildenden, Berufsschulen, Hauptschulen, Gymnasien und in der Erwachsenenbildung ein.

Grundmuster zu einem Seminar "Aggression und Gewalt gegen Fremde"

1. Schritt: Aggression und Gewalt
Ziel: Wahrnehmen der eigenen Haltung und Position gegenüber den Bedrohungen, die ich empfinde

Was sind meine Visionen und Träume?
- Visionen und Träume auf ein Blatt Papier schreiben

Was bedroht diese?
- Aus aktuellen Tageszeitungen Meldungen über Bedrohungen ausschneiden und um die Visionen herum legen.

Wie gehe ich damit um?
- Eine Körperhaltung, die mein Empfinden ausdrückt, zu dieser Collage einnehmen und in Kleingruppen darüber sprechen.

2. Schritt: Fremdenangst, Feindbilder und Sündenböcke
Ziel: Erkennen des Feindbild-Mechanismus; Funktion von Feindbildern; Möglichkeiten, Feindbilder abzubauen

Wahrnehmen
- von Bekanntem bzw. Fremdem

Spiel: Ball-Runde: "Die Geschichte von Aigün", Vorgabe einiger Daten: Aigün ist 40, Türkin, und lebt in Deutschland. Bei jedem Ballwurf wird von der Gruppe eine weitere Angabe zur Person ergänzt, z.B. Kopftuch, schwarze Kleider, viele Kinder,...
Dem gegenüber steht Hans, 40 Jahre alt, Deutscher, lebt in Deutschland: Blond, fährt Mazda, 2 Kinder, Haus, ...

oder (falls mehr Zeit zur Verfügung steht)

- **Seefahrerspiel:** Aufteilung in zwei Gruppen. Die eine Gruppe spielt Seefahrer, die auf eine fremde Insel kommen. Beide, Ankömmlinge und Einwohner, wollen Handel betreiben. Aufgrund der "Kulturunterschiede" stehen sie vor großen Kommunikationsschwierigkeiten.

oder

- **Karos und Deltas:** Ebenfalls zwei Gruppen, die ein gemeinsames Problem zu lösen haben.

Erklären

- Zusammenfassung: Wirkungsweisen der Fremdenangst, Klischee-, Vorurteilsbildung: Bekanntes wird leichter wahrgenommen als Unbekanntes; fehlende Teile werden nach bekannten Mustern ergänzt; das Bild wird eingeordnet. In jeder Gruppe besteht die Tendenz, Fremdes zu beseitigen.

Funktion: Orientierung, Schaffen von Klarheit, Angstabbau = Vereinfachung des Lebensablaufs. (Hunde beißen! = Vorsicht ist geboten)

Gefahr der Vereinfachung: Festlegung, Fehleinschätzungen (Frauen können kochen, aber nicht autofahren);
Negativbewertung besonders bei Verunsicherung.

3. Schritt: Vom Klischee zum Feindbild/Sündenbock

Wahrnehmen

Spiel: Wer ist der Verräter?

Vorgabe: die Gruppe ist bedroht durch einen Verräter in den eigenen Reihen. Es gilt, ihn nur durch **Blicke** herauszufinden.

• Auswertung

Erklären

Zusammenfassung: In schwierigen, angstbeladenen Situationen besteht die Neigung, die (oft diffuse, schwer greifbare) Bedrohung an Ersatzobjekten festzumachen und damit ein Ziel zur Abwehr/Gegenwehr zu schaffen.

Als Ziele bieten sich an: alles, was fremdartig ist, alles, was anders ist, nicht der Norm entspricht.

Mächtige Instanzen, z.B. Regierungen, Parteien, Medien können solche Ziele lancieren. indem sie bestimmte Merkmale mit bestimmten Vorurteilen in Verbindung bringen: Langhaarige sind ungepflegt, Ungepflegte sind Chaoten und Randalierer. Lange Haare bei Männern bekommen dadurch Signalwirkung, der Prozeß der **Stigmatisierung** wird eingeleitet.

Methoden:
Brainstorming: Meine eigenen Feindbilder
Schaubild erarbeiten: Zusammenwirken der inneren Disposition und der äußeren Einflüsse.
Dias oder andere Abbildungen typischer historischer Feindbilder

4. Schritt: Funktion von Feindbild und Sündenbock

(Mit der Gruppe zu erarbeiten)
Das **Feindbild** tritt bei einer - vermeintlichen oder realen - Bedrohung von außen in Aktion. Der "Feind" will uns schaden, gegen ihn muß man Grenzen schützen und aufrüsten. Der **Sündenbock** ist schuld an einer inneren Gefahr oder Problematik, er soll "in die Wüste geschickt" werden.

Beide Mechanismen dienen der **Projektion** eigener negativer Anteile und dadurch der eigenen **Entlastung**; sie werden von politischen Entscheidungsträgern mehr oder weniger bewußt und gezielt benutzt, um von schwierigen gesellschaftlichen Problemen (und damit von ihrem eigenen Versagen) abzulenken.
Psychologisch hat das zur Wirkung, daß ein Abreagieren von Angst und Aggression in eine für sie "unschädliche" Richtung stattfinden kann.

Handeln
Wie kann man Feindbilder entlarven?
aktuelle Zeitungsausschnitte auf Feindbilder hin untersuchen

oder
Rollenspiel zu einer möglichen fremdenfeindlichen Äußerung

5. Schritt: Umgang mit Gewalt?

Ziel: Die TN sollen auf einer globalen Ebene die Ursachen der Fluchtbewegungen erkennen.
Sie sollen wahrnehmen, wie strukturelle Gewalt wirkt und daß kooperatives Handeln langfristig zum Wohle aller führt.

Wahrnehmen
Brettspiel: "Setze auf Zivilcourage" (ein für Auszubildende entwickeltes Brettrollenspiel, Quelle: FBF, Hessestraße 4, D - 90443 Nürnberg)

Erklären und Handeln:
Fragen: Zu welchen Zeitpunkt war ich schon mal bereit, Gewalt anzuwenden? Wie ging es mir als Fremder in diesem Land? Welche politischen Maßnahmen haben mich überzeugt? Zu welchem Zeitpunkt kam mir/uns die Erkenntnis, daß globales Denken kooperatives lokales Handeln voraussetzt?
Die Gesamtdauer liegt bei 120 Minuten.

6. Schritt: Gewaltfreiheit als Antwort auf Aggression und Gewalt gegen Fremde

Ziel: Gewaltfreiheit als Element zu begreifen, welches befähigt, in Gewalt- und Konfliktsituationen gewaltmindernd einzugreifen.

Wahrnehmen
von Gewaltfreiheit als aktives und gestaltendes Element in Geschichte und Gegenwart.
Was steht hinter der Idee der Gewaltfreiheit? - Prinzipien gewalt-

freien Handelns.

Methode:
- Brainstorming zum Begriff **Zivilcourage**

oder/und
- Wandbilder und Dias zu geschichtlichen und aktuellen Beispielen gewaltfreier Konfliktaustragung, z.B. Lichterketten vor dem Stasi-Gebäude, Lichterketten heute, Gandhi, M.L. King, ...
- Auswertung spontaner Eindrücke
- Gespräch

Handeln
Ziel: Einüben von Verhaltensvarianten in Situationen personaler Gewalt gegen Dritte.

Methode:
Rollenspiel: Ein ausländischer Mitbürger wird von einer Person auf offener Straße offensichtlich bedroht. Ich komme als Passant hinzu. Wie verhalte ich mich?
oder
Verhaltensübung: Den Gegner sehen lernen (Monsterkabinett)
1. Schritt: ein TN wird in die Person verwandelt, vor der wir Angst haben, die für uns die Gewalt darstellt, uns und andere bedroht. Wir geben ihr Attribute und Haltungen.
2. Schritt: Nachdem diese Person aufgebaut worden ist und wie eine Statue steht, nehmen wir Haltungen ihr gegenüber ein.
Wir versuchen, eine für uns wichtige und gute Haltung aufzubauen, aus der heraus wir fähig sind, initiativ zu handeln.
3. Schritt: Austausch über "Was verhindert/fördert eine für mich "gute" Haltung?"
Auswertung/Gesamtbilanz des Kurses
Kleingruppen mit Auswertungsfragebogen zu den einzelnen Teilen des Kurses.

III.
Rahmenbedingungen

Vorbereitung

Wie bereite ich mich auf ein Training vor?

a. Ich kläre mit dem Veranstalter, was er von dem Training erwartet. Mit Hilfe eines Fragebogens kann sich der Veranstalter mit einem Training auseinandersetzen und sicher sein, eine kompetente Trainerin engagiert zu haben. Falls Vorgespräche stattgefunden haben, ist es sinnvoll, die wichtigsten Punkte in einem Kurzprotokoll wiederzugeben. Für mich kläre ich die Frage, ob das Training in einer Dreieckskonstellation (Auftraggeber und Teilnehmerinnen sind nicht identisch) stattfinden kann.

b. Ich notiere mir ein Ziel, ein Teilziel und die entsprechenden Methoden. Eine gute Übersicht bietet das Strukturblatt. Es gibt eine genaue Auflistung über Methoden und das dazugehörige Material.

c. Ich kläre für mich selbst, wie das Seminar ablaufen soll, damit ich zufrieden sein kann, und was ich dazu beitragen kann. Dabei stelle ich (für mich überprüfbare) Kriterien auf, die ich zuerst mit mir selbst und dann mit meinem Partner "verhandle".

d. Ich mache mir einen Zeitplan und lasse genügend Spielraum für eventuelle Wünsche der Teilnehmerinnen.

e. Ich achte auch auf meine Lust. Bestimmte Methoden sind irgendwann ausgepowert. Ein Seminar, das entsprechend leben soll, bedarf auch meiner ganzen Beteiligung.

Entwurf für einen Fragebogen:

Rahmenbedingungen:

Veranstalter:

Teilnehmer/innen: (Berufsgruppe, Alter)

Termin(e):

Uhrzeiten:

Mahlzeiten:
Gibt es festgelegte Essenszeiten?
Gibt es auch vegetarische Küche?

Räume:

Trainingsaufgabe, die am .... vereinbart wurde.
Ziel:
Teilziele:

1. Kommt der Teilnehmerkreis freiwillig oder ist es eine Pflichtveranstaltung?

2. Welche Vorkenntnis hat der Teilnehmerkreis über Themengebiete wie Aggression, Gewalt und Gewaltfreiheit?
- Aggression:
Gibt es Interesse
- an den einzelnen Aggressionstheorien?
- an ihrem Auftreten in den einzelnen Entwicklungsstadien?
- an der Auffassung friedenspädagogisch orientierter Psychologen zu diesem Thema?

- Gewalt:
Gibt es Interesse
- an dem Gewaltbegriff von Johan Galtung?
- an der Interpretation von Macht und Gewalt nach Thea Bauriedel?

- Gewaltfreiheit:
Gibt es Interesse
- an den (historischen, philosophischen) Grundlagen der Gewaltfreiheit?
- an den Grundlagen der Gewaltfreien Aktion?
- an der Geschichte der Gewaltfreien Bewegung?
- an einzelnen Elementen und Beispielen gewaltfreien Widerstands?

Zivilcourage:
- in welchem Zusammenhang will er die Ergebnisse nutzen?
- welche Gewalterfahrungen liegen zugrunde?

3. Wie bereit sind die Teilnehmenden zu erfahrungsorientiertem Lernen?

4. Bezüglich des Begriffes "Zivilcourage":
Wo sehen sie den Unterschied zu einem Seminar zu "Gewaltfreiheit"?

5. Haben sie einen konkreten Konfliktgegenstand, der sie veranlaßt hat, dieses Seminar zu belegen?

6. Haben sie schon Erfahrung in der Trainingsarbeit?

Fragebogen für eine Bürgerinitiative/Aktionsgruppe

Kontaktperson:

Telefonnummer:

Betreff:

...........training am:

Tagungsort:

Wieviele Räume stehen zur Verfügung?

Sind Kinder dabei?
Gibt es eine Kinderbetreuung?

Arbeitszeiten:
Gibt es feste Mahlzeiten:
Gibt es die Möglichkeit für ein Vorbereitungstreffen? (Nur bei längeren Seminaren wichtig)
Wie sind die Finanzen geregelt? Braucht Ihr dabei Unterstützung?

1. Was sind Eure Beweggründe für ein Training?

2. Was schwebt Euch als Ziel vor?

3. Wollt Ihr eine bestimmte Aktion planen und Euch für diese vorbereiten?
   Wenn ja, welche?

4. Möchtet Ihr ein Einführungstraining? Welche Vorkenntnisse habt Ihr?

5. Wollt Ihr ein Zivilcouragetraining? In welchem Zusammenhang: nur für die Gruppe, oder offen ausgeschrieben?

6. Wollt Ihr eine Konfliktanalyse durchführen? Wie würdet Ihr den Konflikt beschreiben?

7. Wollt Ihr Eure Entscheidungs- und Gruppenprozesse verbessern? Welche Konflikte stehen Eurer Einschätzung nach an?

Meine Erwartungen als Trainer:
Ich arbeite erfahrungsorientiert und wünsche mir die Bereitschaft, sich auf die angebotenen Methoden einzulassen. Meine Trainingsmethoden haben zwar ihre Wurzeln in einzelnen Therapieformen wie Transaktionsanalyse, Psychodrama, Gruppendynamik, Gestalt; ich möchte aber keine Therapie durchführen. Ich bin gerne bereit, mit Euch in einem Vorgespräch Eure Erwartungen abzuklären. Mir ist die Autonomie der Gruppe gegenüber dem Trainer wichtig und ich bitte aus diesem Grund um möglichst klare, nachvollziehbare Absprachen.
- bitte sendet mir Informationsmaterial über Eure Gruppe/Organisation: Faltblatt, Gruppendarstellung oder sonstiges.

Gestaltungshilfe für ein Seminar (Beispiel)

Uhrzeit	Ziel/Teilziele der Ein-	Methode	Material
9.00	Auflockerung	Bruder/Schwester hilf!	
9.15	Erkennen, wo die TN an dem Konflikt beteiligt sind.	Analyse von Goss-Mayr	Papier, Stifte
11.00	Vertiefung der eigenen Beteiligung	Interview auf der Straße zum Thema	Cassettengerät, Videorecorder, Notizpapier, Stifte,

PR-Arbeit für Trainings in Gewaltfreiheit.

PR bedeutet Public Relations und ist heute das Zauberwort für den Erfolg im Bereich von Bildung und Kultur.
PR ist mehr als nur Pressemitteilungen zu versenden oder Faltblätter zu verteilen. PR veranschaulicht den Außenwert der "Ware": Trainings in Gewaltfreiheit. PR ist zumindest in dem Sinn wichtig, daß unsere Methode, an die Probleme dieser Welt heranzugehen, akzeptiert wird.

Ein paar Grundregeln für die Darstellung durch PR:
entnommen aus "das KulturBureau" und "Leitfaden für die Pressearbeit":

1. Stets soviel scheinen wollen, wie man tatsächlich auch ist, nicht mehr und nicht weniger.
2. Öffentlichkeit für eine Institution oder ein Projekt ist eine gleichwertige Führungsaufgabe im Management, neben Programmplanung, Organisation und Finanzen.
3. Imagepolitik hat Tatsachen zu nutzen, um ein klares Profil zu schaffen, das zu einem Gesamtbild wird.
4. Interne Selbstdarstellung entscheidet über die Motivation der Kollegen. Dabei schafft eine offene und ehrliche Beschreibung des Geschehenen eine Atmosphäre, die gemeinsame Entwicklungen möglich macht.
5. Externe Selbstdarstellung entscheidet über die Attraktivität. Klare Aussagen nach Außen ermöglichen eine reale Einschätzung möglicher Zusammenarbeit oder Unterstützung.
6. Selbstdarstellung braucht Kontinuität zur Glaubwürdigkeit. Image kann nicht je nach Saison aufpoliert werden. Dauerhafte und verbindliche Kontakte schaffen Unterstützung von außen.

Werbung für ein Seminar

Ausschreibungstexte
Für die Gestaltung einer Ausschreibung empfiehlt sich folgende Checkliste:
Gestaltung: Falls die potentiellen Teilnehmerinnen bekannt sind, reicht meist ein ansprechender Einladungsbrief aus. Ist der TN-Kreis offen, empfiehlt sich eine klare saubere Form der Ausschreibung, am besten mit einem entsprechenden Logo.
Ein **Logo**gramm ist ein Wortzeichen einer Bilderschrift. Es ziert Briefköpfe oder Faltblätter zum Zweck der Wiedererkennung. Wer sich einen "Namen" machen möchte, sollte sich besser gleich an eine befreundete Grafikerin wenden.

Die Ausschreibung sollte enthalten:
- Thema
- Veranstalterin und Träger
- Trainerin
- Termin(e), Anfangs- und Schlußzeiten
- Veranstaltungsadresse mit Telefonnummer
- Wegbeschreibung
- Bahnstation
- Teilnahmebeitrag und Kontoangabe
- Hinweise zum Sonderurlaub
- Anmeldeschluß und Anmeldeadresse
- Zielvorstellung und Abgrenzung
- Programmvorschlag
- evtl. Fragebogen zu den Erwartungen und Vorkenntnissen
- evtl. einführende Texte, Literaturübersicht
- Mitzubringendes Material: Schlafsack, Bettzeug, Programmvorschläge, Musikinstrumente, Sportgeräte, Spiele, Sportsachen, Cassetten, Liederbücher, Kochrezepte, Badezeug....

Planung eines Trainings :

Bei der konkreten Planung eines Trainings ist es wichtig zu unterscheiden, was die Trainerin selbst machen sollte, also was ihre Aufgabe ist, und was die Veranstalterin oder die einzuladende Gruppe machen kann.

A. Planung von Inhalt und Methoden	1. Thema der Veranstaltung 2. Anzahl der TN 3. Zielgruppe 4. Ziel, Intention 5. Vermutliche Erwartungen 6. Struktur der Veranstaltung 7. Veranstaltungsbeginn, -ende 8. Zeitplanung 9. Verantwortungen der TN 10. Tagesauswertung der Trainerinnen 11. Motivation für bestimmte Themen 12. Angebote 13. Vertragsarbeit	
B. Materielle Planung	1. Räume, Möbel, Freiräume 2. Gestaltung, wer und was 3. Material für Programm 4. Gerätebedarf 5. Verantwortung für Geräte 6. Geld - Finanzen des Seminars 7. TN-Beiträge 8. Dokumentation	
C. Personelle Planung	1. Wer mit wem? 2. Seminarleitung 3. Verteilung der Aufgaben 4. Kontakt zum Haus 5. Reflexionsanleitung 6. Rollenfrage - Kompetenz	

D. Informationsplanung	1. Werbung 2. TN-Information - An- und Abreisebedingungen, Mitfahrgelegenheiten - Information über Veranstaltungsträger 3. Pressekontakte	
E. Nacharbeit	1. Aufräumen 2. Bilanz 3. evtl. Fortsetzungsseminare 4. Protokolle, Versenden 5. Pressearbeit	

Wieso einen Vertrag?

Als wichtiger Bestandteil der Vorbereitung hat sich, meiner Erfahrung nach, ein entsprechender Veranstaltungsvertrag erwiesen. Auch wenn es sehr nach Formalismus aussieht, möchte ich doch versuchen zu erklären, warum ich dieses Verfahren seit einiger Zeit anwende.
Ich habe immer wieder bemerkt, daß hinter einer normalen Anfrage zu gewaltfreien Trainings ein "verdecktes Anliegen" steckte. Diese verdeckten Anliegen beeinträchtigen meine und die Wirklichkeit des "Kunden". Bedingt ist diese Beeinträchtigung

a. durch mein Interesse, unsere Arbeit möglichst wichtig und interessant darzustellen.
b. durch die unklare Vorstellung über ein gewaltfreies Training.
c. durch die existentielle Bedeutung der Bedrohung (z.B. durch Gewalt) und die daraus entstehenden Ängste.

Verträge sind Verpflichtungen zwischen Erwachsenen oder Institutionen und zwar sich selbst und/oder einem anderen gegenüber. Ein Vertrag regelt die beiderseitige Verpflichtung, sich an ein klar definiertes Vorgehen zu halten. Nicht zuletzt gibt er auch beiden Partnern juristische Sicherheit und Verbindlichkeit.

In einem Vertrag wird festgelegt:
- wer beide Seiten sind
- was sie zusammen tun werden
- wie lange es dauern soll
- welches das Ziel oder Resultat dieses Prozesses sein wird
- woran sie feststellen können, wann sie dort angelangt sind

- inwiefern das für das Gegenüber vorteilhaft oder angenehm sein wird.[14]

Voraussetzungen für einen partnerschaftlichen Vertrag[15] sind:

1. Gegenseitiges Einverständnis.

Alle Betroffenen sollen dem Vertrag zustimmen. Dies ist in der Bildungsarbeit etwas schwierig, da häufig eine Dreiecksbeziehung besteht. Der Veranstalter macht einen Vertrag mit mir als Trainer und lädt sein Publikum ein. Falls ich mit einem Arbeitgeber eine Veranstaltung plane und dessen Mitarbeiterinnen sich beteiligen **müssen**, so ist diese Dreiecksbeziehung noch mit einer Zwangsverpflichtung verbunden. Wie schaffe ich hier eine partnerschaftliche Regelung? Ich muß also eine Form wählen, die es mir, den Teilnehmerinnen und dem Veranstalter ermöglicht, eine gemeinsame Vertragsbeziehung zu entwickeln.

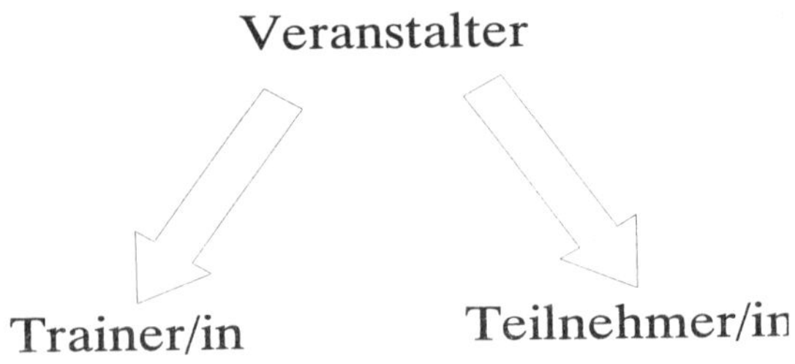

Veranstalter

Trainer/in

Teilnehmer/in

Dies kann durch eine klare Absprache bei der **Erwartungsrunde** erfolgen. Es kann aber auch zu einer Klarstellung meinerseits führen, indem ich z.B. mitteile, daß ich von dem Veranstalter beauftragt wurde, den Teilnehmenden dies und jenes anzubieten und von ihnen ihr Einverständnis erwarte, ihnen aber klar Mit- und Einsprachemöglichkeiten biete. Diese Regularien können z.B. tägliche Auswertungen in der Verantwortung der Teilnehmerinnen sein.

14. Stuart/Joines, S.371

15. nach Claude Steiner, München, 1992

2. Angemessene Vergütung

Trainerinnen brauchen ebenso wie jeder andere Arbeitnehmer Geld. Entweder sind sie in einer friedenspädagogischen Einrichtung angestellt, die ihr Gehalt bezahlt, die aber wiederum auf die Honorareinnahmen angewiesen ist, oder sie arbeiten freischaffend und leben von den Honoraren.

Therapeutinnen oder Unternehmensberaterinnen schätzen bei ihren Honorarforderungen ihren persönlichen "Tauschwert" relativ hoch ein. So sind Stundentarife von 150.-DM aufwärts normal. Politische Bildungs- und Beratungsarbeit wird vom "Tauschwert" her wesentlich geringer eingestuft.

Das liegt zum einen am System der Subventionierung politischer Bildungsarbeit in Deutschland, die sich aus dem Anspruch unserer Demokratie ergibt, von der Wirtschaft unabhängige politische Bildung zu unterstützen. Hierdurch werden zwar günstige Teilnahmemöglichkeiten für Interessierte geschaffen, der "Wert" des Angebots aber auch künstlich niedrig gehalten.

Zum anderen läßt sich ein Ergebnis politischer Bildung halt nicht in Mark und Pfennig ausdrücken; mit anderen Worten, da die politische Bildung keine Gewinnmaximierung verspricht, ist sie betriebswirtschaftlich nicht direkt nutzbar und die Bereitschaft, hier zu "investieren" ist gering.

Dazu kommt, daß die Anbieterinnen - weil sie ihre Arbeit für wichtig

halten - diese oft nicht zu einem leistungsgerechten Preis anbieten, um ihr Angebot auch für minderbemittelte Gruppen und Personen erschwinglich zu halten.
Eine dauerhafte Selbstausbeutung der Trainerinnen aber (sich unter Realwert zu "verkaufen" und dafür über die eigene Kraft hinaus zu wirken) führt zur Qualitätsminderung der Arbeit. Die daraus folgende Fluktuation und Abwanderung in angrenzende, finanziell sichere Berufsbereiche behindert ebenfalls die Weiterentwicklung der Trainingsarbeit.

2.1. Finanzgeschäfte:

Zu einer klaren inhaltlichen Vereinbarung gehört eine klare finanzielle Vereinbarung. Honorarverträge mit zeitlichen Absicherungen verhindern Fehlplanungen. Es mag für manchen etwas übertrieben wirken, doch in anderen sozialen Bereichen sind untenstehende Vorverträge Ausdruck für ein ernsthaftes Handeln.

2.2. Leistungen der Teilnehmerinnen

Eine angemessene Vergütung hat aber auch die Seite der Teilnehmenden im Auge. Die Teilnehmenden von selbstorganisierten Trainings werden immer dazu aufgefordert, mit ihrer finanziellen Situation offen umzugehen. Falls sie nicht über entsprechende Geldmittel verfügen, können Sie durch Ausgleich einer mehrbezahlenden anderen Person oder durch "Natural"-Leistungen (Hilfe bei einem anderen Seminar) die erforderlichen Mittel aufbringen.

3. Kompetenz

Sowohl die Trainerin als auch die Teilnehmerinnen sollen in der Lage sein, das auszuführen, worauf sie sich in dem Vertrag geeinigt haben. Durch die Ausschreibung werden die TN entsprechend informiert und an ihre Kompetenz erinnert. Falls es zu einem oben aufgeführten Dreieckverhältnis kommt, ist es Aufgabe der Trainerin, Formen zu finden, die eine beiderseitige Klärung ermöglichen.

4. Zielformulierung im Sinne der Gewaltfreiheit

Die Ziele und Konditionen des Vertrages sollten klar den partnerschaftlichen Vorstellungen der Gewaltfreiheit entsprechen.

Honorarvereinbarung (Muster)

zwischen
(Veranstalter/in mit Adresse)
und
(Trainer/in bzw Institution der Trainerin)
Für die Veranstaltung
("Titel")
vom (Datum)
Referent/inn/en: (Trainer/in, Team)

wird Folgendes vereinbart:

1.

Die Leistung des (Trainers) ist gemäß der Absprache vom (Datum) zu erbringen. (Evtl. schriftliche Grundlage)

2.

Als Honorar für diese Leistung wird ein Betrag in Höhe von insgesamt **(Betrag in Zahl und Wort) DM** für die Referent/inn/en vereinbart,
zahlbar innerhalb einer Woche nach dem vorgesehenen Veranstaltungstermin
auf das Konto Nr. (Bankverbindung)
Für das Vorbereitungstreffen am (Datum) wird ein Honorar von **(Betrag in Zahl und Wort) DM** vereinbart.

3.

Eine Reisekostenerstattung in Höhe der tatsächlich angefallenen Reisekosten (2. Klasse DB) für die Hauptveranstaltung vom (Datum), für das Vorbereitungstreffen am (Datum) sowie für maximal drei Vorbereitungstreffen des Referent/inn/enteams wird gezahlt.

4.

Die Übernahme der Kosten für Unterkunft und Verpflegung bei der Hauptveranstaltung vom (Datum) durch den Veranstalter wird gewährleistet.

5.

Bei einer Absage der Veranstaltung seitens des Veranstalters nach dem **(Datum jeweils 4 - 8 Wochen vor der Hauptveranstaltung)** wird das Honorar dennoch fällig.
Bei einem Ausfall des Referenten oder der Referentin sorgt (Trainer/in oder Institution) - mit Einverständnis des Veranstalters - für einen entsprechenden Ersatz.

Ort, Datum　　　　　　　Ort, Datum

Veranstalter　　　　　　(Trainer/in oder Institution)

Subventionen für Maßnahmen in der politischen Bildung:

Für Veranstalter, die Maßnahmen in der politischen Bildung bezuschussen lassen wollen, gibt es verschiedene Möglichkeiten. Ich führe sie hier nur stichpunktartig auf. Die aufgelisteten Dachverbände und Stiftungen können dazu weitergehende Informationen geben.

Für Maßnahmen mit Jugendlichen unter 26 Jahren auf der Landes- und Bundesebene:

♦ Die einzelnen Jugendverbände haben die Möglichkeit, Mittel aus den Landesjugendplänen, dem Bundesjugendplan oder dem Verbandsetat zu beziehen. Jugendgruppen und Organisationen können sich an die entsprechenden Jugendämter wenden oder an die Landeszentrale für politische Bildung, Abteilung Jugend. Manche Jugendverbände verfügen über Jugendbildungsstätten, die über eigene finanzielle Bildungskontingente verfügen. Die Verantwortlichen rechtzeitig auf den eigenen Bedarf anzusprechen, kann zu einer finanziellen und inhaltlichen Kooperation führen.

Für Maßnahmen mit Jugendlichen unter 26 Jahren auf der internationalen Ebene:

♦ Jugendverbände und Organisationen der freien Jugendhilfe können Zuschüsse aus dem Bundesjugendplan erhalten. Weiterhin gibt es einzelne internationale Jugendwerke wie das deutsch-französische oder das deutsch-polnische Jugendwerk, die binationale Seminare subventionieren können. Auch einige internationale Jugendstiftungen unterstützen Seminare zur politischen Bildung.

Maßnahmen für Erwachsene auf der nationalen und internationalen Ebene:

♦ Stiftungen der Parteien bieten freien Erwachsenenbildungseinrichtungen über Kooperationsverträge entsprechende Mittel an. Auch können anerkannte Vereine sich direkt an die Landeszentralen oder die Bundeszentrale für politische Bildung wenden. In den meisten Städten gibt es kommunale Bildungswerke, die sich ebenfalls als

Kooperationspartner anbieten.

Entscheidend für alle genannten Einrichtungen:
Rechtzeitige Planung, mindestens ein halbes Jahr im Voraus!

Stiftungen, die für möglichen Kooperationen schon sehr oft in Betracht gekommen sind:

Adressen:

Bildungswerk für Demokratie und Umweltschutz e.V.
Zeughofstraße 20, 10997 Berlin, 030/6126074
Bildungswerk für Umwelt und Kultur e.V.
Fehrfeld 61 - 64, 28203 Bremen, 0421/70141 1
Bildungswerk rheinlandpfälzischer Initiativen
Hauptstraße 21,67280 Ebertsheim, 06359/82577
Brandung Werkstatt für politische Bildung
Lindenstraße 53, 14467 Potsdam, 0331/22092
Buntstift e.V.,
Groner-Tor-Straße 31/32, 37073 Göttingen, 0551/46010
Gesellschaft für politische Ökologie e.V.
Rieckestraße 26, 70190 Stuttgart, 0711/282033
Hessische Gesellschaft für Ökologie und Demokratie
Ostendstraße 30, 60314 Frankfurt/Main, 069/438497
Mitwelt - Bildungswerk Sachsen-Anhalt e.V.
Große Klausstraße 11, 06108 Halle/Saale, 0345/25307
Netzwerk e.V Mecklenburg-Vorpommern
Ernst-Barlach-Straße 2, 08055 Rostock, 0381/22184
Ökologie Stiftung Nordrhein-Westfalen
Huckarderstraße 10, 44147 Dortmund, 0231/7214084
Ökologisches Bildungswerk Saar e.V.
Alte Feuerwehr, Landwehrplatz, 66111 Saarbrücken, 0681/34467
Querdenken - Politisches Bildungswerk Thüringen
Fürstengraben 30, 07743 Jena, 03641/23920

Regenbogen Bayern e.V.
Adlzreiterstraße 23, 80337 München, 089/7212878
Stiftung Leben und Umwelt
Ahornstraße 2, 27789 Hude, 04408/92870
Weiterdenken e.V. Bildungswerk Sachsen
Friedrichstraße 57, 01067 Dresden, 0351/4960824
anderes lernen e.V.
Jungfernstieg 60, 24340 Eckernförde, 04351/5311
umdenken - Politisches Bildungswerk e.V.
Max-Brauer-Allee 116, 22765 Hamburg, 040/3895270

Eine private Stiftung, die sich der Verbreitung der gewaltfreien Idee widmet und diese fördert:

Stiftung Gewaltfreies Leben
Tannenweg 6, 78126, Königsfeld, 07725/3464

Die Raumgestaltung

Der Raum, in dem wir uns für eine begrenzte Zeit befinden, beeinflußt unsere Wahrnehmung. Farbe, Geruch, Licht und Möbelaufteilung ergeben eine Atmosphäre, in der es sich leben läßt oder der ich so schnell wie möglich entfliehen will. Das Wort "Atmosphäre" spricht Bände. Als Trainer gebe ich diesem Raum eine Struktur. Diese Struktur zeigt sich in der Raumgestaltung und in der Verteilung der Möbel. Tische und Stühle und die Form, in der sie angeordnet sind, prägen die erste Phase des "Warmwerdens". Der klassische Stuhlkreis ist wohl die offenste Form einer Gestaltung. Er läßt es zu, daß sich alle sehen und die Leitung sich nicht abhebt. Auch kann vom Stuhlkreis aus ohne große Probleme zu einer Flipchart oder Tafel gegangen werden. Der "Runde Tisch" gibt noch etwas Deckung und läßt die TN leichter mitschreiben. Diese Variante eignet sich aber sehr schlecht für Übungen und Spiele. Trotzdem gibt ein Tisch Schutz und Halt. Für viele Menschen ist ein Stuhlkreis schon eine leichte Überforderung. Optimal ist das gemeinsame Gestalten des Raumes. Wenn es möglich ist, bitte ich die TN, die etwas früher gekommen sind, mit mir dieses Zimmer zu gestalten.

Die Wände sind Raumgrenze und -halt. Sie können Ausdruck des Seminargeschehens werden. Bei Räumen, die genügend Wandflächen haben, beginne ich mit kreativen Kennenlern- und Erwartungsübungen. Mit den Ergebnissen gestalte ich dann die Wände. Es wird unser Raum.

Der Raum kann auch der erste Schritt des Kennenlernens sein. Die Übung "Raumbetrachtung" bietet die Gelegenheit, nonverbal den noch Unbekannten eine eigene Wahrnehmung zu zeigen.

"... Das, was überhaupt die Menschen am wenigsten beschäftigt, ist gerade, was mich am meisten beschäftigt: der Anfang - um den Schluß kümmere ich mich nicht viel, am wenigsten um das, was vorgeht (...) Es ist der Anfang, von dem ich etwas lernen soll."
Kierkegaard (1847, Zitat nach Kamper 1979, S.172)

Ankommen

Ich bin angereist *- habe versucht pünktlich zu sein - es handelt sich um ein Tagesseminar mit kirchlichen Jugendpflegern. Ich habe mich entsprechend angezogen - mit Jackett. Der "erste Eindruck" ist wichtig. Meinen Bart will ich deswegen nicht schneiden, mein Haar nicht kürzen, die Kleidung soll es wettmachen. Früher kam ich in der Krachledernen in die Vorlesung - und hatte die Lacher sofort auf meiner Seite. Heute soll der erste Eindruck seriöser wirken. Ich komme an - sehe wie die anderen Teilnehmer eintreffen - schleiche mich fast unbemerkt in das Tagungshaus - blicke mich schüchtern nach der Person um, die mich eingeladen hat. Wer könnte es sein? Ah, diese Frau schaut die ganze Zeit erwartungsvoll auf die Türe. Ich gehe auf sie zu - stelle mich vor und erfahre Bestätigung. "Schön, daß sie schon da sind". Die Teilnehmenden sind inzwischen alle da. Das Seminar kann beginnen. Die Gastgeberin begrüßt alle recht herzlich und verweist auf mich als Referenten. Herr ... wird sich bestimmt selbst vorstellen.*
Es beginnt!

Varianten:
1. Grüß Gott, ich bin Karl-Heinz Bittl-Drempetic und ***wir*** *werden gemeinsam diesen Tag verbringen. Wir wollen gemeinsam etwas lernen. Wir werden nun ....*
2. Grüß Gott, ich habe mir für diesen Tag folgendes gedacht. Meiner Ansicht nach wäre es für Sie das günstigste, mit einem Spiel zu beginnen.
3. Guten Tag, ich bin Ihnen dankbar, daß Sie mich eingeladen haben.

Eigentlich verfügen Sie über die gleiche Kompetenz wie ich. Wir werden also miteinander und voneinander lernen.
4. .... da fällt mir zu Beginn schon ein Witz ein. Neulich...
5. Auch wenn Sie nur wenige sind, wünsche ich Ihnen einen schönen Seminartag.
6. Guten Tag, haben Sie eine Spielidee zum Kennenlernen?

Diese Varianten verschaffen den Teilnehmenden **keine** Orientierung. Sie verursachen eine Verstärkung vorhandener Verunsicherung. Jeder Dozent oder Trainerin wird in den ersten Minuten mit Erwartungen konfrontiert. Diese Erwartungen aufzunehmen und mit ihnen umzugehen ist eine der zugewiesenen Aufgaben. Wenn ich dies verweigere, trete ich nicht als "Vertragspartner" auf, mit dem Verhandlungen möglich sind. Ich entziehe mich und schaffe somit Unsicherheit. Dies muß nicht bedeuten, daß ich in meiner Rolle bleiben muß oder eine mir fremde Rolle annehmen sollte. Entscheidend ist, das **ich** es bin (oder **wir**, mit einem Co-trainer), der die Aufgabe der Strukturierung und der Vertragsfindung zu erfüllen hat.

Tip: Eine gute vertiefte Auseinandersetzung mit der Anfangssituation bietet das gleichnamige Buch von Karlheinz Geißler.

Was bedeutet eigentlich "sich kennenlernen" ?

Die TN betreten den Raum, sehen (häufig) lauter fremde Menschen und warten auf eine Person, die sie zusammenbringt. Die ersten Blicke werden ausgetauscht. In diesen ersten Minuten gestalten sich Empfindungen von Sympathie und Antipathie. Häufig beginnen die ersten Gespräche, gemeinsame Bekannte werden beschrieben, evtl. mögliche Bekanntschaften in Erinnerung gerufen. Die Trainerin ergreift nun die Initiative, läßt die TN näher kommen und gibt der Gruppe eine Struktur.
Alle Augen richten sich nun auf sie ihn. In diesem Augenblick sind alle Sinne der TN offen um wahrzunehmen, wer da vor ihnen sitzt.

Ich empfinde mich in diesen Sekunden wie eine große Antenne, die alle Reize, die gerade versendet werden, aufnimmt.
In der Beschreibung zur Gruppe als Basis gewaltfreiem Handelns zeige ich Bedürfnisse des Einzelnen an die Gruppe auf. Diese Bedürfnisse, nicht zu verwechseln mit den Erwartungen, spielen in dieser Phase eine wichtige Rolle. Die Trainerin ist zu Beginn dafür verantwortlich, daß diese Bedürfnisse ihren Raum bekommen. Die TN sollen mitgeteilt bekommen, daß ihre Bedürfnisse angebracht und wichtig sind. Des weiteren sollte aber die Trainerin der Teilnehmerin vermitteln, daß sie für die Befriedigung ihrer Bedürfnisse selbst die Verantwortung trägt und diese selbstverständlich auch tragen kann. In einer partnerschaftlichen Bildungsarbeit dient diese Phase zur "Vertragsfindung".

Das erfordert Klarheit von der Trainerin und ist ebenso eine Herausforderung an die Teilnehmerinnen

- die eigene Bedürfnisse und die der anderen zu bejahen,
- deren Befriedigung selbst in die Hand zu nehmen.

warming up

Diese Phase wird auch "warming up" genannt. In ihr sind drei Bereiche von besonderer Wichtigkeit:

Was haben ich und die anderen von "draußen" mitgebracht?	- Mit welchen Stimmungen bin ich da? - Gab es vorher Streß oder bin ich locker angekommen? - Austausch über familiäre und berufliche Situation - persönlichen Hintergrund des Anderen erfahren - Motivationen kennenlernen - Angst vor Austausch privater Informationen verlieren - sich der eigenen Bedürfnisse sicherer werden
Wie orientiere ich mich in der Gruppe?	- die ersten Empfindungen gegenüber der Gruppe wahrnehmen und ernstgenommen wissen - die Verhältnisse in der Gruppe einschätzen können - die Namen, mögliche Rollen und Aufgaben kennenlernen - Einstellungen und Beurteilungen des anderen erfahren - sich selbst mitteilen können und wollen - Interesse füreinander geinnen
Wie schaffe ich Voraussetzung für ein gemeinsames Lernen und Handeln?	- Kommunikationsbarrieren überwinden - sich an gemeinsame Entscheidungs- und Arbeitsformen gewöhnen - Konsumenteneinstellung abbauen - Bereitschaft, Realität zu simulieren - offen eigene Interessen abwägen und formulieren können - den gemeinsamen Prozeß in seiner Bedeutung erkennen.

Erwartungen und Vereinbarungen

"Wir haben uns nun einigermaßen kennengelernt. Jetzt wäre es ganz gut, Eure Erwartungen an dieses Seminar zu erfahren. Ich schlage

Euch folgende Übung vor. Mit dieser Übung erfahren wir unsere gemeinsamen Erwartungen. Anschließend empfehle ich vielleicht ein paar Methoden, die diese Erwartungen erfüllen können."
Nach einer solchen Einführung erntet der Seminarleiter, was er gesät hat. "Wieso haben wir die Übung gemacht? Du hattest doch sowieso ein Programm geplant?"
Zwei sehr verbreitete Illusionen, daß der Trainer

- ein unbeschriebenes Blatt und somit unvorbereitet offen
- ein Multitalent und somit auf alles vorbereitet

sei, ehrt zwar manche Teilnehmer aber keinesfalls einen Trainer.
Jeder Trainer hat eine bestimmte Vorstellung von einem Seminar. Im Sinne eines echten Vertrages mit den Teilnehmenden bietet er seine Kompetenz an und fordert die Kompetenz der Teilnehmenden ein. So sind die Einheiten zur Klärung der Erwartung, Arbeitseinheiten zur Findung eines Vertrages auf Gegenseitigkeit.

In dieser Phase findet häufig ein kleines "Drama" statt. Je nach Signal des Trainers gehen die Teilnehmenden in entsprechende Rollen. Die Rollen nennt Stephen Karpman im Handbuch zur Transaktionsanalyse das **Drama-Dreieck**: Verfolger (Verbesserer) - Retter (Ratgeber) - Opfer (Objekt). Wichtig ist hier die Vorstellung mancher Seminarleiter "Ich kann Euch doch helfen, damit Ihr Euch in Eurer Situation besser zurechtfindet." Die TN können in diesem unbewußt geführten Dialog aufblickend mitteilen: "Ja, helfe uns, wir kommen alleine nicht zurecht" Alle Rollen im Drama-Dreieck sind unecht.
Um Echtheit herzustellen ist es Aufgabe des Trainers, klare Vereinbarungen zu schaffen. Die Methoden zur Erwartungsklärung dienen für Teilnehmende und Trainer zum Schaffen von Klarheiten und einem direkten Vertragsgeschehen. Vorher oder danach bietet der Trainer sein "Angebot" an. Dann wird verhandelt.

Aufgaben der Teilnehmenden

Der Trainer hat auch **Erwartungen an die Teilnehmenden**.
Als Beispiel: Ein Seminar setzt sich aus verschiedenen Verantwor-

tungseinheiten zusammen, die keineswegs alle vom Trainer erledigt werden müssen. Die Teilnehmenden in einzelne Verantwortungsbereiche miteinzubeziehen ist nicht nur eine Erleichterung für die Leitung sondern ein Teil partnerschaftlichen Verkehrs.
Aufgaben, die für ein Seminar erledigt werden sollen, können
a. durch eine Art Brainstorming
b. durch eine Liste von den Trainern
ermittelt werden.

Beispiele für Aufgaben sind:

- **Zeiteinteilung:** Wie lange gehen die Pausen? Gemeinsames Beginnen? Wann ist Wecken? Wann Mittag?
- **Protokoll:** Wer schreibt wann, was, wie?
- **Kontakt zum Tagungshaus:** Wer handelt die Essenszeiten aus? Wer organisiert die Räume, die gebraucht werden?
- **Rahmenprogramm/Kultur/ Fete:** Wer organisiert gemeinsame Freizeitangebote? ...
- **Auswertung:** Wer organisiert und moderiert die Tagesauswertung?
- **Beziehung Teilnehmende - Trainer:** Wer vermittelt in eventuellen Konflikten?

Alle diese Aufgaben geben der Gruppe und dem Trainer ein Höchstmaß an Autonomie. Keiner muß mehr Gedankenlesekurse besuchen sondern findet eine Regelung zwischen Erwachsenen vor.

Die Auswertung

Auswertung oder Reflexion ist die Möglichkeit, für beide "Vertragspartner" eine Überprüfung der bisherigen Ereignisse vorzunehmen. Sie bietet die Chance, Fehlverläufe zu korrigieren und bei zufriedenstellenden Ereignissen die nötige Ermutigung zu erhalten.
Aufgrund meiner Erfahrungen im internationalen Bereich und vor allem in der Zusammenarbeit mit meinen französischen Partnern vom Cun du Larzac habe ich die Notwendigkeit erkannt, am Ende jedes Seminartags mindestens 30 bis 60 Minuten Zeit für eine gemeinsame Tagesauswertung einzuplanen. Diese Zeit erscheint auf den ersten Blick etwas lang, doch ist gerade diese halbe oder ganze Stunde eine tragende Säule für einen Seminarverlauf, der die Bedürfnisse von Trainerin und Teilnehmenden gleichermaßen befriedigt.

Inhalte der Tagesauswertungen:
- Verlauf des Tages
- Methoden
- Verhalten der Trainerinnen
- Schwierigkeiten und Ermutigendes
- Organisatorisches

Die **Gesamtauswertung** am Ende des Seminars ist für das Betrachten des Seminarprozesses wichtig.
Es kann überprüft werden, ob
- die Vereinbarungen eingehalten wurden,
- die Übungen und Erfahrungen den Teilnehmerinnen und dem Ziel entsprochen haben,
- die Rahmenbedingungen in Ordnung waren,
- die Trainerinnen zusammengearbeitet haben und wie sie auf die TN gewirkt haben.

Übungen zum Ankommen und sich Öffnen

Raumerfahrung

Raumerfahrung

Ziel: Die Seminarräume wahrnehmen
TN: bis 1000

Verlauf: Die Teilnehmerinnen werden aufgefordert sich zu stellen. Sie sollen sich Platz schaffen. Bei größeren Gruppen werden die Stühle zu größeren Gassen geschoben. Die TN werden eingeladen, ihre Augen zu schließen und die Stimmung im Raum wahrzunehmen. Sie sollen vor ihrem inneren Auge sich noch einmal diesen Raum vergegenwärtigen. "Spüren Sie noch einmal nach, wie Sie in diesen Raum gekommen sind, durch welche Türe Sie diesen Raum betreten haben. Welches Aussehen hatte die Türe? Welches Licht hat dieser Veranstaltungsraum? Welchen Geruch hat er? Öffnen Sie langsam die Augen und untersuchen Sie diesen Raum, nehmen Sie seine Größe, seine Höhe wahr! Betrachten sie die Fenster, die Türe, die Stühle, den Boden und die Decke. Dann schließen Sie die Augen nochmals und spüren nach. Welche Botschaft hören und spüren Sie? Kopfschmerz? Trockene Luft? Zu eng? Teilen sie diese Empfindungen kurz ihrer Nachbarin mit."
Varianten: Diese Übung kann auch ohne Herumgehen gemacht werden.
Anmerkungen: So persönlich diese Übung auch wirkt, sie geht auch bei großen Menschengruppen und macht es einfach, gemeinsam zu beginnen, da der gemeinsame Berührungspunkt eben der aktuelle Aufenthaltsort ist.

Wo komme ich her?

Ziel: Das von draußen Mitgebrachte wahrnehmen und sich davon für eine bestimmte Zeit verabschieden
TN: bis 15
Material: Musik: evtl. Air von Bach, Kitaro, oder eine sehr langsame Flötenmusik

Verlauf:
1. Die Teilnehmer sollen sich einen Platz suchen. Bei dieser Platzsuche sollen sie mit Bedacht vorgehen. Welcher Platz ist für mich gerade geeignet - paßt zu meiner Stimmung -ohne zuviel zu verraten. Der Trainer fragt noch nach der Haltung - ob sie so paßt?
2. Die TN werden eingeladen, die Augen zu schließen und den Tag an sich vorbeiziehen zu lassen. Beginnend mit dem Eintritt in den Raum gehen sie hinaus und begegnen diesem Tag in Form einer Fantasiereise.
3. Die Anleitung orientiert sich an Anreise, Kaffeezeiten, Mittagessen, Frühstück, Aufstehen.
4. Dann wird dieser Tag wieder in Richtung Seminar durchspürt und eine leise Musik läßt die TN dann erneut ankommen.

Variante: 5. Die TN werden aufgefordert, sich eine Situation zu suchen, die ihnen heute ausgesprochen gut getan hat. Sie können diese angenehme Erfahrung ihrem Nachbarn mitteilen.

Anmerkungen: Diese Übung geht auch, wenn es noch keine Vorstellungsrunde gegeben hat. Die Vorstellung kann anschließend zwischen den jeweiligen Nachbarn erfolgen.

Den Atem suchen

Ziel: Zu Beginn Zeit für sich selbst haben; persönlich ankommen, sich selbst wahrnehmen lernen
TN: geht auch mit großen Gruppen
Material: gut durchlüfteter Raum

Verlauf:
1. "Beginnen wir mit einer kleinen Körperübung. Stellen Sie sich bequem hin. Achten Sie auf ihre Füße. Haben Sie einen festen Stand. Schließen Sie die Augen. Atmen Sie tief. Spüren Sie, wie die Luft, die Sie einatmen, durch Ihren Körper fließt.

2. Lassen sie nun den Atem einfach kommen und gehen.

3. Heben Sie die Arme - strecken Sie sich - atmen Sie ein - und lassen die Arme und den Oberkörper ausatmend nach vorne fallen. Wiederholen Sie dies dreimal.

4. Nehmen Sie wieder Ihre Ausgangsstellung ein und lassen den Atem durch Ihren Körper wandern.

Variante: 5. Machen Sie aus Ihren Armen einen Bogen auf Brusthöhe und bewegen Sie sie mit den Handflächen nach innen einatmend in Richtung Brust. Ausatmend drehen Sie die Handflächen nach außen und wiederholen diesen Vorgang in Ihrem Atemrhythmus."

Anmerkung: Zur Variante könnte noch hinzugefügt werden: "Spüren Sie nach, was Sie gerne an sich heranlassen möchten und was Sie lieber wegschieben wollen." Mit dieser Frage kann auch der erste Kontakt beginnnen.

Raumfahrer

Ziel: Die anderen TN wahrnehmen, Auflockerung und Nähe
TN: bis 20

Verlauf: Einstieg wie Übung "Raumerfahrung" . "Öffnen Sie die Augen und stellen Sie sich vor, Sie befinden sich plötzlich auf einem fremden Planeten. Merkwürdige Gegenstände existieren hier. Auch laufen ganz sonderbare Gestalten hier herum. Die haben ganz komische Sachen auf der Haut. Zwei Röhren lassen sie fortbewegen. Sie sprechen die Sprache nicht. Versuchen Sie, dieses Neue zu entdecken. Staunen Sie, begeben Sie sich auf Entdeckungsreise!

Anmerkung: Bei dieser Übung kommen die TN schnell auf Tuchfühlung. Bei internationalen Gruppen bzw. Gruppen, in denen es nicht selbstverständlich ist sich nahe zu kommen, ist ein Einstieg mit dieser Übung nicht ratsam.

Gleichklang

Ziel: Ankommen, bei sich bleiben
TN: beliebig viele

Verlauf: Bei den Mauren in Granada war es so, daß sie eine Konferenz erst begannen, wenn die Schwingungen der Konferenzteilnehmer in Gleichklang gekommen waren. Sie gingen davon aus, daß bei einer gemeinsamen Grundschwingung viele Mißverständnisse vermieden werden können.
Die TN setzen sich aufrecht hin und werden ruhig. Sie nehmen die Stille wahr und versuchen sich auf die Stimmungen im Raum zu konzentrieren.
Anmerkung: Bei dieser Übung, in der eigentlich nichts getan wird, ist sehr viel Sensibilität notwendig. Dieses "Nichtstun" und Schweigen ist intimer als jegliches "Hände schütteln". Die Zeit des Schweigens sollte nicht länger als 5 - 10 Minuten sein. Anschließend ist eine sehr angenehme Arbeitsatmosphäre erreicht, zu der alle auf ihre Art und Weise beigetragen haben.

Das Geheimnis oder den Alltag zurücklegen

Ziel: Sich noch einmal die Stimmung des Ankommens vergegenwärtigen und sich bewußt machen, daß es an jedem selbst liegt anzukommen.
TN: beliebig viele
Material: Stift und Zettel, Kuvert

Verlauf: Die TN werden gebeten, sich kurz Zeit zu lassen und nachzudenken, was sie alles mitgebracht haben. Welche Stimmung sie hierher begleitet hat? Welchen Ärger sie vielleicht erlebt haben? Dies sollen sie auf einen Zettel schreiben.
Dann sollen sie sich überlegen, was sie selbst tun können, damit es ihnen in diesem Seminar gut geht. Auch dies sollen sie aufschreiben.
Nun sollen sie sich überlegen, was sie tun müssen, damit ihnen dieses Seminar nichts bringt. Auch das soll notiert werden.
Der beschriebene Zettel wird in das Kuvert getan und zugeklebt. Der Inhalt bleibt ein Geheimnis und kann nach Belieben enthüllt werden.

Anmerkung: Es ist natürlich möglich, den Inhalt des Briefes zugänglich zu machen und in das Seminar miteinzubeziehen. Ich habe dies noch nicht gemacht, damit die TN auch ein wirklich persönliches Ankommen erleben.

Entdeckungsreise

Ziel: Räume kennenlernen, Beginn von Kooperation in der Kleingruppe
TN: für verschiedene Kleingruppen mit je 3-5 Teilnehmern, vorwiegend Jugendliche
Material: je nach Aufgabe; Suchaufgaben u.ä. sollten vorher erprobt (selbst ausgekundschaftet) sein.

Verlauf:
Aus der Gesamtgruppe werden Kleingruppen von 3-5 Teilnehmern gebildet. Jede Kleingruppe erhält einen zugeklebten Briefumschlag mit ihren Gruppenaufgaben. Es sollte mindestens eine Gruppenaufgabe dabeisein, bei der die Grupe etwas zusammenstellen oder herstellen oder basteln muß, was nachher, wenn alle wieder zusammenkommen, vorgeführt werden kann.

Beispiele für Gruppenaufgaben:

- Maßeinheit: ein Thomas
  Stellt mit einer originellen Maßeinheit (z.B.: Mittelfinger oder Länge von Thomas) fest, wie lang ein bestimmter Flur (wie groß ein bestimmter Raum) im Tagungshaus ist.

- Galerie
  Ihr habt die Aufgabe, aus den zur Verfügung stehenden Illustrierten eine ganz private persönliche Fotoausstellung zusammenzustellen. Jeder schneidet dazu Bilder aus: Das, welches er am schönsten findet, welches ihn am unsympathischsten erscheint, was er am erregendsten findet usw. Jeder sucht 2-3 Bilder aus und schreibt einen Kommentar dazu.

- Persönliches Buch
  Geht in die Bibliothek und sucht euch jeder ein Buch aus, das ihr persönlich am interessantesten findet. Stellt das Buch den anderen nachher im Plenum kurz vor.

- Himmelsrichtung
  Suche den Raum X. Wenn ihr gerade aus den Fenstern dieses Raums schaut, in welche Himmelsrichtung schaut ihr vermutlich?

Auswertung: Welche Aufgaben haben am meisten Spaß gemacht? Bei welchen Aufgaben haben wir in der Gruppe Kooperationsschwierigkeiten gehabt?
Was wissen wir jetzt vom Tagungshaus alles noch nicht?
Anmerkungen: In der Regel sind 3 Aufgaben hinreichend. Unbedingt sollten auch Suchaufgaben dabei sein.
Es können auch Aufgaben dabei sein, bei denen zwei oder mehrere Gruppen kooperieren müssen. Einfache kreative Aufgaben sind dabei auch sinnvoll. Der Spielleiter sollte nicht mitmachen, weil er in der Regel im Vorteil ist (Ortskenntnis).

Übungen zum Kennenlernen

Krokodilspiel

Ziel: Namen kennenlernen
TN: Gruppen bis zu 16 Teilnehmern
Material: Krokodil oder anderes Stofftier (oder Luftballon mit aufgemaltem Tier)
Verlauf: Alle Teilnehmenden sitzen im Kreis, einer hat das Krokodil in der Hand.
Er beginnt das Spiel, indem er das Krokodil mit folgendem Satz an seine Nachbarin weitergibt: "Mein Name ist Ralph, und das ist das Krokodil."
Die zweite Teilnehmerin nimmt das Krokodil und gibt es weiter mit dem Satz: "Ich habe das Krokodil von Ralph, mein Name ist Petra und das ist das Krokodil."
Das Krokodil wird jetzt mit diesem Satz immer weitergegeben, und alle müssen jeweils die Namen der Personen nennen, die das Krokodil vor ihnen in der Hand gehabt haben.
Varianten:
- Der letzte Teilnehmer beginnt, und das Krokodil läuft zurück zum ersten Teilnehmer.
- Das Krokodil wird weitergegeben, und jeder Teilnehmer nennt die Namen aller Personen, die das Krokodil nach ihm in der Hand haben werden.
- Die TN wechseln die Plätze.

Anmerkungen: Bei großen Gruppen ist zu empfehlen, daß das Spiel und die Varianten mehrfach durchgespielt werden oder zumindest die TN öfter die Plätze wechseln.
Es ist ein typisches Sozialpädagogenspiel. Ich verwende es in letzter Zeit nicht mehr, da es zuviel Widerstand gegeben hat.

Spiegelschrift-Namen

Ziel: Namen kennenlernen, erste Kontakte aufnehmen

TN: Gruppen mit 8 - 30 Personen

Material: genügend großer, nicht mit Mobiliar vollgestellter Raum, pro Person ein nicht zu dickes Blatt Papier, Klebestreifen, Wachsmalstifte

Verlauf: Jede Teilnehmerin schreibt auf ein Blatt Papier ihren Vor- oder Vor- und Nachnamen mit Wachsmalstift so, daß er auf der Papierrückseite in Spielgelschrift erscheint. Den Zettel mit der Spiegelschrift heftet sich jede mit Klebestreifen (Tesakrepp) an den Oberkörper.
Alle sollen nun kreuz und quer durch den Raum gehen (langsam) mit dem Auftrag, sich fünf Namen (und die dazugehörigen Personen) zu merken.
Anschließend setzen sich alle in den Kreis und jede entfernt ihr Spiegelschrift-Namensschild. Jede soll nun (reihum, beginnend mit der Spielleiterin) fünf Personen vorstellen, indem sie die Personen zeigt, deren Namen sie sich gemerkt hat.
Abschließend kann sich jede ihr Namensschild mit der Vorderseite nach vorn wieder anheften.
Variante: Außer dem Namen soll jede noch etwas Person sagen, was ihr an der Person aufgefallen ist.
(Nicht einfach für Leute, die sich überhaupt noch nie gesehen haben, weil angstbesetzt!)
Wichtig: Das Papier für die Namenschilder darf nicht zu dick sein, weil man sonst nicht gut durchschreiben kann!

Partner-Interview

Ziel: Kennenlernen, Fremddarstellung
TN: Gruppen bis zu 20 Leuten
Material: Nur für die Varianten: Blätter DIN A4 (soviele wie TN) und Filzschreiber oder Wachsmalstifte.

Verlauf: Jeder Teilnehmer sucht sich einen Partner.
Die Paare gehen nun ca. 20 Minuten lang spazieren oder setzen sich zusammen.
Während dieser Zeit interviewen sich die Partner gegenseitig.
Nach Ablauf der Zeit kommen alle Paare wieder im Plenum zusammen und jeder Teilnehmer stellt der Gruppe seinen Partner anhand der Infomationen vor, an die er sich erinnern kann.

Beispielfragen für die Partnerinterviews:

Name (Spitzname)
Alter (Geburtsdatum)
Geschwister (Platz)
Arbeitsplatz mit Telefonnummer
Schulischer und beruflicher Werdegang
Wohnort (bei den Eltern?) mit Adresse/Telefonnummer.
Geburtsort
Interessen
Freitzeitgestaltung
Eltern
Mitgliedschaft in Vereinen und Gruppen (Funktion)
Urlaubsgestaltung
Erwartungen an die Gruppe
Eigenschaften (positiv und negativ)

Varianten: 1. Ein Gesprächspartner erzählt etwas von sich (Stichworte kann der andere ihm von der obigen Liste geben!). Währenddessen malt der andere ein Porträt (Karikatur, Skizze, Steckbriefbild) von ihm und notiert in Stichworten das Erzählte unter dem Bild. Dann Rollentausch. Alle Bilder werden aufgehängt.
2. Diese Übung kann auch zugleich für die Erwartungsabklärung verwendet werden. Die Paare haben die Aufgabe, sich ihre Erwartungen mitzuteilen und dann mit einem anderen Paar auszutauschen.
Anmerkung: Der Spielleiter sollte darauf achten, daß die Partner sich möglichst wenig kennen.[16]

[16]. Bild: übung Rücken an Rücken

Personenraten

Ziel: Mit fremden Personen zunächst unverbindlich ins Gespräch kommen
TN: mindestens 7, Zahl nach oben nicht begrenzt
Material: Klebestreifen, so viele kleine Zettel wie Teilnehmerinnen; auf jedem Zettel steht der Name einer bekannten lebenden oder toten Persönlichkeit.

Verlauf: Das Spiel kann in zwei Varianten begonnen werden:
Variante A: die Spielleiterin (und eine Helferin) klebt jeder Teilnehmerin mit Klebestreifen einen Namenszettel auf den Rücken.
Variante B: Die Zettel liegen verdeckt auf einem Stapel, jede Teilnehmerin bekommt einen Klebestreifen, nimmt einen Zettel und klebt ihn ihrer linken Nachbarin auf den Rücken, und zwar so, daß diese nicht sieht, welcher Name auf dem Zettel steht.

Dann soll jede raten, welchen Namen sie auf dem Rücken trägt. Fragen sind dabei erlaubt, z.B. "Lebe ich noch?", "Bin ich männlich oder weiblich?" usw. Mit den Fragen wird die zu erratende Person ein bißchen eingekreist. An jede Mitspielerin sind nur drei Fragen statthaft, dann müssen andere weiter gefragt werden.

Wer die Lösung gefunden hat, klebt seinen Zettel auf die Brust und darf auch denen helfen, die Schwierigkeiten haben.

Schlußvarianten: Wenn vorher die Namen auf den Zetteln so ausgesucht wurden, daß sich leicht erkennbar Gruppen aus den "Persönlichkeiten" (z.B. bekannte Musiker/innen, Politiker/innen, Feministinnen) zusammenstellen lassen, kann man dadurch bereits eine Gruppenaufteilung vornehmen, indem diejenigen sich suchen sollen, die glauben zusammenzugehören.

Beispiele für Personnennamen:
Cleopatra, Karl Marx, Katharina die Große, Willy Brandt, Albert Einstein, Karl der Große, Martin Luther (King), Pablo Picasso, James Watt, John F. Kennedy, Rosa Luxemburg, Mick Jagger, Ronald Reagan, Franz Beckenbauer, Richard v. Weizsäcker, Johann W. v. Goethe, Mahatma Gandhi, Rita Süßmuth, Alice Schwarzer, Brigitte Bardot etc.

Anmerkungen: Gut an diesem Spiel ist vor allem, daß sich die TN zunächst hinter einer "Berühmtheit" verstecken können.
Außerdem bringt das Spiel die Leute von den Plätzen.
Lustig ist und eine Bezug zur Tagung hat es, wenn man Personennamen auswählt, die zum Beruf oder zur Institution der Teilnehmer einen Bezug haben. Aber aufpassen: es müssen unbedingt bekannte Personen sein, sonst kann es zu Peinlichkeiten für empfindlichere Gemüter kommen.

Ansichtskarten

Ziel: visuelle Selbstdarstellung, Kennenlernen der anderen
TN: Maximal 12; insbesondere geeignet für Personen, die aus verschiedenen Gegenden kommen
Material: pro Person ein Blatt DIN A4 und mehrere farbige Stifte. Zum Aufhängen der Blätter wird später noch Tesafilm, Tesakrepp oder ähnliches benötigt.
Zeit: ca. 15-20 Minuten

Verlauf: Jeder malt eine Ansichtskarte; sie muß dabei nicht schön gemalt sein, sondern lediglich etwas über die Person erkennen lassen, die sie gemalt hat.
Sie kann enthalten: Skizzen, Wörter und Bilder vom Wohnort, vom Arbeitsplatz oder der Wohnung des Teilnehmers oder von Personen, mit denen er beruflich oder privat zu tun hat.
Sie kann aus einem ganzen Bild oder vielen kleinen Bildern bestehen. Kurze erklärende Stichworte können enthalten sein.
Zum Schluß werden alle Ansichtskarten aufgehängt und jeder sagt ein paar erläuternde Worte zu seinem Bild.
Variante: Alle Ansichtskarten werden gemischt übereinandergelegt, jeder zieht eine Karte, versucht zu erraten, wer sie gemalt hat, und beschreibt dann, was er sieht, versucht der Gruppe die Karte zu erklären. Der Autor der Karte ergänzt. Nachfragen von allen sind erlaubt und erwünscht.
Auswertung: Was wissen wir jetzt alles schon voneinander?
Was sollten wir noch erfahren? Warum sind ausgerechnet die gemalten Dinge gewählt worden?

Anmerkung: Mit den anschließenden Erklärungen und Nachfragen kann das Spiel in einer Gruppe mit 12 Teilnehmern bis zu 90 Minuten dauern.Die Spielleiterin sollte durch intensives Nachfragen zu Mitteilungen anregen, die über das Oberflächliche hinausgehen.

Erkennungszeichen

Ziel: Selbstdarstellung, Kennenlernen
TN: bis zu 20
Material: Diaprojektor und pro Person ein leeres Diarähmchen mit Glas, ein Filzstift; falls keine Projektionsmöglichkeit vorhanden: ein Blatt Papier und ein Filzstift.

Verlauf: Jede malt ein kleines Bild, durch das sie sich selbst zu charakterisieren versucht (bzw. ein Erkennungszeichen), auf das Diaglas (oder auf ein Blatt Papier). Danach werden die Dias vorgeführt, und nacheinander kommentieren die Zeichnerinnen ihr eben vorgeführtes Dia.

Variante: Die Spielerinnen erhalten ein Blatt Papier. Nun werden die Dias langsam nacheinander vorgeführt (bzw. die Blätter numeriert und an die Wand gehängt).
Jedes Gruppenmitglied überlegt sich, welches Bild von welcher Person gezeichnet worden sein könnte. (Bei Dias so lange warten, bis sich jede Spielerin darüber klar ist, wem sie das gezeigte Bild zuordnen will).
Jede aus der Gruppe schreibt die mutmaßliche Zeichnerin in der Reihenfolge der Bilder auf.
Es kann eine Diskussion z.B. über die Häufung von identischen Zuordnungen folgen.
Hinterher erklären die Zeichnerinnen, was sie mit ihrem Bild ausdrücken wollten und warum sie glauben, daß es charakteristisch für sie sei.

Auswertung: Wer zögert zu Beginn seiner Zeichnung und ist unsicher? Wie wird die Zeichnung von den anderen beurteilt: aggressiv, zurückhaltend, abwertend-aufwertend?
Anmerkung: Erwachsene haben oft Hemmungen, sich selbst darzustellen. Manchmal fehlt einfach die nötige Phantasie.
Eventuell Tips oder Hilfestellungen geben.

Assoziation mit Namen

Ziel: Namen kennenlernen
TN: bis zu 25
Material: pro Person ein weißes Blatt und einen Filzschreiber

Verlauf: Alle sitzen im Kreis. Jeder stellt sich mit seinem Namen vor (Vorname oder Vor- und Nachname).
Er sagt aber nicht nur seinen Namen, sondern alles, was ihm zu seinem Namen noch einfällt, z.B. ob ihm sein Name gefällt oder was er bedeutet, woran er ihn erinnert, ob sein Name von anderen immer leicht verstanden wird, was für Erlebnisse er schon mit dem Namen hatte oder einfach, welche Eigenschaftswörter er so mit seinem Namen verbindet.

Variante: Jeder hat soviele weiße Blätter wie Personen vorhanden sind und einen Filzschreiber. Während jemand über seinen Namen spricht, malt jeder, was ihm zu dessen Schilderung einfällt: abstrakt oder gegenständlich, malerisch oder grafisch. Wenn sich alle vorgestellt haben, schenkt jeder die gemalten Blätter denjenigen, für die er etwas gemalt hat. Wer nicht mehr alle Bilder mit den entsprechenden Personen verbinden kann, ruft die Namen aus, um alle Blätter verschenken zu können.

Anmerkungen: Günstig ist es, wenn der Spielleiter selbst anfängt. Der erste setzt Normen, nach denen sich die anderen teilweise richten werden. Darum Vorsicht!

Magischer Ball

Ziel: Namen kennenlernen, die ganze Gruppe wahrnehmen
TN: 8 - 30

Verlauf:
1. Die TN bilden einen Kreis. Eine Spielerin wirft einen imaginären Ball zu einer anderen und spricht ihren eigenen Namen deutlich aus. Die andere Person wirft den imaginären Ball wieder weiter und sagt dazu ihren Namen.
2. Nun wird der Name der Mitspielerin genannt, der der Ball zugeworfen wird. Immer darauf achten, daß die Namen deutlich ausgesprochen werden.
3. Die letzte Aufgabe ist, der Empfängerin des Balls den Namen der Mitspielerin zu nennen, der der Ball anschließend zugeworfen werden soll.

Variation: Diese Übung kann auch mit einem Tennisball gemacht werden.
Anmerkung: Ich verzichte gern auf einen realen Ball, da es in einer Anfangssituation nicht von Vorteil ist, als "Versagerin" dazustehen, wenn der Ball schon wieder heruntergefallen ist.

Kofferpacken, Lieblingsspeisen

Ziel: Namen kennenlernen
TN: maximal 30

Verlauf: Der erste Spieler beginnt: "Ich heiße **K**arl-Heinz und nehme auf meine Reise einen **K**offer mit." Die zweite Person fährt fort: "Das ist Karl-Heinz mit seinem Koffer und ich bin **H**erta und nehme ein **H**emd mit." ....
Regel: die mitzunehmenden Sachen beginnen mit dem gleichen Buchstaben wie der jeweilige Name.
Variationen: Dieses Spiel ist auch sehr lustig, wenn statt des Kofferpackens, die "Lieblingsspeise" mit dem ersten Buchstaben des Vornamens geprägt wird. ("Hallo Tomaten-Thomas")
Anmerkung: Ein sehr griffiges Spiel, taugt aber nur zum Kennenlernen der Namen. Es sollte am besten erst am zweiten Tag eines Seminars zur Vertiefung gespielt werden.

"Angenehm, ich bin ...."

Ziel: Namen und Ausdruck des Begrüßens erfahren
TN: maximal 15
Material: Stuhlkreis

Verlauf: Die TN sitzen im Kreis. Die Spielleiterin steht auf, tritt vor die Person, die rechts von ihr sitzt. Sie gibt ihr die Hand, stellt sich mit ihrem Namen vor, und das Gegenüber tut desgleichen. So geht es die Runde durch.

Variation: Für theaterorientierte Gruppen kann daraus eine kleine Oper entstehen. Die Spielleiterin intoniert aus voller Kehle: "Da, ich bin die ......", und vollzieht eine dramatische Geste, das Gegenüber schwingt sich auf und erwidert "... und hier bin ich, die ... " mit einer kleinen Arieneinlage.
Anmerkung: Interessant an dieser Übung ist das Gestenspiel der einzelnen Teilnehmerinnen bei der Begrüßung.

Ich bin der Klaaaaaauuuuuuuussssssssssss

Ziel: Namen kennenlernen, den gesamten Menschen sehen, die Gruppe wahrnehmen
TN: bis 20

Verlauf: Die Gruppe stellt sich im Kreis auf. Jeder betrachtet die Teilnehmer. Dann stellt sich einer vor. "Ich bin der Klaaaauuuu-ussssss" und die Gruppe stimmt mit ein "Das ist der Klaaaauuuu-ussssss." Tonfall und Gebärde sollten von allen gut getroffen werden.
Variation: Statt eines Tons nehmen die TN nur eine Geste und die anderen vollziehen diese Geste gemeinsam. Am Ende werden alle Gesten schnell wiederholt. **Eignet sich vor allem für interkulturelle Gruppen.**
Anmerkung: Eine sehr gute Form, sich und die Gruppe wahrzunehmen und zugleich die Namen in "den Blick" zu bekommen.

Bildersprache

Ziel: Über Bilder/Gemälde sich begegnen und kennenlernen
TN: bis 25
Material: Eine Mappe mit verschiedenen Bildern und Gemälden

Verlauf: Die Bilder werden in der Mitte des Raums ausgelegt. Die TN betrachten sich die Bilder und entscheiden sich jeweils für das, das sie am meisten anspricht. Dann nehmen sie das Bild so in die Hand, daß es nach außen zeigt. Die anderen sollen es sehen. Wenn alle sich entschieden haben, bilden sie Vierergruppen, in denen sie ihre Geschichte zu dem Bild erzählen.
Variationen: Die Bilder können auch thematisch gewählt werden und können somit für Eintagesseminare eine Verbindung von Kennenlernen und Thema sein.
Anmerkung: Ein genaues Kennenlernen der Gesamtgruppe ist dadurch nicht möglich, wohl aber ein vertieftes Kennenlernen von wenigen. Diese Übung eignet sich wiederum bei internationalen Gruppen, da die erste Kontaktaufnahm nonverbaler Natur ist.

Übungen zur Erwartungsfindung

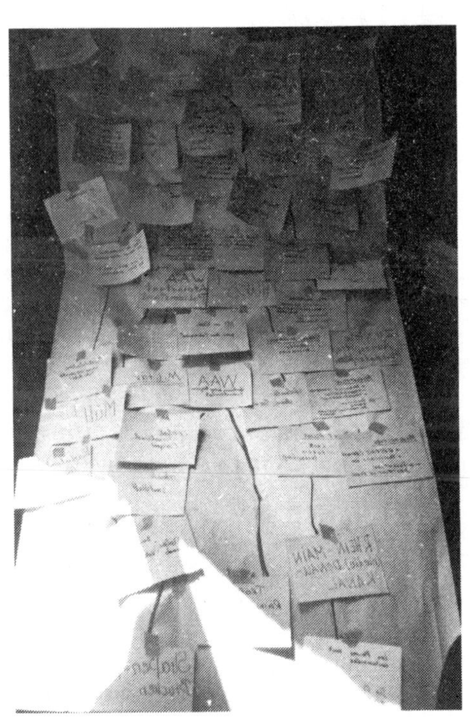

Erwartungsgalerie

Ziel: Kennenlernen, Erwartungsabklärung
TN: Alle Leute, die sich schon kennengelernt haben und länger zusammen sein werden
Material: Für jede Teilnehmerin einen Papierbogen, viele bunte Stifte, Farben, Kreppband; eine Wandzeitung mit Fragen an die Teilnehmerinnen (siehe unten)

Verlauf: Auf der Wandzeitung stehen folgende Fragen, die die Teilnehmerinnen für sich beantworten sollen (Zeitvorgabe: etwa 30 Minuten):
Was erwartest Du von diesem Training in Bezug auf
- Deine persönliche Entwicklung
- die Gruppe
- Deine politische Arbeit?

Zur Beantwortung der Fragen stehen die Papierbögen und die Farben zur Verfügung. Nachdem alle fertig sind, gibt es mehrere Verfahrensmöglichkeiten:
- Es setzen sich jeweils 2-4 Teilnehmerinnen zusammen und tauschen sich über ihre Erwartungen aus. Nach Beendigung des Austauschs wird ein Bericht oder eine Zusammenfassung für das Plenum gemacht. Die beschriebenen Papierbögen werden im Raum aufgehängt.
- Der Austausch erfolgt sofort im Plenum. Bei großen Gruppen ist dies aber sehr zeitintensiv. Es empfiehlt sich, beim Austausch im Plenum Stichpunkte auf einer Wandzeitung festzuhalten.

Anmerkung: In einem weiteren Schritt müssen die Erwartungen noch ein wenig präzisiert werden, um für die Programmgestaltung verfügbar zu sein.

Atom-Moleküle

Ziel: Erwartungen klären, Kennenlernen
TN: bis 30

Verlauf: Es geht darum, daß sich die Teilnehmer in immer größer werdenden Kleingruppen über sich selbst, ihre Erwartungen und Interessen verständigen.
Die Gesamtgruppe wird in Paare aufgeteilt (am einfachsten, indem rasch durchnumeriert wird und immer eine ungerade Nummer sich mit der folgenden geraden Nummer zusammenfindet). Jedes Paar sucht sich einen Platz im Raum und unterhält sich vier Minuten lang über das Thema "Wer sind wir - was wollen wir hier?"
Auf ein Zeichen des Spielleiters sucht sich nach den vier Minuten jedes Paar ein zweites Paar und bildet mit ihm zusammen eine Vierergruppe.
Alle so entstandenen Vierergruppen sprechen miteinander über dasselbe Thema 8 Minuten lang.

Dann sucht sich wieder jede Vierergruppe eine andere Vierergruppe und bildet so eine Achtergruppe und spricht miteinander zum selben Thema 16 Minuten lang.
Dann kommt das Plenum zusammen.
Anmerkung: Es sollte darauf bestanden werden, daß jeweils alle Kleingruppen im Raum bleiben. Nur so wird ein angstreduzierendes Stimmengewirr erzeugt.

Blumen-Rosette

Ziel: Kennenlernen, Erwartungsabklärung
TN: bis ca. 10
Material: große Bögen Wandzeitungspapier oder Pappe in ovaler Form ausgeschnitten (wie ein Blütenblatt), ausreichende Anzahl an dicken und dünnen Wachsmalkreiden, Klebeband

Verlauf: Alle Teilnehmerinnen bekommen die Aufgabe:
♦ "Versucht einmal,
- Eure derzeitige Lebenssituation,
- Eure derzeitigen Probleme,
- Eure Vorstellungen

bezüglich unserer Zusammenkunft hier auf einem großen Stück Papier oder Pappe (in Blütenform) aufzumalen oder aufzuschreiben."
Die Übung sollte zunächst schweigend verlaufen.
Nach einer genügend langen Zeit, sich darauf einzulassen (ca. 30-60 Minuten, eventuell auch mit leiser Musik im Hintergrund), können sich die Teilnehmerinnen wieder zusammensetzen und jede ihr gemaltes Blatt selber vorstellen und auf jeweilige Fragen detailliert antworten.

Variationen:
- die Teilnehmerinnen legen jeweils ein Blatt in die Mitte; die anderen sollen raten, wer das gemalt haben könnte und was mit der Malerei wohl gemeint ist. Die Angesprochene kann dazu einige Erklärungen geben.
- jeweils eine Person nimmt willkürlich ein Blatt hervor und interpretiert es; die Betroffene korrigiert/ergänzt dann.
- die im Gespräch geklärten Erwartungen für das Seminar können von einer Teilnehmerin oder den Teamerinnen zusammengefaßt und auf eine gesonderte Wandzeitung geschrieben werden.

Nach dem Gespräch werden die einzelnen Blütenblätter zu einer

Blume zusammengefügt und an der Wand aufgehängt. Somit erhält der Raum eine "persönliche Note".

Anmerkung: Da diese Art der Erwartungsklärung relativ lange dauert (insgesamt gut zwei bis drei Stunden), ist sie eigentlich nur bei längeren Seminaren zu empfehlen. Unserer Erfahrung nach gelingt es aber durch diese Art intensiver Äußerung eigener Gefühle und Erwartungen gut, miteinander ins Gespräch zu kommen. Eine verbindliche Abklärung der Seminarinhalte darf jedoch nicht erwartet werden.
[17]

[17]. Bild: aus internationalem Seminar auf dem Cun du Larzac

Themenorientierter Spaziergang

Ziel: Kennenlernen der Gegend und der anderen Seminarteilnehmer, Erwartungsgespräch
TN: alle (nicht bei Sauwetter zu empfehlen)
Material: Wandzeitung für das Plenum

Verlauf: Nach einer ersten Kennenlernphase (Spiel) bilden die TN kleine Gruppen.
Mögliche Gruppenaufteilung zu je 3-4 Leuten:
- nicht solche, die sich schon vorher kennen/kannten
- jeweils 3 mit der gleichen Farbe des Pullovers/der Hose o.ä.
- wie eine "Orgel": ein ganz kleiner, ein mittelgroßer und ein sehr großer Teilnehmer.

Die Spaziergänger sollten sich mitteilen,
- was sie gerne auf dem Seminar machen möchten
- was sie gerne erfahren würden
- wie sie sich das Seminar überhaupt vorstellten
- wie sie die Einladung empfunden haben

Nach ca. 30-60 Minuten treffen sich die TN wieder im gemeinsamen Plenum und jede Gruppe erzählt von den Erwartungen an das Seminar.
Auf einer Wandzeitung werden die einzelnen Erwartungen notiert und später gemeinsam geordnet.
Variation:
Jeweils 2 Teilnehmer beginnen den Spaziergang; nach 15 Minuten treffen sie sich mit einer anderen Gruppe und setzen den Spaziergang gemeinsam fort. Hierbei wird das bisherige Ergebnis ausgetauscht.
Noch vor dem Bericht der Kleingruppen im Plenum schreiben diese eine Wandzeitung mit den von ihnen zusammengetragenen Erwartungen und Bedürfnissen. Während des Plenumberichtes können die unterschiedlichen Erwartungen dann gleich geordnet aufgeschrieben werden.

Zwiebelschale

Ziel: Kennenlernen und Erfahren von Erwartungen, Lockerung
TN: größere Gruppen bei Seminaren mit inhaltlicher Zielsetzung
Material: je nach Bedarf sollte jede Teilnehmerin einen Notizblock mit sich führen und einen Stift, um Gesprächsergebnisse festhalten zu können.
Verlauf: Die Teilnehmerinnen stellen sich in zwei Kreisen auf, einem Innen- und einem Außenkreis. Es sollen sich jeweils eine Teilnehmerin des Außen- und des Innenkreises gegenüberstehen. Jedes Paar bekommt als Aufgabe:

1. Begrüßung und Vorstellung
2. eine Frage an die andere
3. Verabschiedung

Begrüßung und Verabschiedung können "auf normale Weise" erfolgen, aber auch phantasievoll - je nach Lust, Laune und Ideen.
Die Frage (2.) kann sich auf unterschiedliche Bereiche erstrecken:

- Was willst du hier lernen/erfahren?
- Warum hast du eigentlich den weiten Weg hierher gemacht?
- Was hat dich (an der Einladung) besonders gespannt gemacht?
- Wovor hast du hier am meisten Angst?...

Es kann unter Umständen nützlich sein, wenn sich die Teilnehmerinnen die Gedanken und Antworten ihrer Gesprächspartnerin notieren.
Ist ein Paargespräch beendet, so dreht sich der Außenkreis um 3 Personen nach rechts weiter. Das neue Paargespräch hat dann den gleichen Ablauf. Wenn jede Person mit 5-7 Leuten geredet hat, kann das Spiel beendet werden. In einem Kreisgespräch versuchen die Teilnehmerinnen, zu jeder Person die entsprechenden Fakten zusammenzutragen. Der Übersicht halber vielleicht auf einem Stück Papier.

Anmerkung: Das Spiel führt nicht automatisch zu einer Lockerung.

Es ist sinnvoll, schon vorher schon ein wenig "locker" mit dem Spiel zu beginnen. Außerdem sollte die Gruppe wirklich größer sein (mehr als 30)

Körperumriß

Ziel: Kennenlernen und Erwartungsklärung
Material: Für jede Person wird ein ihrer Größe entsprechende Wandzeitungsblatt oder ein Stück Pappe und viele bunte Filzstifte (dick und dünn) gebraucht, eventuell auch Schere und Reißzwecken.

Verlauf: Paare (vielleicht als Ergebnis eines Kennenlernspiels) erhalten als Aufgabe, sich jeweils gegenseitig auf die Wandzeitung oder Pappe zu legen. Der Partner malt mit dem Filzstift die Umrisse des Liegenden auf das Papier. Dabei erzählt die liegende Person einiges von sich und ihren Erwartungen. Der andere kann Fragen stellen. Ist die Zeichnung fertig, werden die Rollen vertauscht. Nachdem beide fertig sind, werden die Umrisse ausgemalt und die Erwartungen der Person eingemalt bzw. eingeschrieben. Das Gespräch kann währenddessen noch weitergehen.

Die Umrisse werden nach ihrer Fertigstellung an der Wand aufgehängt.
Die Partner stellen sich im Plenum gegenseitig vor. Während des Berichts (Vorstellung) werden die Erwartungen gesondert (evtl. auch schon sortiert) auf eine Wandzeitung notiert.

Anmerkung: Diese Übung erfordert ein nicht immer übliches Maß an Nähe. Deshalb mit Vorsicht verwenden!

Graffiti

Ziel: Eingewöhnung, Vorbereitung, Erwartungsklärung
TN: bis 16
Material: mindestens 7 große Wandzeitungsblätter; die Zeitungen sollen im Raum liegen oder an der Wand hängen, in dem sich die Teilnehmerinnen zu Beginn des Seminars aufhalten. Zu jeder Wandzeitung gehört natürlich auch ein dicker Wachsstift. Zur Auflockerung der Atmosphäre ein bißchen Musik.

Verlauf: Das Spiel nützt die Zeit vor Beginn des Seminars, bis alle eingetroffen sind, um die Teilnehmerinnen auf das Seminar einzustellen und schon erste Erwartungen abzuklären.
Im Aufenthalts- oder Versammlungsraum ertönt gemütliche Musik und an den Wänden hängen Wandzeitungen mit folgenden Sätzen:

- Ich hoffe, wir werden hier...
- Ich hoffe, wir werden hier nicht...
- Dies wird ein erfolgreiches Seminar, wenn...
- Dies wird ein mieses Seminar, wenn...
- Meine größte Stärke...

Es können schon inhaltliche Fragen angeschnitten werden, neue Satzanfänge hinzukommen oder andere weggelassen werden.
Wenn sich alle Teilnehmerinnen daran beteiligen, kann die Programmgestaltung auf der Basis der Wandzeitungen erfolgen.

Provoka I

Ziel: Erwartungen in Anlehnung an vorgegebene Texte klären
TN: maximal 20 Teilnehmer eines thematisch schon festgelegten Seminars, die schon vorher miteinander gearbeitet haben sollten.
Material: Texte/Fallstudien/provokative Äußerungen o.ä. zum Titel des Seminars passend.
Wandzeitungen auf dem Seminar; Briefe sollten mindestens 1 Woche vor dem Seminar verschickt werden.

Verlauf: In einem Brief an die angemeldeten Teilnehmer eines Seminars formulieren die Teamer

- die von ihnen als möglich angesehenen Themenbereiche und Fragestellungen, die auf dem Seminar behandelt werden könnten (dies sollte umfassend geschehen),
- die möglichen Arbeitsformen und Organisationsstrukturen eines derartigen Seminars,
- einige Anregungen an die Teilnehmer, wie sie sich auf das Seminar inhaltlich vorbereiten können, z.B durch Fragen nach Arbeits- und Lebensbereich oder durch die Aufforderung, Fotos, Beschreibungen u.ä. mitzubringen, um collagenartig die Probleme ihres Arbeitsbereiches den anderen mitteilen zu können.
- z.B. durch beigefügte kürzere Texte, die eine Meinung zu dem jeweiligen Themenbereich provokant vertreten, Aufforderung, diese kritisch zu lesen und seine Meinung dazu zu formulieren.
- z.B. durch eine beigefügte "Darstellung/Geschichte" aus dem Lebensbereich der Teamer die TN auffordern, dasselbe auch zum eigenen Lebens- und Arbeitsbereich zu tun.

Diese "Erzeugnisse" oder "Meinungen" werden gleich zu Beginn des Seminars auf vorbereiteten Wandzeitungen für alle sichtbar aufgehängt und nach einer kurzen Aufwärmphase von jedem einzelnen vorgestellt oder von den anderen interpretiert.
Am Ende der Vorstellung werden angesprochene Probleme, Mei-

nungen und Erwartungen von einer Gruppe von Teilnehmern und/oder Teamern auf einer Wandzeitung zusammengestellt.

Anmerkung: Eine sehr beliebte Methode bei studentischen Gruppen. Eignet sich nicht bei offen ausgeschrieben Seminaren. Anhand der vorgegebenen Materialien sollen sich die Erwartungen der Teilnehmenden eher konkretisieren, indem sie sich entweder der Meinung der Texte anschließen oder aber eine andere Meinung dazu formulieren. Auf jeden Fall sollen sie Stellung beziehen, wodurch sich die Teilnehmer auch Klarheit über ihre Motivation und Erwartung verschaffen können.

Provoka II

Ziel: Erwartungsabklärung
TN: maximal 20, wobei die TN sich schon vorher kennen und ein gemeinsames Vorbereitungstreffen gehabt haben sollten.
Material: Fallstudien, kurze Äußerungen in ausreichender Menge, themenbezogene Texte; Wandzeitungen

Verlauf: Nach der Aufwärmphase werden Texte, Fallstudien, Äußerungen in schriftlicher Form an die Teilnehmerinnen ausgegeben mit der Bitte, sie zu lesen und ihren Inhalt vorzustellen. Gleichzeitig sollen sie ihre Meinung zum Text äußern. Dies könnte nach folgendem Frageschema erfolgen:

- Ist die Meinung des Textes auch meine und warum (nicht)?
- Entspricht die Auseinandersetzung des Textes mit dem Thema auch meiner Vorstellung, sich mit dem Thema auseinanderzusetzen "warum/warum nicht bzw. inwieweit (oder nicht)?
- Was kann ich eigentlich mit dem Text anfangen - sagt er mir überhaupt etwas?

Die kritischen Äußerungen zum Text werden auf eine Wandzeitung geschrieben. Nach der Diskussion der Texte wird vom Team die Frage gestellt:
Erwarten wir vom Seminar, daß es

- sich **mit ähnlichen Problemen** wie im Text angesprochen, auseinandersetzt?
- sich mit Problemen **in ähnlicher Weise** wie die Texte auseinandersetzt
- sich mit Texten überhaupt auseinandersetzt?
- etwas ganz anderes bringt?

Die Ergebnisse werden auf der Wandzeitung festgehalten.
Anmerkung: siehe auch Anmerkung zu "Provoka I". Durch das "Stellung beziehen" soll sich allmählich die Erwartung jeder einzelnen Teilnehmerin konkretisieren, und wenn es "nur" in der Ablehnung der Texte bzw. der in ihnen enthaltenen Meinungen geschieht.

Provoka III

Ziel: Erwartungsabklärung
TN: maximal 20, wobei die TN sich schon vorher kennen und ein gemeinsames Vorbereitungstreffen gehabt haben sollten.
Material: Wandzeitung
Verlauf: Das Team hat bereits eine oder mehrere Szenen, die das Thema und die möglichen Probleme darstellen sollen, vorbereitet; es spielt zu Beginn des Seminars eine Szene vor, in der wichtige Probleme des Themas angesprochen werden. Die damit konfrontierten Teilnehmer sollen danach eine Auswertung vornehmen:

- Sind die angesprochenen Probleme so wichtig, daß wir sie auf dem Seminar behandeln wollen?
- Wollen wir uns überhaupt mit diesem Problem auseinandersetzen?

Die Ergebnisse der Diskussion werden auf einer Wandzeitung festgehalten.
Variationen:

- eine Teilnehmergruppe wird durch das Rollenspiel angeregt, in ähnlicher Weise ihre Stellung zum Thema kundzutun. Es bilden sich dazu kleinere Gruppen, um im Rollenspiel oder auf andere Weise ihre Erwartungen kundzutun.
- es werden einige Szenen vom Team gespielt, die verschiedenene Möglichkeiten der Seminargestaltung beinhalten: Seminar als Urlaub, als intellektuelle Arbeitsphase, als Spiel ..., um durch Diskussion die Erwartungen und die Möglichkeiten klarzulegen.
- ohne vorherige Ankündigung spielt das Team einen Konflikt, der sich aus dem anfänglichen Zusammensein (beim Kaffeetrinken o.ä.) entwickelt und sich steigert. Dem schließt sich eine Diskussion über diesen Konflikt und über die Art der Auseinandersetzung an.

Anmerkung: siehe auch "Provoka I und II". Die Spielszenen sollten gründlich ausgewählt und vorbereitet werden, da sie zur Klärung von Erwartungen beitragen sollen nund nicht zur Verwirrung der TN.

Stichworte zu Erwartungen

Ziel: Erwartungen an ein Training sammeln, die sich auf Ziele und Aktivitäten beziehen
Zielgruppe: Die TN sollten schon eine inhaltliche Vorstellung über die Zielrichtung des Trainings haben. Durch eine entsprechende Ausschreibung wird dies gewährleistet.
Je nach Wohlbefinden der einzelnen können die Erwartungen in Paaren, Kleingruppen oder im Plenum gesammelt werden.
Material: Plakate, Filzstifte, Klebeband, Nadeln, je ein Stichwort auf einem Plakat.

Verlauf: Jede Gruppe notiert auf einem Plakat ihre Erwartungen an das Training, wobei sie die vorgegebenen Stichworte zu Hilfe nehmen kann. Wenn der Gruppe nichts mehr einfällt, wird das Plakat an die nächste Gruppe gegeben, die auf das bereits Niedergeschriebene Bezug nehmen kann.

Beispiele für die Stichworte:
Kinder, Eltern, Fernsehen, Ort, Essen, Lernen, Hobbies, Erziehung, Spaß, Abende, Freizeit, Streitigkeiten, Gespräche

Zunächst sollten die nicht umstrittenen Erwartungen herausgefiltert werden, um sich anschließend über die umstrittenen Erwartungen zu einigen.

Anmerkung: Die Trainerinnen sollten ihre eigenen Erwartungen/Ziele an das Training an dieser Stelle detailliert einbringen, denn auch diese sind wichtig!

Zettelwirtschaft

Ziel: Sichtbarmachung gemeinsamer Erwartungen, Systematisierung der Erwartungen
TN: beliebig, bei Anfängerinnen maximal 16, dann Kleingruppen
Material: pro Person 6 kleine Zettel und einen Stift

Verlauf: Die Teilnehmerinnen sollen jeweils 3 ihrer wichtigsten Erwartungen an das Seminar und jeweils 3 starke "Nicht"erwartungen auf je einen Zettel schreiben. Diese werden in die Mitte auf den Tisch gelegt und von allen Teilnehmern gemeinsam geordnet.
Die verschiedenen Erwartungen/Blöcke mit Unterteilungen werden dann auf eine Wandzeitung übertragen.

Variationen:
- statt allgemein nach den größten Erwartungen an das Seminar zu fragen, könnte die Trainerin nach den Erwartungen inhaltlicher, organisatorischer und sozialer Art fragen
- die Höchstgrenze der beschreibbaren Zettel kann bis auf 10 Stück erhöht werden, hierbei kommen noch mehr Details zum Vorschein, allerdings ist auch die Übersichtlichkeit bedroht.
- diese Art von Erwartungsklärung ist schon vor dem Seminar während eines gemeinsamen Abends möglich. Es sollten aber alle Teilnehmerinnen dabei sein.

Anmerkung: Achtung! Die Trainerinnen beginnen hier nicht wie ein unbeschriebenes Blatt. Sie haben ihre Erwartungen in der Einladung beschrieben oder durch die Vorbereitung geplant. So zu tun als wären alle gleich, wäre eine Täuschung. Sie sollten sich nicht an dieser Übung beteiligen. Die Erwartungen der TN werden am Ende mit den Ideen der Trainerinnen konfrontiert.

Brainstorming/Erwartungssturm

Ziel: Erwartungen sichtbar machen
TN: unbegrenzt
Material: Wandzeitung mit jeweils klar vorformulierten Fragen

Verlauf: Nach der Kennenlernphase kann vom Team vorgeschlagen werden, die Erwartungen der Teilnehmenden nach der Art des Brainstormings zu sammeln.
Kennzeichen des Brainstormings sind:
- klar gestellte Fragen an die TN
- jeder kann seine Ideen/Vorstellungen/Erwartungen spontan rauslassen, ohne sich zu melden.
- es wird nicht diskutiert, jede Äußerung wird notiert
- das Brainstorming ist sehr kurz (5, maximal 10 Minuten)
- nach dem Sturm folgen Verständnisfragen und Diskussion
- abschließend werden die verschiedenen Äußerungen nach thematischen Schwerpunkten geordnet.

Die Fragen, die an die TN gestellt werden, sind letztendlich nur in Verbindung mit dem Thema zu stellen. Wichtig ist aber auch noch die Frage "Was wollen wir mit nach Hause nehmen?"

Variation:
Dieses "Brainstorming" kann auch schriftlich erfolgen, d.h. jeder Teilnehmer erhält 2 Blatt Papier mit je einer oben angedeuteten Frage, worauf er seine Ideen schreibt. Dafür könnte jeder eine Viertelstunde Zeit erhalten. Danach werden die Ergebnisse im Plenum vorgetragen und auf eine Wandzeitung festgehalten.

Fragebogen zu Erwartungen/Befürchtungen

Ziel: Klärung der eigenen Erwartungen/Befürchtungen, Anreiz für die Verantwortung schaffen.
TN: maximal 25
Material: vorbereiteter Fragebogen, Stifte

Verlauf: Die Trainerin teilt einen Fragebogen aus, der von den TN ausgefüllt werden soll.
Wichtige Fragen:

Welche Erwartungen haben Sie an diese Veranstaltung?
Schreiben Sie zuerst Ihre Ideen aufs Papier und gewichten sie dann drei.
1.
2.
3.
Was möchten Sie auf keinen Fall?
1.
2.
3.
Was könnten Sie beitragen, daß das Seminar gelingt/nicht gelingt?
1.
2.
3.

Anschließend Austausch in einer Kleingruppe, die zusammenfaßt aber nicht selektiert. Das Ergebnis ist dann Grundlage für die Planung.

Anmerkung: Die letzte Frage auf dem Papier bezieht die Teilnehmerin in die Verantwortung des Seminars mit ein.

Rahmenbedingungen

Methoden zur Programmplanung

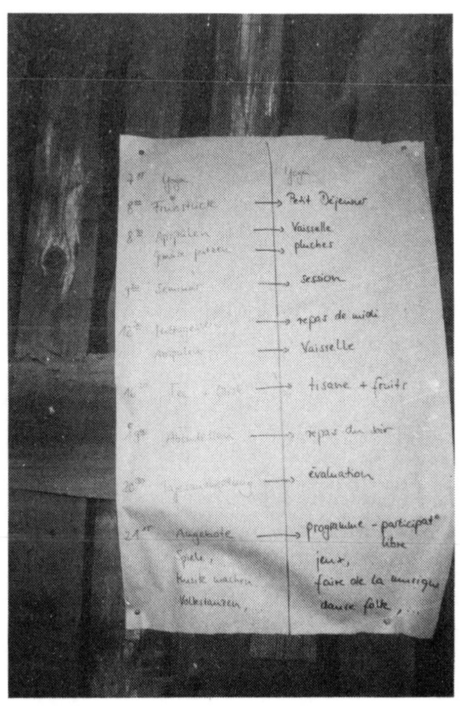

Programmplanung

Ziel: Vermitteln der vorbereiteten Einheiten, Klärung von Verantwortlichkeiten
TN: beliebig viele, bei Gruppen über 20 sind Kleingruppen ratsam
Material: Tageslichtprojektor mit Zubehör, Flipchart, Wandzeitung, Stifte, bei größeren Gruppen Kopien des aktuellen Seminarvorschlags

Verlauf:
1. Sichtbarmachen, welche Erwartungen vorhanden sind.
2. Klärung des Tagesablaufs:
Auf einem Blatt werden die Eckdaten für den Ablauf des Seminars sichtbar. Diese sind abhängig zum einen vom Tagungshaus und zum anderen von einer sinnvollen Einteilung des Tages in zwei bzw. drei Arbeitseinheiten.
Beispiel:
8.30 Frühstück
12.30 Mittag
15.00 Kaffee
18.30 Abendessen
um diese verbindlichen Termine herum werden dann die vorläufigen Angebote gelegt, etwa in folgender Weise:
7.30 Yoga und Meditation
8.30 Frühstück
9.15 1. Arbeitseinheit
12.30 Mittag
15.00 Kaffee
15.30 2. Arbeitseinheit
18.00 Tagesauswertung
18.30 Abendessen
20.00 3. Arbeitseinheit oder gemeinsame Angebote
22.00 Ende

Festgelegte Zeiten sollen kein Gefängnis, sondern eine Hilfe sein. Mit einem solchen Gerüst fällt die Orientierung leichter. Die Verantwortlichen für die Zeitplanung können sich auf diese Vereinbarung verlassen.

3. Nach Festlegung der Zeiten wird der Seminarplan betrachtet. Ein vorgefertigte Übersicht in Kombination mit Einzelblättern gibt den TN Klarheit und die Möglichkeit der Mitentscheidung.

Beispiel Wochenendplanung:

Freitag	Samstag	Sonntag
	9.15 2. Arbeitseinheit	9.15 5. Arbeitseinheit
	15.30 3. Arbeitseinheit	11.00 Gesamtauswertung
18.00 Abendessen 19.00 Kennenlernen, Erwartungen, Vereinbarungen zum Seminar	18.00 Tagesauswertung	
20.30 1. Arbeitseinheit **22.00 Ende ?**	20.00 Uhr 4. Arbeitseinheit oder ?	

In die einzelnen Arbeitseinheiten können nun Themen und Ziele eingebracht werden. Die Trainerin erklärt kurz die Methoden und die Art und Weise des Vorgehens.

4. Entscheidungsphase: Die Teilnehmerinnen stimmen zu oder nicht zu. Die einzelnen Schritte bedürfen einer Begründung.

Anmerkung: In bestimmten Konstellationen beginnt hier eine Diskussion über Methoden. Argumente wie "alter Käse" oder "ich möchte die Methode lieber weniger persönlich haben" sind Ausdruck einer unklaren Beziehung zwischen TN und Trainerin. Jetzt kann die Trainerin die Chance nutzen und Anstöße geben, wie die alten Beziehung (z.B. Arbeitgeber - Arbeitnehmer oder Jugendpflegerin und Jugendliche) verlassen werden kann und ein neuer zweiseitiger Vertrag entstehen kann. Durch die obige Übersicht bietet sie den Teilnehmenden die Möglichkeit, selbst zu entscheiden, an welchem Seminar sie teilnehmen wollen.

Programmgestaltung

Ziel: Systematisierung und Ordnung gesammelter Erwartungen
TN: maximal 20 (mit Vorkenntnissen)
Material: Flipchart oder großes Papier an Wand

Verlauf: Eine Gruppe von Teilnehmern und/oder die Teamer fassen die gesammelten Erwartungen unter thematischen sowie organisatorischen Schwerpunkten zusammen und stellen sie im Plenum vor.
Die einzelnen Erwartungen werden gewichtet, z.B. durch das "Prioritätenspiel" (siehe dort) oder nach der Frage: "Wer hat Lust, dieses Thema anzugehen?"
Dadurch erfolgt eine thematische Orientierung nach Kleingruppen, die dann jeweils für sich abklären können, wie sie thematisch weiter vorgehen wollen.
Der Trainer beginnt mit der am häufigsten geäußerten Erwartung und fragt weiter nach konkreten Bestandteilen (vielleicht in Form eines brainstormings)der Erwartungen. Daraus ergibt sich dann eine Art Netz.

Allgemeine Erwartung
(Ich will etwas über Gewaltfreiheit wissen)

Konkretisierte Erwartung (1)	Konkretisierte Erwartung (2)	Konkretisierte Erwartung (3)
Ich will wissen, wie ich in meinem Leben gewaltfrei sein kann	Ich will von gewaltfreien Aktionen erfahren	Ich will kooperative Spiele kennenlernen

Nach dieser Sammlung bilden sich zu den einzelnen konkretisierten Erwartungen Gruppen (oder auch nicht!). Bei anderen Erwartungen könnte es ähnlich gemacht werden - vielleicht auch erst später.

Prioritäten- und Konsensübung

Ziel: Programmgestaltung; Lernen, gemeinsam Entscheidungen zu treffen und Verantwortung für ein Seminar zu übernehmen; Systematisierung von Erwartungen
TN: maximal 25, am besten Bezugsgruppen
Material: genügend Papier und einen Stift für jede Teilnehmerin (ca. 2-3 Blätter).

Verlauf:

1. Die gesammelten Erwartungen werden so geordnet, daß 10 Themenbegriffe übrigbleiben. Diese sind Voraussetzung für das Prioritätenspiel.
2. Auf einer Liste, auf der alle Begriffe stehen, wertet jeder Teilnehmer innerhalb von 5 Minuten die verschiedenen Themen mit Platz 1 bis 10.
3. Danach bilden sich Gruppen von jeweils 4 Personen, die eine gemeinsame Rangordnung erstellen. Dabei soll niemand gezwungen werden, seine Position aufzugeben. Die Beschlüsse in der Kleingruppe müssen einstimmig getroffen werden. Für diese Entscheidung hat die Gruppe 30 Minuten Zeit. **In jeder Gruppe wird zu Beginn ein Delegierter bestimmt, der die Gruppenentscheidung in einem Delegiertenrat vertritt,** auch wenn sie nicht seiner anfänglichen persönlichen Entscheidung entspricht.
4. Das nächste Gremium ist der öffentliche Delegiertenrat, wo die Delegierten aller Gruppen diskutieren. Die anderen schauen zu, dürfen aber nicht direkt in die Diskussion eingreifen. Es ist möglich, den Delegierten aus dem Rat zu holen, um eine kurze Rücksprache zu halten. Ebenso kann der Delegierte sich bei seiner Gruppe Rat holen.

5. Die Diskussion im Delegiertenrat wird mit dem Ziel geführt, eine gemeinsame Prioritätenliste zu erstellen, mit der alle einverstanden

sind. Erfahrungsgemäß kommen die Teilnehmer nur zu einer Entscheidung über die ersten 3-4 geäußerten Erwartungen; der Trainer sollte die Diskussion abbrechen, wenn sich zeigt, daß sich die Diskussion im Kreis dreht oder daß Ermüdung auftritt.

Meist wird für die Diskussion etwa eine Stunde angesetzt, das gesamte Spiel dauert aber in der Regel länger als 2 Stunden.
Wichtig ist eine gemeinsame Auswertung: wie haben die Teilnehmer das Delegiertenprinzip erlebt? Wie haben sich die Delegierten und die Gruppenmitglieder gefühlt?

Anmerkung: Da dieses Spiel sehr lange dauert (mit Auswertung bis zu 3 Stunden), ist es nur für längere Seminare zu empfehlen.
Der Doppelsinn des Spiels muß für alle sichtbar und wichtig sein, da sonst besser ein anderes Spiel benutzt wird.

Rahmenbedingungen

Auswertungsformen

Die Auswertung ist eine Aufgabe der Gruppe. Aus ihr sollten gleich zu Beginn die Verantwortlichen für die Auswertung gefunden werden. Diese haben auf die Einhaltung der Zeiten, den inhaltlichen Verlauf und die vertagten Punkte zu achten.
Die Trainerinnen können Vorschläge für die Art der Auswertung machen, sollten aber der Gruppe die Entscheidung überlassen, ob sie diese akzeptiert.

Tagesauswertung "Larzac"

Dauer: 30 - 60 Minuten
Material: Flipchart, Wandzeitung, Notizpapier und Stifte

Verlauf: 1. Kleingruppen
Die Gruppe wird in Kleingruppen von 3-4 Personen aufgeteilt. Die Trainerinnen bilden eine eigene Gruppe. Die Kleingruppe bestimmt eine Sprecherin. Diese leitet auch das Gespräch und achtet auf die Zeit (ca. 15 Minuten). Nun wird in der Kleingruppe alles zusammengetragen, was jeder an diesem Tag aufgefallen ist. Dabei sollte es sich um positive wie auch negative Ereignisse handeln. Es gibt keine Tabus. Zum Ende wird vereinbart, welche Eindrücke oder Interessen in das Plenum gegeben werden und welche nicht. Es sollte auch deutlich geklärt werden, welche Entscheidungen an das Plenum herangetragen werden.

2. Plenum
a. Die Sprecherin des Plenums ist eine Teilnehmerin.
Die Aufgaben der Sprecherin:
- Auf die Zeit achten
- Die Gruppensprecherinnen zu Wort kommen lassen
- Die Punkte sammeln, die besprochen werden müssen
- Verantwortung tragen, daß diese Punkte geklärt werden.

Vertagungen auf einen unbestimmten Zeitpunkt dürfen nicht sein!
b. Die Berichte der Kleingruppen erfolgen durch die Sprecherinnen. Dabei werden die Trainerinnen zeitlich und inhaltlich gleich behandelt. Die Gruppe entscheidet, über welche Punkte gesprochen werden soll.

Anmerkung: Für die Aufdeckung von Konflikten oder Schwierigkeiten ist jede in der Gruppe ebenso zuständig wie eine Trainerin. Es ist nicht die Aufgabe einer Trainerin, "Gedanken zu lesen" und rein spekulativ zu behaupten, daß da oder dort vielleicht die eine oder andere dieses oder jenes Problem haben könnte. Wenn die Teilnehmerinnen bestimmte offensichtliche Schwierigkeiten nicht thematisieren wollen, ist es ihre Entscheidung und sollte respektiert werden.

Selbstbeobachtung

Dauer: 15 Minuten
Material: vorbereiteter Fragebogen, Stift, Tafel, Flipchart oder Wandzeitung

Verlauf:
Folgender Fragebogen wird an die Teilnehmer verteilt. Sie sollen die einzelnen Fragen nach ihrem Empfinden von 1 - 9 bewerten. Der Trainer sammelt die ausgefüllten Bögen ein und überträgt das Ergebnis auf eine Tafel, eine Wandzeitung o.ä.

Auswertung: Die Fragebögen können am Ende auch als Stimmungskurve ausgewertet werden.
Anmerkung: Ich bin kein Anhänger dieser Auswertung. Ich habe sie eine Weile getestet, bin aber zu der Einschätzung gekommen, daß mit dieser Methode keine Verantwortlichkeit gefordert wird. Die Bewertung reicht. Ich habe sie dennoch mit aufgenommen, da sie bei längeren Seminaren Prozesse sichtbar machen kann.

Fragebogen: Beispiel

1. Heute fühlte ich mich in der Gruppe

nicht wohl 1 2 3 4 5 6 7 8 9 wohl

2. Die gemeinsame Arbeit war für mich heute

langweilig 1 2 3 4 5 6 7 8 9 sehr interessant

3. Unsere Gespräche empfand ich als

nicht sachbezogen 1 2 3 4 5 6 7 8 9 sehr sachbezogen

unrealistisch 1 2 3 4 5 6 7 8 9 realistisch

4. Ich fühlte mich den anderen gegenüber

unfrei, gehemmt 1 2 3 4 5 6 7 8 9 frei, gelöst

voreingenommen 1 2 3 4 5 6 7 8 9 unvoreingenommen

5. Ich wurde von der Gruppe heute

ausgeschlossen 1 2 3 4 5 6 7 8 9 angenommen

6. Mit den Trainern war ich heute..

7.

Fragebogen

Ziel: Unbeeinflußte, intensive Auswertung

Zielgruppe: Jugendliche und Erwachsene
Dauer: 30 - 60 Minuten (ohne Diskussion)
Material: Fragen auf Wandzeitung, Tafel o.ä., Fragebögen und Stifte gemäß der Anzahl der TN

Verlauf: Damit man angstfrei und unbeeinflußt seine Meinung schreiben kann, sollte niemand seinen Namen auf den Fragebogen schreiben. Der Fragebogen wird einzeln und ungestört beantwortet. Wer fertig ist, legt den Bogen auf einen gemeinsamen Platz. Wenn alle fertig sind, werden die Zettel gemischt und reihum ausgeteilt. Jeder trägt nun Frage für Frage alle Antworten aus dem ihm vorgeliegenden Blatt vor; eine Diskussionen wird erst am Ende der Runde geführt. Zum Schluß werden die Fragebögen eingesammelt und für eine spätere intensive, systematische Auswertung aufgehoben.

Fragebogen zur Auswertung:
1. Was hat dir am meisten Spaß gemacht?
2. Wodurch wurdest du am meisten gestört?
3. Welche von deinen Erwartungen wurden nicht erfüllt?
4. Welche neuen Erfahrungen hast du gemacht?
5. Was ist für deine Arbeit (zuhause/am Ort) brauchbar?
6. Hast du Anregungen bekommen, dich irgendwo zu engagieren?
   Welche Anregungen?
   Wo engagieren?
7. Was hat dir an der Rolle des Trainers/Seminarleiters gefallen/nicht gefallen?
8. Was sollte bei einer ähnlichen Veranstaltung anders gemacht werden?
9. Persönliche Bemerkungen

Freudenturm und Klagemauer

Ziel: Seminarauswertung

Zielgruppe: Alle

Material: Filzschreiber, Zettel, Stühle usw. zum Turmbau

Verlauf: Eine Wand des Seminarraums wird zur Klagemauer erklärt. Im Raum dagegen wird aus Stühlen oder ähnlichen Materialien gemeinsam ein Freundenturm gebaut. Jede, die während oder am Ende des Seminars Lust hat, kann jetzt ihre positiven und negativen Erfahrungen, Beobachtungen, Erwartungen und Gefühle auf einzelne Zettel schreiben und diese an die Klagemauer bzw. an den Freundenturm helfen.

Anmerkung: Ein anschließendes Gespräch über wesentliche Seminarerfahrungen sollte zeitlich eingeplant sein.

Gesichter, lachen, weinen / Farbkarten

Dauer: etwa 30 Minuten
Material: eine oben auf einem kurzen Stock angebrachte Pappscheibe nach Machart der Jurytäfelchen beim Eiskunstlauf, deren eine Seite ein lachendes und deren andere Seite ein trauriges Gesicht trägt. Oder, falls dieses nicht verfügbar ist, drei Karteikarten in rot, gelb und grün

Verlauf:
1. Die Teamerinnen bereiten eine Liste von Fragen zum Seminar vor.
z.B. Wie war das Essen?
War die Vermittlung von Inhalt und Methoden o.k.?
War die Zeiteinteilung in Ordnung?

2. Die Teilnehmerinnen beantworten die einzelnen Fragen mit dem ihrer Meinung nach entsprechenden Gesicht.
Bei den Karten bedeutet die
- rote Karte: nicht gut
- gelbe Karte: sowohl als auch
- grüne Karte: gut
(Variante für die Kartenmethode: Die TN können auf die Karte ihre Bemerkungen schreiben, wieso es ihnen nicht gefallen oder gefallen hat.

Anmerkung: Es ist eine Methode, in der die Trainerinnen zwar eine Rückmeldung und einen Überblick bekommen, jedoch die TN nicht in die Verantwortung nehmen.

Hinter dem Rücken - behind your back

Dauer: ca. 45 Minuten

Verlauf:
1. Das Team (dazu gehören auch die Übersetzer oder Tagungsleiter) bildet einen Kreis. Die Gruppe bildet ebenfalls einen Kreis. Team und Gruppe sitzen im Abstand von zwei Metern.
2. Das Team beginnt nun mit der Auswertung. Laut und deutlich bespricht es den Verlauf des Seminars als wären die Teilnehmer nicht anwesend. Es können dabei auch Gefühle zum Ausdruck kommen. Die TN hören nur zu.
3. Wenn das Team (nach 10 -15 Minuten) fertig ist, beginnen die Teilnehmer mit ihrer Runde. Sie reden ebenfalls über das Seminar, versuchen aber nicht, auf die vorhergegangenen Aussagen der Teamer zu reagieren, sondern eigene Anliegen einzubringen. Nach 15 Minuten wird dann die Übung beendet.

Auswertung:
Es können, müssen aber nicht, wichtige Punkte im Plenum besprochen werden. Auch sollte es nicht zu einer zweiten Auswertung kommen.

Anmerkung: Diese phantastische Übung eigenet sich gut für große Gruppen und Teams.
Wichtig für die Trainer! Es läuft ja hinter dem Rücken ab. Von daher kann ruhig etwas provoziert werden.

Wochenübersicht

Dauer: rund 45 Minuten
Material: großes Blatt Papier mit aufgezeichnetem Raster der Seminartage, Stifte

Verlauf:
1. Das Wochenraster, geteilt durch einen vertikalen Strich, der zwischen Plus und Minus trennt, wird auf den Boden gelegt.
2. Die Trainerin erklärt das Verfahren: Die TN sollen nun auf das Blatt die Dinge schreiben, die sie gut oder weniger gut fanden. Sie sollen sich die Tage dabei noch einmal ins Gedächtnis rufen.
3. Nachdem die Eintragungen erfolgt sind, findet eine weitere Runde statt, in der die einzelnen ihre Kritik äußern.

Anmerkung: Die erste Runde ist eine Vorbereitung auf die zweite. Es wird noch einmal deutlich, was in der Woche geschehen ist. Die einzelnen Tage können dadurch intensiver betrachtet werden. Diese Übung ist für Wochenseminare und einsprachige Gruppen gut geeignet.

Übungen

In Bewegung kommen

Einfach mitreißend

Ziel: Den ersten Kontakt schaffen, Hemmungen abbauen
TN: 8 oder mehr

Verlauf: Damit den TN das Dilemma der Trainerin bewußt wird, werden sie gebeten, einmal selbst eine mitreißende Animation hinzulegen: "Sucht Euch eine Partnerin und versucht, diese noverbal mitreißend zu animieren. Euere Spielpartnerin ist natürlich sehr träge und schwer von Begriff - nun mal los!"

Anmerkung: Diese Übung eignet sich für jung und alt. Die Dynamik ist dabei freilich unterschiedlich. Das kurzzeitige Schlüpfen in die Rolle der Leitung macht es auch später leichter, die Trainerin zu akzeptieren.

Schüttelfrost

Ziel: Locker werden, jede für sich
TN: beliebig viele; **nicht für Schwangere geeignet!**

Verlauf: Die TN stellen sich auf, suchen sich genügend Raum, stellen ihre Füße parallel (gefühlsmäßig weisen die Fußspitzen leicht nach innen). Nun beginnt die Schwingung aus den Kniekehlen heraus langsam den ganzen Körper zu erfassen. Per Anleitung kann dieser Prozeß auf einzelne Körperteile spezialisiert werden: "Nun schütteln sich nur die Schultern, jetzt nur der kleine Finger, jetzt der Po,..." Wenn der Kopf erreicht ist, können aus dem lockeren Kinn ruhig Töne kommen, urghhhhh...

Variationen:
1. Bei einem zweiten Durchgang die Arme nach oben heben und senken.
2. Im Hintergrund eine Musik mit stärkerem Beat einspielen und die Zitterpartie in Tanz übergehen lassen.
3. Sich gemeinsam in Schwingung bringen. Die Schüttelbewegung geht in eine Hüpf- Schüttelbewegung über.
4. In seitliche Schwingungen übergehen.

Anmerkung: Diese Übung lockert die Glieder und den Kopf.

Die Kirschen klauen

Ziel: Wiederbelebung, Dehnung, die Glieder mit Sauerstoff versorgen
TN: auch große Gruppen

Anleitung: "Bitte steht auf. Versucht, eure Füße parallel zu stellen. Nehmt Kontakt zum Boden auf. Nun atmet ein und hebt die Arme über den Kopf. Haltet den Atem an und versucht, die Kirschen zu pflücken, die an dem entferntesten Ast hängen. Laßt euren Atem entweichen und senkt in der zupfenden Bewegung die Arme. Beginnt wieder von vorn, streckt Euch nach den Kirschen aus - atmet ein - haltet den Atem an - strecken und pflücken - und werdet mit dem Ausatmen wieder kleiner."

Die Erde tragen

Ziel: Den Rücken entspannen, Lockerung, frische Luft ins Hirn bekommen

Anleitung: "Die Füße parallel stellen. Die Knie sind nicht durchgestreckt. Versuche, deinen Atem wahrzunehmen - wie er kommt und geht. Nimm auch deine Stimmung im Körper wahr. Nun lege die Hände auf Nabelhöhe übereinander. Atme gleichmäßig weiter und drehe die Handflächen nach außen. Die Hände bleiben zusammen. Die Arme bilden mit den Händen eine Kreis, der sich ganz langsam über den Kopf hebt. Wenn deine Hände, die Handrücken Richtung Kopf weisend, über dem Kopf angelangt sind, senke sie gemeinsam. Stell dir vor, du stützt die Erde und sie wird zu schwer. Über deinem Kopf halte inne - atme immer gleichmäßig. Nun ziehen deine Arme die Hände auseinander und die Hände gleiten mit den Armen seitlich herunter - finden sich auf der Höhe des Nabels - und die Handflächen drehen sich nach außen ..."
Am Ende nachspüren und den Atem wahrnehmen.
Anmerkung: Diese Übung braucht ausreichend Zeit.

Streck mich

Ziel: Rücken entlasten, Luft schaffen, den Anderen wahrnehmen
TN: Paarübung

Anleitung: "Bei dieser Paarübung geht es um die Entspannung der Rückenmuskulatur. Das viele Sitzen schafft Schmerzen. Deine Partnerin kann dir nun dabei helfen. Umfasse mit deinen Händen die Handgelenke deiner Partnerin. Diese faßt dich ebenso. Nun schaut, daß ihr beide einen guten Stand bekommt. Mach nun deinen Rücken gerade, daß zwischen Steiß, dem Kopf und den Händen eine gerade Linie entsteht. Laß dich leicht nach hinten hängen. Deine Partnerin zieht **leicht** und hält dich. Wenn es dir reicht, gib ein leichtes Zeichen, damit dich deine Partnerin losläßt. Laß dich noch aushängen und richte dich Wirbel für Wirbel auf. Nun kommt deine Partnerin dran."

Variationen:
Bei einer ungeraden Zahl von Teilnehmerinnen kann die einzelne Person diese Übung auch an einer Fensterbank oder einem Tisch vollziehen.
Eine altbekannte, aber bewährte Methode kann auch das "über den Rücken ziehen" sein. Die TN stellen sich Rücken an Rücken (berühren sich dabei) und haken die Armbeugen ineinander. Eine der beiden beugt sich langsam nach vorn und zieht die andere dabei hoch, so daß sie auf dem Rücken zu liegen kommt. Ruhig und entspannt liegt sie nun und läßt es sich gut gehen. Dann richtet sich die Trägerin wieder auf und läßt sich selber tragen. Dieses Pendeln kann mehrmals hin und her erfolgen.

Gleichgewichtsübungen

Ziel: Lockern, Distanzabbau
TN: Paarübung

Anleitung für verschiedene Varianten:
"1. Suche dir einen möglichst gleich großen Partner. Stellt euch mit geschlossenen Beinen gegenüber. Achtet, daß ihr den richtigen Abstand habt. Eure Hand soll mit den Fingerspitzen die Nase des Gegenübers erreichen. Nun hebt die Hände mit den Handflächen zum Gegenüber und stoßt Euch mit den Händen aus dem Gleichgewicht. Dies ist dann erreicht, wenn einer die Füße bewegt. Du mußt nicht nur stoßen, du kannst dem Stoß auch ausweichen und somit dein Gegenüber aus dem Gleichgewicht bringen.

2. Handflächenstoßen
Legt die Handflächen aufeinander und versucht, euch aus dem Gleichgewicht zu bringen. Aber ohne ruckartiges Loslassen. Die Handflächen müssen zusammen bleiben.

3. Hebeln
Stellt euch in Schrittstellung auf. Wenn ihr euch die rechte Hand gebt, stehen sich die rechten Füße gegenüber. Nun gebt euch die Hand. Versucht, euch aus dem Gleichgewicht zu bringen. Ruckartige Bewegungen sind nicht erlaubt; du kannst ziehen und nachgeben.

4. Kniehebeln
Stellt die Füße direkt hintereinander. Die Fußspitzen sollen sich berühren. Nun versucht, euch mit den Knien aus dem Gleichgewicht zu bringen. **(Nicht geeignet für Menschen mit alten Knieverletzungen!)**

5. Pohebeln

Stellt euch Po an Po und versucht, euch aus dem Gleichgewicht zu bringen. Es sind ebenfalls keine ruckartigen Bewegungen zugelassen.

6. Schwingen

Stellt euch gegenüber und gebt euch die rechte Hand. Nun verlagert das Gewicht auf das linke Bein. Hebt das rechte gestreckte Bein und versucht, euch im Gleichgewicht zu halten. Nun beginn langsam mit dem Bein zu pendeln. Geht mit dem Oberkörper mit. Jetzt pendeln eure Oberkörper auf euch zu und die Beine strecken sich nach hinten weg. Jetzt ist es umgedreht. Haltet euch im Gleichgewicht!

7. Schwingen mit Strick

Mit einem Strick läßt sich die Pendelübung ausbauen. Statt der direkten "Handreichung" verbindet euch einem Seil mit ca. 50 cm Abstand.

8. Eierlauf

Eine sehr schwere Übung, aber eine grandiose Steigerung ist, dies alles (5.-7.) auf einem Tennisball zu vollziehen.

9. Gleichgewicht mit Luftballon

Ein weiteres Medium für partnerschaftliche Gleichgewichtsübungen kann ein Luftballon sein. Nehmt für 2. und 5. zwei Luftballons zwischen euch. Versucht euch, erneut aus dem Gleichgewicht zu bringen ohne die Ballons fallen zu lassen.<<

Anmerkung: Diese Übungen sind ein hervorragender Einstieg hin zu Spielen und anderen Übungen. Sie lassen genug Distanz zu, und bieten dennoch Nähe an. Dabei möchte ich betonen, daß es um ein Gefühl für das Gleichgewicht geht und nicht um einen Turniersieg.

Variante, geeignet für zwei Personen oder zwei Gruppen:
Zwei Personen (Gruppen) stehen sich gegenüber, in ihren Händen halten sie ein imaginäres Seil.
Nun beginnen beide zu ziehen. Da das Seil nicht dehnbar ist, muß, wenn der eine Boden gewinnt, der andere nachgeben und umgekehrt. Es gilt hier nicht zu gewinnen, sondern aufeinander einzugehen und das Seil zwischen den Ziehenden lebendig zu machen.

Anmerkung: Als Zuschauer kann man das Spiel wirklich schnell sehen, als Teilnehmer fühlen. Oft beginnen Zuschauer, den einen oder anderen anzufeuern, wodurch das Ganze noch lebendiger wird.

Gleichgewichtsübungen mit dem Tau (in der Gruppe)

Ziel: Lockern, Wahrnehmen des Anderen, der Gruppe
TN: 12 und mehr
Material: starkes Tau

Verschiedene Varianten:
1. **Tau ziehen:** Die Aufstellung ist wie beim klassischen Tauziehen. Das Tau wird aufgenommen und fest gefaßt. Die TN versuchen, mit beiden Beinen einen guten Halt zu finden. Dann heben beide Gruppen das rechte gestreckte Bein und versuchen, sich im Gleichgewicht zu halten. Anschließend gemeinsamer Beinwechsel.
2. **Tau halten:** Das lange Tau (30 m) wird kreisförmig auf den Boden gelegt und an den Enden verknotet. Die TN stellen sich um das Seil herum auf und nehmen es in die Hand. Sie versuchen, einen guten Halt zu finden und spannen das Tau, indem sie sich nach außen lehnen. Nun heben sie gemeinsam erst das rechte gestreckte Bein an, dann das linke.
3. **Tau schwingen:** Vorbereitung wie bei 2. Nur schließen die TN die Augen und halten sich an dem Tau fest. Jetzt beginnen kleine Schwingungen von einer Person auszugehen. Das gespannte Seil und die TN schwingen mit. Das Schwingen kann sehr stark werden. Es wird empfohlen, sich sehr gut festzuhalten.

Anmerkung: Diese Übung sollte mit etwa gleich großen und starken Personengruppen gemacht werden, also keiner Mischung aus Erwachsenen und Kindern. Der Schwung kann bei unterschiedlichen Kräfteverhältnissen zu Verletzungen führen. Der Einsatz eines Mediums (Tau) ist eine gute Vorarbeit für spätere Spieleinsätze bei internationalen Gruppen.

Gleichgewichtsübungen ohne Material

Ziel: Lockern, Wahrnehmen des Anderen, der Gruppe
TN: mindestens 16

Verschiedene Varianten:
1.**"Tau schwingen" ohne Tau:** Die TN bilden einen Kreis und halten sich aneinander fest. Sie lehnen sich nach außen und lassen sich von den anderen halten. Langsame Schwingungen gleiten durch die Reihe. Dann wieder innehalten und nachspüren.
2. **Tragender Kreis:** Die TN legen die Arme um die Schultern der beiden Nachbarinnen und lehnen sich nun nach außen. Die Augen werden geschlossen. Leise Töne kreisen umher, werden aufgenommen und schwingen mit dem Kreis. (Eignet sich sehr gut zum Abschluß)
3. **Sitzkreis:** Die TN stellen sich ganz eng und hintereinander im Kreis auf, so daß ihre linke Fußspitze die Ferse der Vorderfrau berührt. Dann begeben sich alle langsam in Sitzhaltung, so daß sie auf die Knie der Hinterfrau zu sitzen kommen; so sitzen sie gemütlich im Kreis.
Wenn es bis dahin gut klappt, kann die Gruppe versuchen, zu gehen, sich zurückzulehnen oder hin und her zu schaukeln.

Gleichgewichtsübungen für die Gruppe mit dem Erdball

Ziel: Wahrnehmung der Gruppe, Lockern, Kooperation
TN: maximal 6 pro Ball
Material: Erdball mit 250 cm Durchmesser

Verlauf:
1. Der Ball wird in die Mitte gelegt. Die TN lehnen sich mit dem Rücken an den großen Ball und versuchen sich auf ein Gleichgewicht einzulassen. Nun sollen sie den Ball gemeinsam vom Boden heben ohne Hände und Sprache zu benützen.
2. Eine Person wird auf den Ball gelegt und die anderen steuern den Ball von der Seite her, so daß sie nicht herunterkippt.

Anmerkung: Diese Übungen sind prächtig und machen enormen Spaß. Die Erdbälle sind bei fast allen Jugendverbänden oder -pflegerinnen zu finden und auszuleihen.

Spiele

um sich Luft zu machen

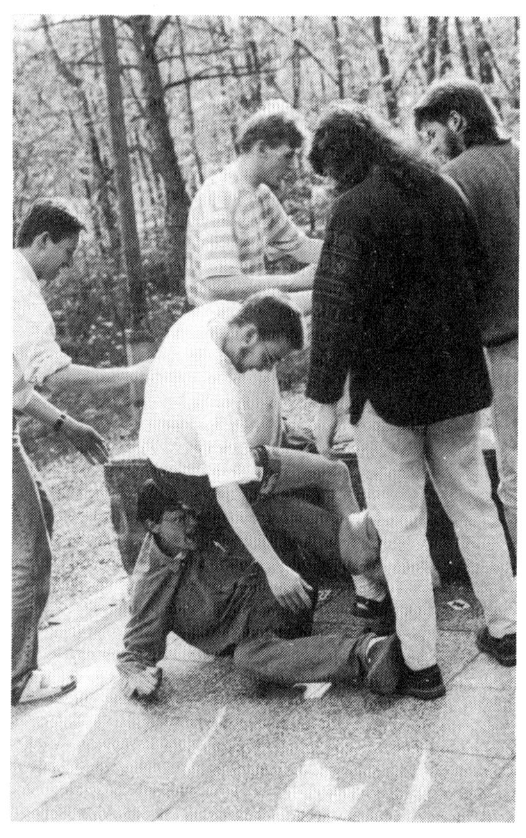

Übungen mit Schreien und Lärm

Ziel: "Sich Luft machen" - Wiederbelebung schlapper Haufen
TN: 10 oder mehr
Material: ein Platz im Freien oder ein genügend großer Raum, wo man sich ungestört austoben kann.

Atomreaktor (auch als "Rakete" bekannt)

Alle stehen im Kreis und fassen sich an den Händen. Sie bilden einen Reaktor. Jede beugt sich so weit wie möglich vor, Hände und Kopf nach unten. Alle summen leise, werden langsam lauter und heben mit steigender Lautstärke Arme und Kopf höher und höher. Der Reaktor brodelt und schwillt, lauter und lauter. Schließlich explodiert er, wenn alle laut schreien, die Hände hochwerfen und sich nach hinten beugen. Dies kann mehrfach wiederholt werden.

Variante: Bei ausreichend vielen Teilnehmerinnen können zwei Kreise gebildet werden. Der Innenkreis faßt sich an den Händen und sitzt in der Hocke. Der "Schutzmantel" drückt den Innenkreis leicht nach unten. Dann beginnt es zu brodeln und lärmen, bis der Mantel bricht.

Urschrei

Dieses Spiel ist dem "Atomreaktor" sehr ähnlich. Nur stehen hier alle zusammen, auf einem engen Haufen, die Arme bei irgendjemandem - oder mehreren - auf die Schultern gelegt. Alle beginnen zu summen, leise, der "Haufen" lebt, wiegt sich. Langsam wird alles lauter, automatisch lockert sich der Haufen, man steht nicht mehr so dicht beisammen. Lauter, lauter, bis alle aus voller Kehle schreien. Danach kommt jeder zurück, schmiegt sich in die Gruppe und beginnt wieder, leise zu summen und sich mit den anderen zu wiegen ...

Anmerkung: Nach einiger Zeit merkt man, daß man genug geschrien hat, wenn nämlich alle im Haufen stehen bleiben, lauter werden, wieder leiser, lauter - doch eine Explosion erfolgt nicht mehr.

Namensschrei

Alle hocken sich in einen Kreis, das Gesicht zur Mitte gewandt. Jede macht sich so klein wie möglich und sagt ihren Namen leise vor sich her. Mit der Zeit wird es lauter, jede "wächst", richtet sich immer mehr auf. Schließlich, wenn jede ganz emporgewachsen ist, sind alle dabei, ihren eigenen Namen laut herauszuschreien.

Anmerkung: Den eigenen Namen leise vor sich hinzusagen bzw. zu schreien, fällt den meisten schwerer als sie glauben. Doch es ist eine gute Übung.

Zoo

Alle stehen im Kreis. Je nach Größe der Gruppe werden (bei 20 TN etwa 5) verschiedene Tiergruppen gewählt. Damit jeder weiß, wohin er gehört, kann man entweder im Kreis mit Tiernamen durchzählen oder Zettel mit den Tiernamen verteilen (ist lustiger, da dann keiner weiß, wer zur gleichen Art gehört). Jetzt verteilen sich alle mit geschlossenen Augen im Raum oder man benutzt von vornherein eine dunklen Raum. Jeder muß nun beständig die Laute der Tierart ausstoßen der er angehört (grunz-grunz, piep-piep, mäh-mäh). Haben sich zwei gleich Tiere gefunden, fassen sie sich an den Händen und suchen gemeinsam weiter, bis alle Tiere der gleichen Gattung zusammen sind.

Anmerkung: Aufpassen, daß im Raum nichts Zerbrechliches umgeworfen werden kann. Anfangs ist es ein heilloses Durcheinander, aber es macht riesigen Spaß. Es kommt nicht darauf an, daß irgendeine Tierart sich zuerst gefunden hat, sondern darauf, fröhlich schnatternd seine Artgenossen zu finden.

Dschungel-Laute oder der Dschungel erwacht

Alle verteilen sich im Raum und legen oder hocken sich irgendwo hin. Der Dschungel schläft. Ein Tier erwacht langsam, gähnt, reckt sich, gibt irgendwelche Laute von sich. Nach und nach erwacht der ganze Dschungel Je nachdem, welches Tier dargestellt wird (auch Phantasiewesen), brüllt jede lautstark durch die Gegend. Dabei kann herumgelaufen oder an einer Stelle geblieben werden. Nach Belieben kann es auch wieder Abend werden und der Dschungel schläft langsam wieder ein.

Anmerkung: Bei diesem Spiel kann jede neben der reinen Lautstärke auch ihre Phantasie einsetzen (Tier spielen).

Konzertissimo

Ziel: Pausenfüller, Wiederbelebung
TN: 12 und mehr
Material: alles, was Lärm erzeugt

Verlauf: Während alle etwas singen, sollte jeder versuchen, irgendein Instrumment zu erfinden (Löffel und Schuh, Streichholzschachtel, Erbsen in Büchse...) und damit das Lied geräuschvoll zu begleiten.

Anmerkung: Dies ist gut in einer längeren Pause, wenn z.B. gerade das Essen gekocht wird oder man sonst auf irgendetwas wartet. Nach kurzer Zeit geht das Lied, mit dem man begonnen hat, meist flöten, dafür kommt aber ein improvisiertes Lied mit einer Unzahl von Stimmen und Lauten durch - jeder kann sich hierbei nach Herzenslust schöpferisch auslassen.

Der Löwe kommt

Ziel: Sich Luft machen, Abbau von Hemmungen
TN: 12 und mehr

Verlauf: Eine Expedition hat sich im Dschungel verlaufen. Die schrecklichen Löwen umschleichen die Gruppe. Plötzlich ist der Löwe da und schreit und brüllt .... Die Expeditionsteilnehmerinnen wissen natürlich, daß sie nur mit dem Leben davonkommen, wenn sie sich tot stellen. Sie legen sich alle auf die Erde und dürfen keinen Mucks von sich geben - nichts - sonst werden sie vom Löwen aufgefressen und verwandeln sich selber in einen Löwen, der wiederum neue Opfer sucht.

Anmerkung: Die Löwen sind ab dem ersten Brüllen da. Sie können die "Toten" anfassen, bewegen, kitzeln usw.

Vampirspiel

Ziel: Sich Luft machen, Abbau von Hemmungen, Gruseln
TN: 12 und mehr
Material: ein abdunkelbarer, genügend großer Raum oder Augenbinden

Verlauf: Allen werden die Augen verbunden oder der Raum wird so verdunkelt, daß keiner etwas sehen kann. Dann bewegen sich alle durch den Raum. Eine bestimmte Person ist der Vampir, der fürchtlich schreit wenn er einen Mitspieler gefunden hat. Ab diesem Zeitpunkt ist der Mitspieler auch Vampir. Falls jetzt zwei Vampire sich treffen und sich anschreien, sind sie keine Vampire mehr, sie sind erlöst. Wenn sie aber wieder erwischt werden, müssen sie erneut auf die Jagd.

Variation:
"Goofy": Spielverlauf wie oben, nur daß die Spieler, statt unsachlich zu brüllen, "Goofy" schreien.

Anmerkung: Diese Spiele eignen sich für die Abendstunden. Jedoch sollte auf das Ruhebedürfnis Unbeteiligter geachtet werden.

Übungen und Spiele

Kontakt finden - die Gruppe spüren

Spirale

Ziel: Abbau von Hemmungen, Wiederbelebung
TN: 12 und mehr

Verlauf: Alle stellen sich in einer Reihe auf und geben sich die Hände. Die Person am Rand beginnt nun sich zu drehen und damit die anderen um sich zu wickeln. Zum Schluß stehen alle in einer engen Spirale wie eine gefüllte Biskuitrolle. Da nun aber der äußere Kreis nichts von der Gruppenwärme abbekommt, beginnt nun die jetzt letzte Person den gleichen Vorgang. Während die erste Rolle abgerollt wird bildet sich gleichzeitig eine neue. Ein gesummter Ton trägt sehr zum Geborgenheitsgefühl bei. Man kann ruhig in der letzten Rolle eine Weile verharren, bis man die Leute im Inneren freigibt.

Anmerkung: Dieses Spiel ist schöner, wenn sich die Teilnehmerinnen schon etwas kennen.

Der Knoten

Ziel: Abbau von Hemmungen, Wiederbelebung
TN: 12 und mehr

Verlauf: Alle stellen sich in einem Kreis auf, schließen die Augen und greifen mit den Händen in die Mitte. Sobald jeder zwei Hände ergriffen hat (Vorsicht, nicht zwei Hände einer einzigen Person erwischen!), öffnen alle die Augen und versuchen, sich selbst zu entknoten. Hände nicht loslassen!

Anmerkung: Nicht immer kommt nur ein Kreis dabei heraus, manchmal werden es auch zwei oder drei. Auch Schlaufen sind nicht selten. Dieses Spiel geht etwas schneller als die Brezel, ist aber genauso schön.

Die Brezel

Ziel: Abbau von Hemmungen, Wiederbelebung
TN: 12 und mehr

Verlauf: Je nach Größe der Gruppe gehen ein, zwei oder drei Freiwillige raus. Die übrigen fassen sich an der Hand, stehen im Kreis und beginnen nun, ohne einander dabei loszulassen, sich zu verknoten. Dabei steigt jede über Arme, kriecht zwischen Beinen durch ... bis ein total verworrener Knoten entstanden ist. Nun werden die, die rausgegangen sind, gerufen und müssen versuchen, die Brezel zu entwirren. Wichtig ist nur, niemals die Hände loszulassen.

Anmerkung: Wird nicht gewünscht, daß Leute rausgehen, so ist das Knoten-Spiel das bessere.

Rückendrücken

Ziel: Gemeinsam Kraft spüren, Wahrnehmen der Gruppe
TN: 12 und mehr
Material: großer Raum, besser noch eine Freifläche

Verlauf: Die Gruppe teilt sich gleichmäßig auf. Die beiden nun entstandenen Gruppen fassen sich jeweils unter die Arme und stellen sich Rücken an Rücken. Nun wird zuerst der gegnerische Rücken wahrgenommen. Langsam wird der Druck erhöht. Nun wird die gegnerische Gruppe an die Wand gedrückt.

Anmerkung: Im seltensten Fall wird eine Gruppe wirklich an die Wand gedrückt. Im Regelfall wird es im Kreis gehen. Trotz allen sportlichen Ehrgeizes die Fairneß wahren, niemanden schmerzhaft drücken!

Förderband

Ziel: Wahrnehmen der Gruppe, der gemeinsamen Stärke
TN: 16 und mehr
Material: evtl. Decken auf dem Boden

Verlauf: Die TN legen sich in Reißverschlußform, die Köpfe in die Mitte weisend, auf den Boden. Wenn sie die Hände nach oben heben, ergibt sich ein Förderband. Die Spielleiterin hilft der ersten dabei, sich aufzusetzen und sich auf die Hände zu legen. Ab geht die Post! Am Ende wird die soeben Beförderte wieder abgenommen und sie legt sich neben das letzte Förderglied. Die nächste kommt schon angebraust.

Variationen:

Karussell
Die TN legen sich sternförmig, die Köpfe nach innen, auf den Boden. Nun wird eine Person in die Mitte auf die ausgestreckten Hände gelegt und darf Karussell fahren, indem sie einfach gedreht wird.

Dampfwalze
Die letzte beginnt langsam als Dampfwalze über die anderen hinweg zu rollen. Der Straßenbelag hilft mit den Händen beim Rollen nach.

Anmerkung: Diese Übungen eignen sich nicht für den Einstieg; ein gewisses Vertrauen sollte bereits geschaffen sein. Es sollte auch kein Zwang ausgeübt werden. Die Gruppe ist jedoch auch kräftig genug um Schwergewichtige zu transportieren.

Rollerfaß

Ziel: Kontakt zur Gruppe finden
TN: 16 und mehr
Material: Großer Raum mit sauberem Boden oder Kleider, die beschmutzt werden können.

Verlauf: Die TN legen sich in einer Reihe auf den Boden. Sie sind nun die Rollen, auf die sich die Gruppenmitglieder legen können. Das zu befördernde Gruppenmitglied legt sich mit dem Rücken halb auf die ersten Personen. Nun drehen sich die Rollen, indem sich die am Boden Liegenden einfach im Takt umwenden. Dabei wird der Daraufliegende weiterbefördert.

Anmerkung: Bei dem Spiel sollten keine Schwergewichtigen transportiert werden, da der Beckenbereich weniger abfedert; blaue Flecken drohen!

Hagel und Sturm

Ziel: Wahrnehmen der Gruppe, Wachwerden
TN: 12 und mehr

Verlauf: Die TN stellen sich im Kreis auf. Der Abstand ist ungefähr so, daß die Spielerin die Hände auf die Schulter der Vorderfrau legen kann. Alle stehen locker da und beginnen einen kreisförmigen Spaziergang. Plötzlich fallen die ersten Tropfen. Die Finger lassen die ersten Tropfen auf den Kopf klopfen, auf die Schulter, ... der Regen wird stärker, ... die Hände klopfen und klatschen auf Schulter und Kopf, sie streifen entlang, ... Wind kommt auf, zerzaust die Haare, nun folgt der Hagel .... Alles will natürlich schnell nach Hause ... nur leider laufen wir im Kreis. Aber da ... der Hagel läßt nach ... der Wind wird zum sanften Streichen ... die letzten Regentropfen fallen und die Sonne scheint wieder. Aaaaahhhhh.

Anmerkung: Bei dieser Übung ist es wichtig, im Kreis zu bleiben und gemeinsam die Geräusche zu erzeugen.

Waschanlage

Ziel: Abbau von Hemmungen, Wiederbelebung
TN: mindestens 12

Verlauf: Alle Mitspieler stellen sich mit gegrätschten Beinen und einem Abstand von knapp einem Meter hintereinander auf. Sind es sehr viele, bildet sich ein offener Kreis, ansonsten ist eine Reihe zweckmäßiger. Der letzte der Reihe (bzw. Kreis) beginnt auf allen Vieren zwischen den Beinen der anderen durchzukriechen. Nun "waschen" die Stehenden das durchfahrende Auto, d.h. sie massieren den Kriechenden. Dieser kann durch Massieren der Beine der Waschanlage antworten. Wer durch ist, schließt sich vorne an und wartet auf das nächste Auto.

Anmerkung: Dieses Spiel ist belebend und entspannend zugleich. Man sollte ruhig jeden zweimal Auto spielen lassen, da die ersten meist nur sehr vorsichtig (auf Distanz) massiert werden, bis sich das Waschband eingearbeitet hat.

Drachenspiel oder Tausendfüßler

Ziel: Abbau von Hemmungen, Wiederbelebung
TN: Gruppen mit 5-8 Personen, größere Gruppen teilen sich auf
Material: Ein Tuch oder Band.

Verlauf: Die Leute stellen sich hintereinander und halten sich mit den Händen an den Hüften der vor ihnen Stehenden fest; sie sind der "Drache". Die letzte in der Reihe hat ein Tuch oder Band locker in die hintere Hosentasche oder in den Bund gesteckt - als Schwanz. Ist nur eine Gruppe im Spiel, muß der "Kopf" des Drachen versuchen, den Schwanz zu kriegen. Der "Körper" hilft dem Schwanz beim Ausweichen, ohne jedoch die Hände loszulassen. Gibt es mehrere Gruppen, so kann entweder jede für sich spielen, oder die eine versucht, den Schwanz der anderen zu erhaschen. Hat das geklappt, verlängert sich der Drache und es geht weiter, bis alle in einer Schlange sind und deren Kopf sich in den Schwanz verbissen hat - oder man kann sich auch etwas anderes einfallen lassen.

Anmerkung: Dies Spiel geht natürlich draußen, auf einer Wiese, am besten. Man kommt dabei ordentlich ins Laufen und Lachen. Nach langem Sitzen ist dies ein besonders aufmunterndes Spiel. Es ist schön, wenn anschließend etwas zu Trinken zur Verfügung steht.

Sardinenbüchse

Ziel: Abbau von Hemmungen, Wiederbelebung
TN: 10 und mehr

Verlauf: Eine versteckt sich. Nach angemessener Zeit versucht die restliche Gruppe, sie zu finden. Wer die Versteckte findet, versteckt sich schweigend mit ihr. Dort im Versteck verharren alle solange ruhig, bis auch die letzte das Versteck gefunden hat. Die erste Finderin versteckt sich beim nächsten Mal zuerst.

Anmerkung: Das Spiel eignet sich für draußen und drinnen. Besonders im Dunkeln macht es Spaß.

Das ist eine Umarmung - Was ist das?

Ziel: Abbau von Hemmungen - Wiederbelebung
TN: unbegrenzt viele

Verlauf: Alle TN stehen im Kreis. Person A umarmt ihre rechte Nachbarin (B) mit den Worten: "das ist eine Umarmung." Person B fragt zurück: "Was ist das?", worauf A antwortet: "eine Umarmung" und die Umarmung wiederholt. Nun wendet sich B zu ihrer rechten Nachbarin, umarmt sie und sagt: "Das ist eine Umarmung." C fragt zurück "Was ist das?", worauf sich B an A wendet und dieser die Frage stellt: "Was ist das?" A antwortet B erneut: "Eine Umarmung", macht es vor, B antwortet nun C: "Eine Umarmung" und umarmt sie. C sagt zu D: ....
Die Frage: "Was ist das?" kommt also immer wieder zu Person A zurück und diese sendet die Antwort zurück zu den Fragerinnen.
Währenddessen drückt Person A ihrer linken Nachbarin die Hand: "Das ist ein Händedruck" (oder sonst irgendeine freundschaftliche Geste/Bewegung).
Die linke Nachbarin fragt: "Was ist das?", A antwortet: "Ein Händedruck"...
Wenn die Umarmung und der Händedruck (oder was auch immer gewählt wurde) sich auf der anderen Seite des Kreises treffen, geht alles drunter und drüber.

Variante: Ich gehe auf die Reise

Einer beginnt mit "Ich geh' auf eine Reise nach ... (jeder, der dran ist, kann selbst wählen wohin) und nehme eine Umarmung mit". Dabei umarmt er seinen rechten Nachbarn. Dieser sagt nun wiederum "Ich gehe auf eine Reise nach ... und nehme eine Umarmung und ein Haarstreicheln mit" und führt es dabei aus. Die nächste Person wiederholt die schon genannten Bewegungen und fügt eine weitere Geste der Zuneigung hinzu. Dies geht so lange, bis man ein oder anderthalb mal den Kreis durch ist. Vergißt jemand eine Geste, so darf er ruhig daran erinnert werden.

Anmerkungen: Dieses Spiel ist gut, wenn man merkt, wie das Gruppengefühl langsam verloren geht oder die TN nur noch kämpferisch aufeinander eingehen. Manchmal ist es ratsam, ein anderes kurzes Spiel vorweg zu spielen.
Sind zu viele Teilnehmerinnen da, werden zwei Kreise gemacht.

Schlangen häuten

Ziel: Wahrnehmen der Gruppe
TN: 16 und mehr

Verlauf: Die TN stellen sich hintereinander auf. Nun greift die erste Person mit der linken Hand durch ihre gegrätschten Beine hindurch nach der rechten Hand der Spielerin hinter sich. Diese greift nun mit ihrer linken Hand durch ihre Beine nach hinten, ...
Dadurch entsteht eine Schlange, die sich häuten möchte. Die letzte Person in der Kette legt sich nun mit dem Rücken auf den Boden und die restliche "Haut" wird mitgezogen. Das wird solange gemacht, bis alle Spielerinnen mit dem Rücken auf dem Boden liegen. Die Hände nicht loslassen! Nun steht die letzte Spielerin wieder auf und zieht den Rest mit, bis alle wieder stehen.
Variationen:
Bei zwei Teams kann es in dieser Verbindung zu einem Wetthäuten kommen.

Wackelndes Kopfkissen oder "Ha-ha-ha"

Ziel: Abbau von Hemmungen, Wiederbelebung
TN: 12 und mehr
Material: Relativ großer Raum oder noch besser eine Wiese.

Verlauf: Einer legt sich auf den Rücken, der nächste mit seinem Kopf auf den Bauch des schon Liegenden, bis alle mit ihren Köpfen ein "Bauchkissen" gefunden haben. Jetzt sagt der erste "ha", der zweite "ha-Ha", der dritte "ha-ha-ha"...
Anmerkung: In der Regel ist es nicht möglich, es bis zum Ende durchzuhalten, denn bald lachen alle. Es ist wirklich sehr ansteckend, spürt man sein "Kopfkissen" zucken.

Ameisenhaufen

Ziel: Abbau von Hemmungen, Wiederbelebung
TN: 12 und mehr

Verlauf: Dieses Spiel gibt es in verschiedenen Variationen, was den Beginn betrifft. Die Teilnehmerinnen können in einem größeren Kreis sitzen oder liegen und nach einem Startzeichen der Mitte zukriechen oder zurollen, sich dort unter- und überkriechen, um schließlich an der gegenüberliegenden Seite wieder herauszukommen; oder aber alles liegt irgendwie in einer Reihe und beginnen auf dieser Linie rauf und runter zu kullern/kriechen. Gemeinsam ist aber immer, daß zu einem bestimmten Zeitpunkt alle Teilnehmerinnen wie in einem Ameisenhaufen übereinanderkrabbeln. Eine weitere Variante ist, daß eine oder zwei Raupen eingefangen und zu dem Ameisenhaufen geschleppt werden müssen.
Anmerkung: Dieses Spiel macht unheimlich viel Spaß, erfordert aber eine große Bereitschaft zur Nähe. Zu achten ist besonders darauf, daß keine zu spitzen oder mit harten, kantigen Absätzen versehenen Schuhe getragen werden. Ameisen sind sehr trittempfindlich.
Auch Brillen und Halsketten sollten besser vorher abgelegt werden.

Handlesen

Ziel: Kontaktaufnahme
TN: 8 und mehr

Verlauf: Die Spieler legen ihre rechte Hand nach hinten, so daß der Handrücken den Rücken berührt und die Innenfläche nach außen schaut. Nun geht es darum, mit der linken Hand möglichst viele rechte Handflächen zu erhaschen.
Anmerkung: Dieses Spiel eignet sich gut für zwischendurch.

Übungen

Wahrnehmen - Gestalten

Gewittertropfen

Ziel: Die anderen sehen lernen, gemeinsame Aktivität
TN: 12 und mehr

Verlauf: Die TN stehen im Kreis, eine steht in der Mitte und alle schauen auf sie. Nun beginnt sie ein leises Geräusch, z.B. mit den Fingern schnippen, und diejenige, die sie gerade anschaut, macht Geräusch und Bewegung nach. Nun dreht sie sich langsam, eine nach der anderen anschauend, die begonnene Bewegung weitermachend. Hat sie sich einmal um sich selbst gedreht, schnippen alle mit den Fingern. Jetzt beginnt sie etwas neues, schlägt sich z.B. mit den Händen auf die Schenkel, klatscht zwischendurch in die Hände, trommelt sich auf den Brustkorb, stampft mit den Füßen oder was auch immer. Jede Person im Kreis ändert aber nur dann ihre Bewegung, wenn sie direkt angeschaut wird. Aus anfänglichen Regentropfen ist zum Schluß das reinste Gewitter geworden.

Anmerkung: In dieses Spiel kann man gut körperliche Bewegungen einbauen, komische Verrenkungen usw. Da jemand in der Mitte steht und es vormacht, verliert jeder schnell die Angst, sich "lächerlich" zu machen - nur darf die Person in der Mitte kein todernstes Gesicht machen.

Maschine

Ziel: nonverbale Kommunikation, auf den anderen eingehen
TN: 8 und mehr

Verlauf:
1. Irgendjemand ruft: "Laßt uns eine Maschine bauen!" und los geht es. Die Person, die gerufen hat, wird automatisch zum ersten Teil, indem sie die für dieses Teil typischen Bewegungen und Geräusche macht. Nach und nach baut jeder durch sich selbst einen Teil an - zum Schluß sollte sich eine echte, arbeitende Maschine im Raum befinden.

Variation 1: Man kann auch schon vorher festlegen, welche Maschine gebaut werden soll. In kleinen Gruppen beginnen drei bis fünf Leute mit dem ersten Teil, hat dieser sich eingearbeitet, so kommt der nächste usw.

Anmerkung: Bei diesem Spiel kann man seine Vorstellungskräfte und Koordinationsfähigkeiten mal richtig austoben, eine Maschine richtig lebendig werden lassen.

Variation 2: (Für große Gruppen)
Dieses Spiel ist ähnlich dem oberen, nur teilt sich hier die ganze Gruppe in zwei kleinere. Eine Gruppe ruft der anderen eine Maschine zu, die diese darstellen soll (Entlausungsmaschine, Staubsauger, alte Kaffeemühle, Satellit) Ohne lange zu überlegen, versucht diese, das Gewünschte zusammenzubauen und ruft der ersten Gruppe daraufhin ebenfalls irgendeine Maschinenart zu. Dies kann eine Weile hin und her gehen, bis alle wieder "Normalmenschen" werden wollen.
Anmerkung: Dies Spiel ist etwas interessanter als das erste, doch auch etwas hektischer. Hier bleibt nicht viel Zeit zu Überlegen, da schnelles und spontanes Handeln der Sinn des Spieles sind.

Berühre Blau!

Ziel: Den anderen wahrnehmen, Distanzabbau, Abbau von Hemmungen
TN: 8 und mehr

Verlauf: Die Spielleiterin ruft zu den im Raum Stehenden "Berühre Blau!" oder "Blau anfassen!" Jede muß nun etwas Blaues an einer anderen Person anfassen. Statt einer Farbe kann auch irgendetwas Beliebiges gewählt werden: Kleidungsstücke, Barfüßige, Ohren, Blonde, Brillen, Ringe, Körperteile. Gegen Ende kann auch variiert werden: z.B. "Fuß an Knie, nicht wieder wegnehmen!", dann "rechte Hand an rechtes Ohr!", "linke Hand an den linken Ellenbogen!",... Läßt sich aufgrund der vorangegangenen Berührkombinationen das Gleichgewicht nicht mehr halten, fangen alle an zu schwanken und fallen schließlich um. Ein guter Schluß!

Anmerkung: Diese Spiel sollte nicht zu lange gespielt werden, da es sonst langweilig wird. Je außergewöhnlicher und seltener die ausgerufenen Gegenstände und Kombinationen sind, desto interessanter.

Sprichwörtlich

Ziel: Gestaltungskraft, Nähe, die anderen wahrnehmen
TN: 12 und mehr

Verlauf: Die TN bewegen sich im Raum. Die Spielleiterin ruft eine Redensart, die sofort mit möglichst vielen Beteiligten in Szene gesetzt werden soll.

z.B.
Rutsch mir den Buckel runter
An die eigene Nase langen
Den Rücken zuwenden
Jemanden sitzen lassen
Einen Korb geben
In die Pfanne hauen
Die kalte Schulter zeigen
Auf den Arm nehmen
Um den Hals fallen
Die Augen verdrehen
Den Marsch blasen
In die Enge treiben
Auf's Kreuz legen
Den Kopf waschen
Die Leviten lesen
Unter die Haube bringen

Variation: Diese Übung eignet sich auch als Paarübung

Anmerkung: Das Spiel ist eine gut Vorarbeit für die Streitlinie.

Igitt, was ist denn das?

Ziel: Spontaneität, Phantasie, nonverbale Kommunikation
TN: geht schon mit 6 Personen

Verlauf: Wenn alle irgendwie einmal im Kreis sitzen, vielleicht in einer Pause, so zieht einer einfach ein unsichtbares Etwas aus der Tasche, beginnt damit zu spielen, es zu formen, läßt es lebendig werden. Formt man anfangs etwas leicht Erkennbares, so ist im allgemeinen das Interesse für dieses kleine Zwischenspiel geweckt. Doch sollte man diesen magischen Klumpen nicht zu lange behalten, sondern ihn einfach an jemand anderen weitergeben.

Anmerkung: Dieses Spiel erfordert nicht die Aufmerksamkeit eines jeden; wer mitmachen will, gesellt sich schon dazu. Eignet sich wunderbar im Zug bei langweiligen Bahnfahrten, oder wenn auf das Essen gewartet werden muß.

Maskenparade

Ziel: Wahrnehmen der Teilnehmenden, Anregung der Phantasie, aus der Rolle fallen
TN: 8 und mehr
Material: nichts

Verlauf: Alle sitzen im Kreis. Eine Person wendet ihren Kopf nach links, schneidet eine Grimasse, dreht den Kopf dann langsam nach rechts und schaut ihre Nachbarin an. Diese übernimmt die Grimasse und dreht ihrerseits wieder den Kopf nach rechts, um die Grimasse weiterzugeben. Währenddessen kommt von links schon wieder eine neue Maske, die sie übernimmt und sogleich wieder nach rechts weitergibt.
Dies kann man drei oder vier Runden lang fortsetzen.

Variante: Eine Variation besteht darin, den Kopf nicht langsam, sondern schnell zu drehen, d.h. auch die Maske schnell zu ändern. Geht auch im Stehen mit Gestik und Mimik.

Anmerkung: Dies ist ein recht einfaches, unaufwendiges Spiel, das man einfach so einflechten kann. Manchmal kommt es auch spontan, dann ist es am schönsten.

Zweierspiegel

Ziel: Wahrnehmen, sich auf andere einlassen
TN: Paarübung

Verlauf: Die Gruppe teilt sich in Zweiergruppen auf (durch Abzählen, Selbstwählen oder wie auch immer). Jedes Paar spielt nun für sich selbst. Es gibt keinen Vormacher und keinen Nachmacher, beide sind gleichermaßen Spiegel und Initiator. Jeder muß dabei sehr stark auf den Partner achten, beide müssen ein Gefühl füreinander entwickeln, soll die Übung gelingen. Vielleicht bilden sich gewisse Wiederholungsmechanismen heraus oder irgendeine indirekte Verständigung. Beide müssen sich jedoch so aufeinander einspielen, daß, wenn der eine zur Seite geht, der andere es gleichzeitig tut. Beide werden zum Spiegelbild des anderen.

Gruppenspiegel

Ziel: Spontaneität fördern, nonverbale Kommunikation lernen und -trainieren
TN: 10 und mehr

Verlauf: Alle stehen in einer Reihe nebeneinander. Eine Person tritt aus der Reihe, wendet sich den anderen zu und beginnt, mit Bewegungen und Lauten (zunächst noch ganz einfach) die anderen zum Nachmachen zu animieren. Nach einer Weile geht sie zurück in die Reihe und eine andere, die gerade Lust dazu verspürt, geht vor und macht die "Vorturnerin".
Anmerkung: Wenn die Gruppenmitglieder noch nicht so sehr an Pantomime oder an das "Im-Mittelpunkt-Stehen" gewöhnt sind, so ist dieses Spiel ein guter Einstieg.
Wer nicht möchte, braucht nicht vorzutreten; Spiegel zu sein ist auch schon ein Anfang.

Kreisspiegel

Ziel: Wahrnehmen, sich auf andere einlassen
TN: 10 und mehr

Verlauf: Dieses Spiel verläuft ähnlich wie der "Gruppenspiegel", nur stehen hier alle im Kreis und machen nach, was die Person A in der Mitte vormacht. Dieses sollte aber nicht mehr etwas Beliebiges sein, sondern es sollte sich eine bestimmte Bewegung herauskristallisieren, die schließlich von allen übernommen wird. Ist dies geschehen, so gibt A mittels Augenkontakt ihre Position an einen anderen (B) ab. Dieser ändert nun allmählich die von A vorgegebene Bewegung ab, bzw. baut darauf auf. Hat jeder im Kreis diese übernommen, so wählt B mit den Augen wieder eine andere Person.

Anmerkung: Dieses Spiel erfordert etwas mehr Konzentration als der "Gruppenspiegel", da man erst die Bewegung genau übernehmen und dann die nächste darauf abstimmen muß - doch sie bleibt dabei noch recht einfach.

Bewegungsübernahme

Ziel: Phantasieentwicklung, sich auf die anderen einstellen, nonverbale Kommunikation
TN: 10 und mehr

Verlauf: Diese Übung ist dem "Kreisspiegel" sehr ähnlich. Jetzt jedoch bleiben alle Personen im Kreis stehen und jemand im Kreis beginnt eine Bewegung. Sobald erkenntlich ist, worum es sich handelt, kopiert sie die rechte Nachbarin. Hat sie es vollständig getan, so stoppt die erste Person. Die zweite nun variiert die begonnene Bewegung etwas oder baut sie aus. Sobald sie sie vollständig entwickelt hat, gibt sie sie wiederum weiter.

Varianten: 1. Wie oben, nur daß jetzt die Person, deren Bewegung gerade übernommen worden ist, nicht anhält, sondern ihre Variation bzw. Modernisierung weiterführt. Das bedeutet, daß zum Schluß die Originalbewegung neben der letzten Abwandlung davon steht.
2. Eine kleine Gruppe setzt sich in die Mitte und beobachtet den Vorgang der Ver- und Abwandlung. Ist der Kreis beendet, so berichtet sie, was sie beobachtet hat.

Anmerkung: Es kommt darauf an, was mit der Übung bezweckt wird. Ob sie nur Spiel sein soll oder auch ein Lernprozeß. Für letzteres ist der Kommentar der Beobachtergruppe sicherlich sehr hilfreich.

Energie zu zweit

Ziel: Wahrnehmung des anderen, Eingehen auf den anderen
TN: Paarübung

Verlauf verschiedener Varianten

1. Phantasia
Es spielen dabei zwei Personen. A beginnt nun mit irgendeiner Handlung und erstarrt, worauf B spontan reagiert, worauf A wiederum reagiert usw. Zwischen den einzelnen Übernahmen erstarren die beiden kurz und wechseln die Rollen.
2. Kampf der Giganten
Nun wird es kämpferisch. Die beiden gehen in einen ritualisierten Kampf über. Energiestöße werden aufgenommen und umgewandelt. Dann gibt es Revanche. Wichtig ist hierbei, den Schlag als einen Energiestoß aufzunehmen und richtig wirken zu lassen.
3. Tanz
Mit entsprechender Musik, sei es Klassik oder Pop, (wichtig ist ein klarer Rhythmus) kann dieses "Reagieren" verfeinert werden. Wichtig ist, sich Zeit zu nehmen und langsam in die Bewegungen der anderen einzutauchen.

Wer ist der Drahtzieher?

Ziel: Wahrnehmung der gesamten Gruppe
TN: maximal 20
Dauer: ca. 30 Minuten

Verlauf: Alle sitzen im Kreis, so daß jeder jeden sehen kann. Ein Freiwilliger verläßt den Raum. Während diese Person, der "Enthüller", draußen ist, wählen die anderen einen "Drahtzieher". Der Drahtzieher beginnt nun mit einer Bewegung, die alle gleichzeitig mitmachen, d.h. widerspiegeln. Jetzt wird der Enthüller hereingerufen und muß versuchen, herauszubekommen, wer der Drahtzieher ist. Der Drahtzieher sollte nicht in der gleichen Bewegung verharren, sondern sie ab und zu leicht verändern, um dem Enthüller eine Chance zu geben, ihn zu entdecken. Um es ihm wiederum nicht zu leicht zu machen, sollten die anderen den Drahtzieher nicht die ganze Zeit anstarren, sondern lieber die Person, die ihnen direkt gegenüber sitzt. Ist der Drahtzieher schließlich entlarvt (es braucht meist mehrere Anläufe), so verläßt er jetzt den Raum, wird zum Enthüller, und die Gruppe wählt einen neuen Drahtzieher.

Zimmer einrichten

Ziel: Wahrnehmung des einzelnen in der Gruppe, Zusammenarbeit
TN: maximal 20

Verlauf: Eine reine Pantomime-Übung. Zuerst werden die Grenzen eines imaginären Zimmers abgesteckt. Eine freiwillige Pantomimin bringt nun einen unsichtbaren Gegenstand in diesen Raum. Um die anderen wissen zu lassen, was es ist, benutzt sie diesen Gegenstand pantomimisch (setzt sich auf den "Stuhl", kehrt mit dem "Besen", dreht den "Wasserhahn" auf...). Dann verläßt sie schweigend den Raum. Wer als nächstes Lust hat, trägt einen neuen Gegenstand ins Zimmer, benutzt ihn sowie das, was schon drin ist und geht ebenfalls. Jede benutzt nun ihren mitgebrachten Gegenstand und die Sachen, die die anderen schon hereingebracht haben. Die Art und die Kombination der zusammengetragenen Gegenstände geben dem Zimmer eine Identität (Badezimmer, Küche, Sauna...). Bei diesem Spiel ist es notwendig, zusammenzuarbeiten, sich zu merken, was die anderen schon ins Zimmer gebracht haben und wohin sie es gestellt haben (!). Befinden sich ein Sofa, eine Badewanne und ein Herd im Raum, so ist irgendetwas schief gelaufen.

Anmerkung: Dieses Spiel fördert die Vorstellungskraft der Mitspielerinnen, außerdem ihre pantomimischen Fähigkeiten, da es klar erkennbar sein muß, was jeweils hereingebracht worden ist. Ebenso ist Zusammenarbeit und aufeinander Aufbauen ein wichtiger Faktor.

Spiele

Fangen und Wetten

Was wäre
ein Kind ohne Spiel
ein Erwachsener
ohne sein
vergangenes
gegenwärtiges
Kind
wäre es nicht wie
ein Leben ohne Lachen
oder wie ein Lachen
aus Berechnung ?

Retten wir aus der Kindheit
nicht nur die Verletzungen
Retten wir auch
unser unschuldiges
befreiendes Lachen.

Gemüsekarren

Ziel: Auflockerung, Wiederbelebung
TN: 12 und mehr

Verlauf: Die Gruppe sitzt im Kreis, am besten auf Stühlen oder Sitzkissen (es funktioniert aber auch draußen auf dem Rasen). Die TN wählen sich, jeweils paarweise, einen Gemüsenamen aus; dabei muß allgemein bekannt sein, welche Namen im Spiel vorhanden sind. Eine aus der Gruppe stellt sich in die Mitte und ruft nun einen dieser Namen aus. Das betreffende Paar muß daraufhin seine Plätze tauschen. Die Person in der Mitte versucht natürlich, während des Tausches einen der vorübergehend freien Plätze zu ergattern. Eine von den dreien bleibt natürlich am Schluß ohne Platz und steht nun ihrerseits in der Mitte. Sie kann nun einen, oder auch mehrere Namen rufen oder auch "Gemüsekarren". Dann müssen alle Gemüsepaare ihre Plätze wechseln.

Variationen: Anstelle der Paare können auch die einzelnen ihren eigenen Namen haben. Dann muß die Person in der Mitte allerdings immer zwei Namen rufen. Ist die Gruppe sehr groß, so können auch jeweils drei oder vier Leute den gleichen Namen haben.

Anmerkung: Besonders gut nach langem Sitzen, weil wunderbar wiederbelebend.

Ketten fangen

Ziel: Auflockerung
TN: 12 und mehr

Verlauf:
Große Kette
Ein Fänger wird bestimmt. Die anderen laufen davon. Wer gefangen ist muß sich mit ihm verbinden. So geht es weiter. Die Kette wird immer größer. Nur die äußeren zwei Hände dürfen abklatschen, bis alle gefangen sind. Der letzte wird dann neuer Fänger.

Zweier-Zweck
Wie oben, nur teilt sich die Kette in Paare, die unabhängig wieder neue Opfer fangen können. Die Teilung erfolgt erst bei vier Personen.

Anmerkung: Bei sehr großen Gruppen können auch Dreier-, Vierer-, Fünfer-Zwecke entstehen.

Bruder/Schwester - hilf!

Ziel: Kontaktaufnahme, schnelle Reaktion
TN: 10 und mehr

Verlauf: Eine Person hat den Auftrag, einer anderen Person den Fangauftrag weiterzugeben. Hat sie dies durch Berühren mit der Hand getan, so muß sie sich schnell in Sicherheit bringen. Es können nur Personen abgeschlagen werden, die alleine oder zu mehr als zweien stehen. Eine Zweiergruppe ist immer gerettet und es kann keiner abgeschlagen werden. Wenn nun eine dritte Person zu der Gruppe stößt, muß entweder die Hinzukommende schnell wieder weiterrennen oder aber eine Person aus dem Paar. Eine Person, die Rettung braucht, ruft laut "Bruder/Schwester, hilf!"
Falls die Fängerin auf ein Paar trifft und es auflösen will, hat sie die Möglichkeit, laut 1-2-3 zu rufen, woraufhin sich das Paar aufzulösen hat. Da das Spiel aber sozial angelegt ist, laufen alle hin, um die nun einzeln Dastehenden schnell zu retten und neue Paare zu bilden.

Variationen:

Fuchs und Hase

Der Grundaufbau ist gleich. Nur sitzen die Paare in der Hocke, in einer Hasenkuhle. Falls ein anderer Hase, vom Fuchs verfolgt, in diese Kuhle will, muß ein Hase die Kuhle verlassen.

Katz und Maus (gerade Anzahl erforderlich)

Bei gleicher Grundidee unterscheidet sich nur der Spielaufbau. Die TN als Mäuse stehen im Kreis, jeweils zu zweit hintereinander, zur Kreismitte schauend. Die Katze jagt eine Maus, die sich nur dadurch retten kann, daß sie sich bei einem Paar vor die innenstehende Person stellt. Die außenstehende Person ist nun ungedeckt und muß vor der Katze fliehen; sie sucht wieder Zuflucht bei einem weiteren Paar; gefangene Mäuse müssen die Rolle der Katze übernehmen. Der Witz bei diesem Spiel: Das Mauseloch wird immer enger.

Hühnerstall (gerade Zahl von Spielern)

Die TN stehen paarweise im Kreis. Jedes Paar nimmt sich an der Hand. Zwei freistehende Personen sind Fänger (Fuchs) und gejagtes Huhn. Das Huhn rennt auf ein Paar zu und hält sich an einer freien Person fest. Die nun dritte Person auf der anderen Seite muß sich jetzt durch eine neue Verbindung retten.
Bei diesem Spiel ist darauf zu achten, daß das Gelände um die Gruppe begrenzt ist. Auch geht es nicht um Schnelligkeit, sondern um Reaktion.

Emanzipierter Hühnerstall

Eine etwas irre Form zum Schluß: die freiwerdende Person wird zum Fuchs und der Fuchs zum Gejagten, der sich schnell an ein neues Paar anhängen muß, wobei die nun freiwerdende Person wieder Fuchs wird und der vormalige Fuchs zum Gejagten.

Anmerkung: Alle diese Spiele strapazieren die Bauchmuskulatur durch anhaltendes Lachen. Der Reiz dieser Spielserie liegt am Aufbau. Diese Spiele können zuerst mit Distanz (Katz und Maus) begonnen werden und dann in der näheren Variante (Bruder/Schwester, hilf!) enden. Da diese Spieleart ein kleines Juwel ist, sollte sie nicht immer, sondern zielgerichtet eingesetzt werden.

Gruppenknobeln (Stein-Schere-Papier)

Ziel: Erhöhung der Reaktionsgeschwindigkeit, Kontakt
TN: 12 und mehr
Vorbereitung: Spielfeld mit Kreide oder Tesakrepp kennzeichnen. Zwischen Spielfeldrand und Mittellinie sollten jeweils 10 m Abstand sein.
Verlauf: Falls Knobeln nicht bekannt ist: es ist ein Spiel zu zweit, in dem bestimmte Zeichen, die überlegen oder unterlegen sind, bei 1-2-3 gezeigt werden. Die Faust bedeutet "Stein", gespreizte Finger stellen die "Schere" dar und die flache Hand ist das "Papier". Der Stein ist der Schere überlegen, da er sie stumpf macht. Hingegen wird er vom Papier eingewickelt und ist ihm somit unterlegen. Die Schere wiederum ist dem Papier über.
Beim Gruppenknobeln gibt es zwei Teams. Jedes Team macht für sich ein Zeichen aus. Dann stellen sich die Teams in Reihe an der Mittellinie auf. Alle rufen laut "eins, zwei, drei", schwingen dabei die Faust und machen bei "drei" ihr Zeichen. Die Unterlegenen müssen sich so schnell wie möglich hinter ihre 10-Meter-Linie retten. Die Überlegenen fangen sich neue Teammitglieder. Das Ganze geht so lange, bis eine Gruppe aufgelöst ist oder die Lust am Spiel abflaut. Bei gleichen Zeichen tut sich nichts.
Varianten:
1. Statt 1-2-3 können die Spielerinnen auch "Stein-Papier-Schere" rufen und machen. Die Schwierigkeit liegt dann darin, am Ende das richtige Zeichen zu machen.
2. Statt Stein-Papier-Schere können auch Märchenfiguren oder japanische Figuren gewählt werden. Jäger (Geste: schießt mit dem Gewehr),Fee (Geste: umgarnt mit den Händen) und Oma (schwingt den Krückstock). Der Jäger ist der Fee unterlegen - die Fee ist der Oma unterlegen - die Oma dem Jäger.

Anmerkung:
Variante zwei ist zwar ganz nett, verliert aber an Dynamik.

Pudelspiel oder Über den Jordan springen

Ziel: Gemeinsam eine Aufgabe lösen
TN: 12 und mehr
Material: Vorbereitetes Spielfeld, evtl. eine Matratze für das Ziel; das Spielfeld sollte einen Rahmen und eine Mittellinie haben.

Verlauf: Aus den Spielern werden je nach Gruppengröße einige Fänger gewählt. Diese gehen in das Spielfeld. Die restlichen Spieler stellen sich auf der Startseite auf und müssen nun versuchen, zum Ziel zu gelangen. Falls sie von einem Fänger berührt werden, bleiben sie dort in der Hocke, bis sie wieder von einem Mitspieler erlöst werden. Wer das Ziel erreicht hat, darf nicht mehr zurück. Das Spielziel ist dann erreicht, wenn alle Spieler über den Jordan gekommen sind.

Wandererspiel

Ziel: Ruhig werden - Konzentration
TN: 16 und mehr
Material: Vorbereitetes Spielfeld von etwa 100 m^2 mit einem gekennzeichneten Freiraum von ca. 8 m^2.

Verlauf: Die Spielerinnen stellen sich wie Bäume auf. Sie stehen starr im Raum, dürfen sich nicht bewegen, keine Miene verziehen oder gar lachen. Die Wanderin streift durch den Wald, darf aber dabei keinen Baum berühren. Auf ein vereinbartes Zeichen der Spielleiterin hin erwacht ein Baum zum Leben und versucht, möglichst schnell in den Freiraum zu gelangen, ohne sich von der Wanderin erwischen zu lassen. Wer gefangen wird oder vor dem Zeichen der Spielleiterin nicht absolut starr und stumm steht, muß nun der Wanderin beim Fangen helfen.

Variante: Die Spielleiterin kann mit einem bestimmten Zeichen alle Bäume zum Leben erwecken, die dann gefangen werden müssen.

Versteinern - Entsteinern

Ziel: Auflockern
TN: 12 und mehr

Verlauf: Einer spielt den Zauberer. Wenn dieser eine Person berührt, erstarrt sie, die Beine gegrätscht. Da es aber eine solidarische Gemeinschaft der Mitspieler gibt, entsteinern diese das Opfer, indem sie durch die Beine hindurchschlüpfen. Ziel des Zauberers ist es, alle zu versteinern. Falls jemand beim Entsteinern erwischt wird stellt er sich gegrätscht vor dem Mitspieler auf.

Anmerkung: Vorsicht Kopf! Jeder Entsteinerer sollte darauf achten, daß von der anderen Seite niemand gerade durchhechtet. Bei größeren Gruppen empfehlen sich mehrere Zauberer.

Do-Do-Do oder Yogi Cath (Titel aus New Games)

Ziel: Austoben
TN: mindestens 16
Material: weiches Spielfeld, mit einer gut sichtbaren Linie in zwei Hälften getrennt

Verlauf: Die TN stellen zwei Teams auf beiden Seiten der Linie so auf, daß zwischen ihnen eine Art Niemandsland entsteht. Dann wählt eines der Teams eine Spielerin, die einen Vorstoß unternimmt mit dem Ziel, mit einem einzigen Atemzug in das gegnerische Feld einzudringen und möglichst viele Spieler zu berühren.
Bevor die Angreiferin die Mittellinie überquert, holt sie tief Luft und atmet mit dem Laut Do-Do-Do-Do aus. Gelingt es der gegnerischen Seite, sie solange auf dem eigenen Feld festzuhalten, bis ihr die Luft ausgeht, so hat sie eine neue Mitspielerin gewonnen. Schafft es aber die Angreiferin, die Mittellinie mit irgendeinem Teil ihres Körpers zu überqueren, und seien es nur die Fingerspitzen, dann müssen alle Spieler, die sie berührt hat, auf ihre Seite wechseln.
Zu beachten: die Gegnerin ist beim Angriff nur oberhalb der Gürtellinie zu berühren.

Variation: Es entschärft das Spiel, wenn die Do-Do erst dann gegriffen werden kann, wenn sie selber schon jemanden berührt hat.

Anmerkung: Nicht vergessen loszulassen, wenn die Luft draußen ist!

Schlange im Gras

Ziel: Bewegung, Reaktionsförderung
TN: 12 und mehr
Material: weicher Boden, trockene Wiese, abgegrenztes Terrain.

Verlauf: Einer spielt die Schlange, die am Boden liegt. Vertrauensvoll berühren sie die anderen und sei es nur mit der Fingerspitze. Wenn dann der Spielleiter "Schlange im Gras" ruft, darf die Schlange "zubeißen". Alle rennen davon, ohne aber das beschriebene Terrain zu verlassen. Die Schlange windet sich zischelnd auf dem Bauch und versucht, möglichst viele zu erwischen. Wen sie berührt, wird ebenfalls zur Schlange. Der letzte beginnt als erste Schlange das nächste Spiel.

Anmerkung: Dieses Spiel macht viel Spaß und bringt viel Power in die Gruppe. Sinnvollster Platz ist eine schöne Wiese, auf der ohne Schuhe gespielt werden kann.

Büffeljagd

Ziel: Belebung, Zusammenspiel, gemeinsame Problemlösung
TN: 16 und mehr, in vier gleichgroße Gruppen aufgeteilt
Material: Ball, Markierungen (farbiges Papier)

Verlauf: Dieses aus den New Games stammende Spiel hat die indianische Büffeljagd zum Thema. Ziel ist es, den Ball (Symbol für das Büffelkalb) zu erringen. Die Herde stellt sich auf, indem die "Kühe" (1/4 der TN) einen Kreis bilden und sich loslassen, dabei drei Schritte rückwärts gehen und dort stehen bleiben. Dort wird auch eine Markierung gesetzt. Die "Bullen" nehmen eine "Kuh" an der Hand und dürfen sie nicht loslassen. Die Indianer nehmen sich nun ihr "Pferd" und besteigen es im Huckepack. Nun müssen sie versuchen, den Ball zu erreichen, ohne von den "Bullen" berührt zu werden. Wichtig! Die "Kühe" dürfen ihren Platz nicht verlassen und die "Bullen" auch nicht loslassen. Wird ein Indianer von einem "Bullen" berührt, so muß er mit seinem Pferd den Kreis verlassen und die Rollen tauschen. Es lohnt sich also nicht, nur nach einem stämmigen "Pferd" Umschau zu halten.

Anmerkung: Diese Spiel erfordert eine gemeinsame Strategie und keine einzelnen Aktionen. In diesem Sinn eignet es sich als Vorbereitung von Übungen zur Gruppenkooperation.

Der schlaue Fuchs geht um (Grundidee)

Ziel: Schnelligkeit, Reaktionsfähigkeit
TN: 12 und mehr
Material: Halstuch, Strumpf oder Schuh

Verlauf:
1. Der schlaue Fuchs geht um
Die Spielerinnen sitzen als Hühner im Kreis. Der Fuchs umkreist den Hühnerstall im Uhrzeigersinn und läßt das Halstuch fallen. Die Spielerin, bei der das Halstuch liegt, muß schnell aufspringen und in die entgegengesetzte Laufrichtung des Fuchses rennen und schneller wieder an ihrem Platz ankommen und sich hinsetzen als der Fuchs. Ist der Fuchs schneller so nimmt die zu spät Gekommene nun das Tuch und sucht sich ein neues Opfer.

2. Guten Morgen, Frau Nachbarin
Die gleiche Spielidee, nur müssen sich die beiden, wenn sie sich treffen "Guten Morgen, Frau Nachbarin" sagen und sich zumindest die Hand geben. Klar kann ein kleines Schwätzchen entstehen oder auch eine kleine Gefälligkeit notwendig werden. Es darf aber nicht zu Handgreiflichkeiten kommen. Wichtig sind Mimik und überzeugende Gestik. Im internationalen Bereich hat dieses Spiel schon manche Heiterkeit ausgelöst, da der Gruß kulturelle Unterschiede aufweist und der Handschlag nicht immer ausreicht.

3. Fliegender Holländer
Die Spielerinnen stehen im Kreis und halten sich an den Händen fest. Ein Paar läuft um den Kreis und trennt mit einem leichten Schlag die Hände zweier Spielerinnen. Nun müssen sich diese beiden an die Hand nehmen und in entgegengesetzter Richtung schneller als das erste Paar sein.

Die Roboter sind los

Ziel: Reaktionsschnelligkeit, Kommunikation, Abbau von Hemmungen
TN: 12 und mehr

Verlauf: Zwei Spieler stellen sich zusammen. Es wird abgesprochen, wer als erster den Roboter macht. Der Roboter vollzieht nun eckige Bewegungen und läßt sich durch leichten Druck auf die Arme oder Schultern nach links oder rechts steuern. Mehr nicht - der Abschalthebel ist unbekannt!
Nun ist folgender technischer Fehler eingetreten: Die Roboter geraten alle in Betrieb und laufen los. Sie reagieren nur auf Links- oder Rechts-Befehle. Die Verantwortlichen der Roboter müssen möglichst viele Zusammenstöße vermeiden. Stößt ein Roboter auf ein Hindernis, dreht er sich im Kreis und geht dann wieder los.

Variation: Die Roboter werden in einer Reihe aufgestellt und durchlaufen einen lockeren Parcours.

Anmerkung: In einem geschlossenen Raum macht es entschieden mehr Spaß.

Krabbenlauf

Ziel: Kooperation, Kontaktfinden, Bewegung
TN: 12 und mehr

Verlauf: Es werden Dreiergruppen gebildet. Jede dieser Gruppen stellt eine Krabbe mit 12 Beinen dar. Plötzlich hat sie nur noch 10, 8, 6, 4 oder 3 Beine. Die Gruppe soll trotz abnehmender Zahl der Gliedmaßen versuchen, sich noch vorwärts zu bewegen. Beim Entstehen der Gestalten ist der Phantasie keine Grenze gesetzt. Es dürfen aber keine Hilfsmittel verwendet werden.
Variation: Aus dieser Übung läßt sich auch ein Wettlauf machen, bei dem sich die Anzahl der Beine alle 10 Meter verringert.

Anmerkung: Dieses Spiel erfordert viel Nähe. Die Bereitschaft für eine solche Nähe braucht ihre Zeit. Es ist kein Spiel für den Anfang.

Krabbenkampf

Ziel: Bewegung, Taktieren
TN: 2 und mehr

Verlauf: Die beiden Spielerinnen setzen sich auf den Boden. Sie stemmen ihre Füße vor sich auf den Boden und stützen sich mit den Händen hinten ab. Nun wird das Gesäß hochgehoben. Es entsteht eine "Brücke". Die Krabbe ist nun auf ihren vier Beinen und beginnt, die gegnerische Krabbe anzugreifen. Sobald die gegnerische Krabbe ihren Podex in Bodenkontakt bringt, hat sie verloren. Die Krabben gehen auseinander und suchen sich einen neuen Gegner.

Variante: Dieses Spiel geht auch mit 2-Personen-Krabben. Diese werden gebildet, indem die beiden TN sich Rücken an Rücken stellen, sich mit den Armen unterhaken und in die Hocke gehen. Die Krabbe ist fertig. Wo ist die Gegnerin?

Spiele

Kommunikation

Sie eignen sich

- für Aufwärmphasen vor Brainstormings im Rahmen der Zukunftswerkstatt
- als Einstiegsübung für Rollenspiele
- als Abschlußgestaltung eines Tages
- als Abendbeschäftigung (zur guten Nacht)

Sie fördern

- Ruhe
- Zuhören
- Phantasie
- Wahrnehmung der verbalen oder nonverbalen Kommunikation

Die unendliche Geschichte

Ziel: Auflockerung, Phantasien wecken
TN: auch für kleine Gruppen geeignet

Verlauf: Die TN sitzen im Kreis. Jemand beginnt irgendeine Geschichte zu erzählen. Nach ungefähr einer Minute, oder an einer dramatischen Stelle, hört er unvermittelt auf, klatscht in die Hände und zeigt auf eine andere Person im Kreis, die sofort mit der Geschichte weitermachen muß. Hat der erste mitten im Satz aufgehört, so muß der nächste genau dort einsetzen - ohne Nachdenkpause. Nach etwa einer Minute wird die Geschichte wiederum weitergegeben.
Variante: Man kann, statt einen Nachfolger zu wählen, die Geschichte einfach rechts- oder linksherum im Kreis weitergeben.
Anmerkung: Wird die Geschichte einfach "rübergeworfen", so ist im allgemeinen die Aufmerksamkeit größer, die Weiterführung erfolgt spontaner und (meist) lustiger.
Hierbei können auch ansonsten schweigsamere Personen öfter einbezogen werden.

Ein-Wort-Geschichte

Ziel: Auflockerung - Phantasien wecken
TN: beliebig viele
Verlauf: Wieder ein Kreis: Jede Mitspielerin sagt abwechselnd ein Wort, das zu dem schon Begonnenen hinzupaßt und sich zu einer Geschichte zusammenfügt, die sich nach und nach entwickelt. z.B. "Ich-..sah..einen..Elefanten..auf..einer..Wolke..donnernd..seine..Nase..putzen....."

Anmerkung: Je schneller und gleichmäßiger Wort auf Wort folgt, desto leichter ist ein Faden durch die Geschichte zu verfolgen - und desto lustiger wird sie.

Daumengeschichten

Ziel: Auflockerung, Phantasien wecken
TN: 6 und mehr, bei größeren Gruppen ist eine Aufteilung sinnvoll

Verlauf: Die TN sitzen im Kreis. Im Wechsel hält jede Person ihren Daumen hoch und erzählt eine offensichtlich erfundene Lügengeschichte über ihn. Z.B.: "Dieser Daumen rettete im Jahr 1856 Holland, weil er in ein Loch im Damm gesteckt wurde, um das Wasser aufzuhalten und den Damm nicht brechen zu lassen."

Wo befinde ich mich?

Ziel: Auflockerung, Spontaneität, nonverbale Kommunikation
TN: 6 und mehr

Verlauf: Eine Person verläßt den Raum. Während sie draußen ist, einigen sich die anderen schnell auf eine Szene und stellen diese pantomimisch vor (Eislaufen, eine Szene im Café, Bahnhof...). Dann muß die Person, die draußen gewartet hat, die Szene erraten.

Anmerkung: Hier gilt es nicht, die Raterin so lange wie möglich im Dunklen tappen zu lassen, sondern eine Szene so gut darzustellen, daß sie möglichst schnell erkannt wird.

Was mache ich?

Ziel: Auflockerung, Vorbereitung für Straßentheater
TN: 8 und mehr

Verlauf: Jeder, der Lust hat, spielt den anderen eine kurze Szene ohne Worte vor, die sie erraten sollen. Ein paar Ideen, die auch den Teilnehmern vorgegeben werden können:

- Du bist in einer Telefonzelle und kommst nicht wieder raus, weil die Tür klemmt.
- Ein Kind entscheidet sich in einem Süßwarengeschäft, was es kaufen soll.
- Beim Schuhkauf kannst du dich nicht entscheiden zwischen Wanderstiefeln und Modeschuhen mit hohem Absatz.
- Beim Gemüseeinkauf willst du als Käufer das Gemüse anfassen, aber der Verkäufer verbietet es dir mit konstanter Boshaftigkeit.
- Du bist Dirigent in einem Konzert und merkst zu spät, daß du deine Hosenträger vergessen hast, kannst aber jetzt nicht mehr von der Bühne.
- Du bist ein ungeschickter Kellner, kannst das Essen kaum balancieren, bekleckerst den Gast usw.
- Du bist ein Striptease-Girl. Leider bist du in letzter Zeit ein bißchen zu dick geworden. Jetzt hast du Schwierigkeiten, deine Reizwäsche auszuziehen vor dem interessierten Publikum.

Gruppen-Malaktion

Ziel: Kommunikation und Kooperation nonverbal üben
TN: maximal 20
Material: Abtönfarben oder Fingerfarben, Pinsel, Wasserbehälter, Paletten zum Mischen, lange, ca. 130 cm breite Papierbahn

Verlauf: Eine lange Papierbahn auslegen und mit schwarzem, breitem Filzstift oder schwarzem Malstrich in Felder gemäß der Anzahl der Malerinnen einteilen. Das Spiel besteht aus zwei Stufen:
- Jede Teilnehmerin erhält eines der Felder und malt darin - völlig frei nach Lust und Laune - ein Bild. Das kann gegenständlich oder abstrakt sein, auch die Stilrichtung und die verwendeten Farben sind völlig egal.
- Dann macht die Spielleiterin darauf aufmerksam, daß jede (außer die TN mit Randfeldern) rechts und links und gegenüber eine direkte Nachbarin hat und zwei Nachbarinnen zusätzlich diagonal zu ihrem Feld.

Es soll nun versucht werden, ein großes, langes, gemeinsames Bild zu erstellen, indem nun auch die Übergänge zu den Nachbarinnen (die schwarzen Linien) bemalt werden. Dabei sollte aber möglichst nicht miteinander gesprochen werden.
Unbedingt ein Auswertungsgespräch führen!
Auswertung:
- Wer hat nur sehr zaghaft bis zum Rand gemalt?
- Hat es mich gestört, als Nachbarinnen über den Rand in mein Bild hineingemalt haben?
- Mit wem konnte ich gut einen Übergang schaffen?
- Kann ich mich noch mit meinem Bild identifizieren?

Anmerkungen: Dieses Spiel kann auch sehr gut für ein Kooperationstraining benutzt werden, auch um Kommunikationsprozesse und Konflikte in der Gruppe zu thematisieren.

Gruppenbilder

Ziel: nonverbale Kommunikation, Anfänge von Kooperation
TN: Gruppen mit 4 bis 15 Personen
Material: Jeder Teilnehmer erhält einen Filzschreiber und einen Bogen Zeichenpapier (DIN A3 oder DIN A2).

Verlauf: Alle sitzen in einem großen Kreis, entweder am Boden oder an einem große Tisch. Jeder hat vor sich einen Bogen Zeichenpapier und den Filzschreiber. Es geht darum, gemeinsam Bilder zu malen; das Thema kann eventuell im Zusammenhang mit der Tagung vorgegeben werden.
Jeder darf nur eine Linie auf sein Blatt malen. Wenn alle mit ihrer Linie fertig sind, werden alle Blätter im Kreis herum weitergegeben (also jeweils an den Nachbarn). Jetzt kann jeder die vorgegebene Linie um eine weitere Linie ergänzen, bevor er das Blatt an den nächsten weiterreicht. Dies wird fortgesetzt, bis alle Blätter einmal die Runde gemacht haben und so von jedem durch eine Linie ergänzt worden sind. Wenn jeder sein Anfangsblatt wieder vor sich hat, darf er mit einer Linie das Blatt (die Zeichnung) vervollständigen und sich einen Titel ausdenken, den er draufschreibt.

Variation:
Auch Collagen kann man auf diese Art und Weise herstellen, indem jeder immer nur einen Zettel dazuklebt. Als Anfang schreibt jeder groß seinen Vornamen auf das Blatt, dann wird es weitergegeben.
Zur Auswertung werden alle entstandenen Zeichnungen nebeneinander aufgehängt.

Anmerkung: Es kann nützlich sein wenn jeder anfangs sein Blatt mit seinem Namen kennzeichnet.

In der Schonung wachsen Bäume

Ziel: nonverbaler Ausdruck von Gruppenkommunikation
TN: maximal 30
Material: genügend großer Raum, am besten mit Teppichboden ausgelegt.
Verlauf:
- Alle Teilnehmerinnen legen sich platt ausgestreckt auf den Boden und schließen die Augen. Sie sollen für ca. 2 Minuten einmal auf alle Geräusche achten, die im Raum zu hören sind oder von draußen hereinkommen. Dann öffnen sie die Augen langsam wieder.
- Jede soll sich vorstellen, sie sei ist ein ganz kleines Bäumchen in einer Schonung: ganz allmählich wachsen die Bäumchen zu jungen Bäumen heran, werden immer größer und sind schließlich ein dichter großer Wald.

Dieses Wachsen der Bäume soll nun in der Gruppe gespielt werden.
- Zunächst beginnt jede Spielerin, noch immer flach auf dem Boden liegend, mit ganz winzigen Bewegungen, z.B. Bewegung des kleinen Fingers der linken Hand oder ähnlich ...
  Dann geht sie ganz langsam und allmählich in die Hocke, richtet sich auf und steht schließlich mit nach oben ausgestreckten Armen da.
- Die ausgewachsenen Bäume fassen sich dann an den Händen, rücken ganz dicht zusammen und bilden einen ganz dichten, riesig hohen Wald.

Dem schließt sich ein Auswertugsgespräch an.
Auswertung: Kam ich mir bei diesem Spiel etwas ulkig vor?
Wer ist schnell, wer besonders langsam aufgestanden? Warum wohl?
Ab wann hat jede die anderen wahrgenommen?

Anmerkung: Nicht als allererstes Spiel machen.
Mit älteren Erwachsenen kann es Schwierigkeiten geben, weil das Spiel recht unkonventionelles Verhalten erfordert.

Quatschrede

Ziel: Auflockerung, Vorbereitung für Straßentheater
TN: 8 - 30

Verlauf: Dieses Spiel kann sowohl einfach aus einer Erzählsituation heraus entstehen als auch in der Gruppe, "vor großem Publikum", mit Rednerpult gespielt werden. Jeder erzählt eine Nonsens-Geschichte, die nicht stimmig sein muß, nur spontan.
Ein paar Vorschläge:
- Warum das "Z" der letzte Buchstabe im Alphabet ist.
- Wie man eine reiche von einer armen Ameise unterscheiden kann.
- Wie sich einer mit einem Regenwurm anfreundete.
- Wie einer einem Weinglas harmonisches Singen beibrachte.
- Warum die Hünengräber zugeschaufelt gehören.
- Wie einer mal mit einem Dosenöffner seinen Kühlschrank aufmachen mußte.
- Warum man die Betten nicht mehr hochkant aufstellt.
- Warum die Glückspille in China immer noch verboten ist.

Übungen

Vertrauen schaffen

Getragen werden
tragen können
sehen dürfen
gesehen werden
sich loslassen
fallen
in offene Arme
weite Herzen
fliegen
auf starken Händen
halten
die suchenden Glieder
Gruppe
Freundschaft
spüren

Partner finden für Paarübungen

Dauer: 30 bis 90 Minuten
TN: gerade Zahl, auch kleine Gruppen

Verlauf:
Die Teilnehmerinnen wählen sich eine Partnerin, nach Zufall oder mit Absicht.

1., Zufall: Die Teilnehmerinnen gehen mit geschlossenen Augen durch den Raum und tasten die Person, die ihnen begegnet, ab. Versuchen, zu erspüren, ob sie die Person kennen. Auf ein Zeichen der Trainerin bleiben sie bei einer Person stehen, mit der sie dann diese Übung machen.

2., Absicht: Die Teilnehmerinnen gehen durch den Raum und betrachten sich, blicken sich in die Augen, nehmen Stimmungen wahr, wählen dann eine Person aus, mit der sie eine bestimmte Übung machen wollen.
Anmerkung: Bei dieser Variante gibt es die Möglichkeit für eine Auswertung. Jede beantwortet auf einem Blatt Papier die Fragen:

- Wieso habe ich dich gewählt?
- War es eine echte Wahl oder war es Mitleid, eine Notlage oder etwas anderes.

Dieses Blatt kann erst einmal ein "Geheimnis" bleiben und nach den Übungen zum Thema gemacht werden, oder schon gleich eine eigene Übung (Dauer mindestens 90 Minuten) darstellen. Wenn es zur Übung gemacht wird, ist es sinnvoll, jedem Paar Zeit zu lassen (30 Minuten). In der großen Gruppe kann es dann um folgende Fragen gehen:
- Was hindert mich an einer echten Wahl?
- Was macht mir Angst bei einer solchen Entscheidung?
- Wie kann ich diese Angst ausdrücken und damit leben?

Blind führen (Paarübung)

Dauer: ca. 120 Minuten
TN: Paare aus nicht allzu großen Gruppen
Material: bei Bedarf Tücher

Verlauf: Einer der beiden ist blind und schließt die Augen, oder läßt sie sich verbinden. Der andere führt. Der Führer ist verantwortlich für seinen Blinden und achtet darauf, daß ihm nichts zustößt. Es soll so wenig wie möglich geredet werden!

1. Zu Beginn kann die Führung mit beiden Händen auf den Schultern erfolgen. Die beiden gehen ihren Weg, wenn sie wollen, können sie auch laufen.
2. Dann ist nur noch eine Hand am Oberarm.
3. Zuletzt gehen die Paare Hand in Hand. Nun kann der Kontakt verfeinert werden, bis in die Fingerspitzen.
4. Ein origineller Abschluß kann ein getanzter Walzer sein.
5. Zum Schluß nehmen die Partner die Binde ab, der Blinde öffnet die Augen. Sie spüren nach und tauschen sich aus.

Anschließend werden die Rollen gewechselt.

Auswertung:
Fragen, die die Übung erleichtern:
Wer hat zuerst die Rolle des Führenden übernommen, warum?
Fällt es schwer, sich führen zu lassen?
Wurde der Führer als übervorsichtig/rücksichtslos empfunden?
Gab es Zusammenstöße?
Wie klappte die Kommunikation?

Blind führen (Gruppe)

Dauer: 30 -120 Minuten
TN: kleinere Gruppen
Verlauf:

Beide Übungen sind nonverbal!

Variante 1: Blinde Kette
Die Teilnehmerinnen fassen sich an der Hand. Alle außer der ersten schließen die Augen. Dann marschiert die Kette unter ihrer Führung los. Nach einer gewissen Zeit geht die Führerin nach hinten und die zweite übernimmt die Führung.
Eine Steigerung kann hierbei der Verzicht auf Körperkontakt mit der Führerin sein. Die Signale kommen dann als Geräusch.

Variante 2:y Raupe
Die Teilnehmerinnen (maximal 8) stellen sich hintereinander und fassen sich an den Schultern. Bis auf die letzte schließen alle die Augen. Jetzt geht die Gruppe los. Die letzte Person steuert die Gruppe, indem sie ihrer jeweilige Vorderfrau an die Schultern faßt und sie dadurch lenkt. Sie stoppt die Gruppe, wenn sie deren Oberkörper nach hinten zieht und beschleunigt, indem sie ihn nach vorne drückt.
Nach einiger Zeit Positionswechsel.
Auswertung:
Wie habe ich mich in der "Führungsposition" gefühlt?
Welche Stellung war für mich am unsichersten?
Wie war der Zusammenhalt?
Wie empfand ich meine direkte Umgebung?

Anmerkung: Bei beiden Übungen sollte die Trainerin zur Sicherheit nicht mitspielen und darauf achten, daß es zu keiner Verletzung kommt.

Durch die Wildnis

Dauer: 20 - 30 Minuten, je nach Gruppengröße
Material: Decken und Matratzen

Verlauf: Die Teilnehmer bilden mit ihren Körpern einen Dschungel. Da gibt es Lianen, dicke Bäume, Klammerpflanzen, aber auch Streichelsträucher. Nun geht der erste Blinde durch diesen Dschungel mit verschlossenen Augen. Er wird von den Lauten geleitet, die für den Urwald üblich sind. Wenn er seine Wanderung überstanden hat, verändert sich der Wald für den nächsten Dschungelwanderer.

Blinder Kreis

Dauer: 15 Minuten

Verlauf: Alle Teilnehmerinnen bilden einen Kreis. Sie legen den rechten Arm um die Schulter, den linken um die Hüfte oder ebenfalls um die Schulter der jeweiligen Nachbarin. Dann werden die Augen geschlossen. Zuerst wird alles wahrgenommen, schweigend beginnt die Gruppe leicht zu schwingen. Vielleicht beginnt eine zu summen und zu schwingen. Die Augen bleiben dabei immer geschlossen.
Variation: Der Kreis kann sich auch fortbewegen. Langsam um sich kreisen, eine Spirale werden und sich wieder finden.

Auswertung: Welche Gefühle wurden dabei wahrgenommen?

Anmerkung: Diese Übung eignet sich gut als Schluß einer Arbeitseinheit oder des Tages.

Ich suche Dich!

Dauer: bis zu 30 Minuten, mit Auswertung auch 90 Minuten
Material: Tücher

Anleitung: "Binde dir ein Tuch vor die Augen. Wenn dies geschehen ist, werde ganz ruhig und stell dir eine Person vor, die du finden möchtest. Wenn du dir klar bist, gehe los. Triffst du auf eine Person, taste diese ab, **ohne dabei zu reden!** Spüre nach, ob es die von dir gesuchte Person ist. Wenn nicht, gebt euch ein Zeichen und verabschiedet euch. Wenn es so ist, daß dich eine Person gefunden hat, du aber deine noch nicht, geht zusammen suchen.
Macht dies alles ohne Worte."

Auswertung:
Welche Empfindungen hattest du?
Wovor war dir bange?
Wie hast du dich gefühlt, als du deine Person gefunden hast, aber sie sich jemandem anderen zugewandt hat?

Anmerkung: Bei dieser Übung geht es einfach darum, sich seines Bedürfnisses nach Nähe bewußt zu werden. Auch ist es eine gute Vorübung, um in die Frage der Stellung einzelner in der Gruppe einzusteigen. Wichtig für die Seminarleiterin ist, die Teilnehmerinnen zu ermutigen, zu ihren Gefühlen zu stehen. Ausgesprochene Enttäuschungen sind wichtige Erfahrungen für den einzelnen wie auch für die Gruppe. Diese Übung eignet sich nicht zum Kennenlernen und sollte auch sehr behutsam eingesetzt werden.

Übungen zur Entspannung und

Die Räume
und die Maße
von Schmerz und Freude
sind ohne Schwere,
denn es gibt nicht Waage
und Schritt und nicht Gesetz

Geflecht von Licht, von Liebe,
du löst dich auf
denn deine Kühle
dein warmes Strahlen
verängstigen keinen mehr.

François-Albert Viallet

Wie ich bereits im Abschnitt "Spiritualität und Gewaltfreiheit" erwähnt habe, halte ich Meditation für eine wichtige Grundlage von langfristigem gewaltfreiem Wirken. Dabei möchte ich mich nicht auf eine bestimmte Meditiationsform beschränken. Sich Zeit nehmen, über sich selbst klar werden, kann unterschiedlich aussehen. Je nach Erfahrung und Beziehung wählen Menschen unterschiedliche Wege. Ich versuche mich seit 15 Jahren im Zazen und bin natürlich davon geprägt. Neben einer kurzen Einführung in diese Meditationsform und entsprechenden Literaturhinweisen möchte ich mich im folgenden auf wenige Hinweise aus der Trainingspraxis beschränken. Es gibt zu den einzelnen Bereichen eine reiche Auswahl an Literatur, die ich, soweit ich sie kenne, aufgeschrieben habe. Ich möchte hier noch einmal betonen: Ich sehe in der Meditation einen Erkenntnisweg, der zu Stabilität führen kann. Es geht mir dabei nicht nur um die Methode. Dieser Weg hat seinen entscheidenden Vorteil in der jahrtausendealten Erfahrung und in der bewußten Beschränkung auf das Wesentliche.

Meditationsformen

Kurze Einführung in das Zazen
Der Weg des Yoga
Yoga-Übungen in einem Training

Entspannungsübungen

Eutonie
Betrachtungen
Bildbetrachtungen
Textbetrachtungen

Tanz

Kurze Einführung in die Zen-Meditation

Wenn Du dem Buddha begegnest, töte ihn!
ist eine Aussage eines Zen-Meisters. "Das heißt: hafte nicht an einem Wort, das eine individuelle Existenz bezeichnet, an einem Konzept, wie hoch es auch sei. Gehe darüber hinaus!" schreibt François-Albert Viallet. Zen, aus dem Buddismus kommend, ist eine gegenstandslose, oder wie Hugo M. Enomiya Lassalle schreibt, eine übergegenständliche Meditiation. Es geht darum, zu sich selbst zu finden, aber nicht festhaltend, sondern sich als Lebendiges - über das Faßbare hinaus gehend - wahrzunehmen.
Mit Gewaltfreiheit hat es gemeinsam, daß es "alltäglich und gewöhnlich" ist, jedem Menschen seine Entwicklung ermöglicht. Zen führt zu einem freien Dialog mit sich und dem Kosmos.
Es bedarf keiner besonderen Techniken, sondern nur der Bereitschaft, offen für sich und die Umwelt zu sein.
Die wenigen Dinge, auf die es zu achten gilt, haben viel mit dem Üben gemeinsam, das ein Mensch, der sich auf einen gewaltfreien Weg eingelassen hat, zu tun pflegt.

Stabilität
Aufrichtigkeit
Offenheit
Gegenwart

Meditation im Training
In den Trainings biete ich jeden Morgen, vor dem Frühstück, eine Meditationseinheit von einer halben Stunde an. Dabei erzähle ich in kurzen Worten, welche Elemente für diese Art von Meditation sinnvoll sind.
1. Das Sitzen:
Der Sitz sollte stabil sein. Er sollte aus sich heraus eine eigene Stabilität besitzen und nicht der Anlehnung bedürfen. Eine Hilfe dabei ist die Vorstellung, daß drei Punkte diese Stabilität garantieren: die beiden Knie und das Gesäß. Wenn einer dieser drei Punkte in der Luft

hängt, ist keine Stabilität vorhanden, die es zuläßt, eine längere Meditation auszuhalten. So empfehlen sich folgende Sitzarten.
Der volle Lotos-Sitz. Er besteht darin, auf einem Kissen sitzend, den rechten Fuß, die Sohle nach oben gewendet, auf den linken Schenkel zu legen und umgekehrt den linken Fuß in der gleichen Haltung auf den rechten Schenkel zu legen.
Für eine Europäerin ist dies selten möglich. So empfielt sich der **halbe Lotos-Sitz**. Dabei wird das rechte Bein, die Sohle nach oben, auf den Boden gelegt, das linke Bein wird, die Sohle nach oben, möglichst hoch auf den rechten Schenkel gelegt.
Der Reitersitz: In einer knieenden Haltung einen Schemel über beide Unterschenkel stellen und sich darauf setzen. Anstelle eines Meditationshockers kann auch ein sehr hohes Kissen zwischen die Beine gelegt werden. Gut ist auch noch eine kleine Rolle unter dem Rist.
Sitzen auf Stuhl: Falls nichts anderes möglich ist, geht auch eine Stuhl. Wichtig ist hierbei, sich auf das vordere Drittel des Stuhles zu setzen.

2. Haltung des Körpers

Der Oberkörper ist aufrecht und der Schwerpunkt ist im Unterleib. Dieses Aufrichten ist eine der schwersten Übungen in der Mediation. Der Körper reagiert gerade hier besonders schnell. Falls ich in mich dahinsinnend zusammenfalle sackt auch der Körper zusammen. Aufrecht sein, bedeutet nicht, daß ich erstarre und festgeformt versteinere. Aufrecht sein ist lebendig. Es hat mit Achtsamkeit zu tun. Somit kommen Parallelen zum Alltag von selbst. Wie kann ich darauf achten, daß ich mein Aufrechtsein immer wieder übe?

3. Die Haltung der Hände

Sie ruhen ineinander. Entspannt berühren sich die beiden Daumen. Die Arme liegen zwanglos am Körper.

4. Der Atem

Der Atem kommt und geht von selbst. Er wird nicht kontrolliert. Er ist natürlicher Wegbegleiter im Nicht-Denken. Sich auf den Atem einzulassen ist eine der wichtigsten Übungen im Zazen.

5. Der Blick
Die Augen sind offen und gerichtet ohne fixiert zu sein.

Kurze Anleitung:
Diese fünf Punkte beachtend sitzen wir dann 20 - 30 Minuten und schweigen. Wir versuchen nichts zu denken und uns auf den Atem einzulassen. Wenn Gedanken kommen, so lassen wir sie kommen **und gehen** wie den Atem. Wir halten uns nicht daran fest.

Auswertung
Nach einer solchen Runde, sprechen wir kurz über aufgetretene Schwierigkeiten. Ein für mich wichtiger Hinweis zu dieser Art des Herangehens ist das Erahnen dieser Kraft, die uns umsonst das Leben und all die Dinge schenkt, ohne eine bestimmte Leistung zu verlangen. Wir dürfen dem Krieg und der Gewalt die Stirn bieten und finden dann Unterstützung. Wir müssen keine Leistungen erbringen - wir können.
Wer sich tiefer mit diesem Weg beschäftigen will, sucht sich normalerweise einen Meister. Er ist ein Begleiter auf diesem Weg. Es gibt in Europa verschiedene christliche und buddhistische Zentren, die offen für alle Menschen sind.

Literatur:

Hugo M. Enomiya Lassalle: Meditation als Weg zur Gotteserfahrung, Mainz,1986
ders.: Zen, Weg zur Erleuchtung, Freiburg, 1960
ders.: Zen unter Christen, Graz, 1973
ders.: Wohin geht der Mensch, Zürich, 1981
Erich Fromm: Zen-Buddhismus und Psychoanalyse, Frankfurt, 1972
Charlotte Joko Beck: Zen im Alltag, München, 1990
François-Albert Viallet: Einladung zum Zen, Düsseldorf, 1988
ders.: Zen, Weg zum Anderen, Weilheim, 1972
D.T. Suzuki: Zen und die Kultur Japans
ders.: Die große Befreiung, Konstanz, 1947
ders.: Erfülltes Leben durch Zen, Weilheim, 1974
A. W. Watts: Vom Geist des Zen
Eugen Herrigels: Zen in der Kunst des Bogenschießens, Weilheim, 1973
Graf Dürkheim: Hara - die Erdmitte des Menschen

Der Weg des Yoga

Innerhalb eines Trainings Yogaübungen einzusetzen ist nicht ungewöhnlich. Die einfachen Stellungen oder Atemübungen schaffen Luft und geben dem Geist wieder die Kraft, Neues aufzunehmen. In den indischen gewaltfreien Bewegungen nimmt das Yoga und seine verschiedenen Wege ein sehr große Bedeutung ein.
Damit dieser Zusammenhang verständlicher wird, möchte ich hier aus einem Vortrag von Yuvachray Mahapragya mit dem Titel "Die Grundlage des Trainings in Gewaltlosigkeit", aus der 2. internationalen Konferenz für den Frieden und die gewaltlose Aktion in Rajsamand (Indien) vom 17.-23.2.91 zitieren. Diese Texte wurden von Hagen Berndt nach Deutschland gebracht und von Heidi und Georg Schimpf übersetzt.

" **Der erste praktische Schritt**
Der Weg der Gewalt führt vom Affekt zum Gedanken und vom Gedanken zur Tat. Daher ist der erste Schritt auf dem Weg zum Training in Gewaltlosigkeit die Sublimierung und Läuterung der Affekte. Der Sinn muß so gelenkt werden, daß nur positive, keine negativen Affekte entstehen.

Die Formel für körperliches Training
Sie umfaßt die **Yogastellungen (Asanas)** und rhythmisch kontrolliertes Atmen (pranayam):
Padmasana (Lotussitz)
Shashankasana (Mondstellung)
Yogmudra (Robbenstellung)
Vajrasana (Blitzstrahlstellung)
Sarvangasan (alle Gliedmaßen in Stellung)
Matsyasana (Fischstellung)
Godohiasana (Melkstellung)
usw.
Sie beeinflussen das Nerven- und Hormonsystem. Sie mildern die physischen Faktoren, **die zur Gewalt führen.**

Anuloma-Viloma, Chandrabhedi .... und ähnliche Pranayamas (Atemtechniken) reinigen den Körper von den Faktoren, welche **Gewalt erzeugen**.

Die Formel für geistiges Training

Die Formel für geistiges Training ist die Meditation. Kayotsarga (vollkommende Entspannung), Dergahashvas Preksha (Wahrnehmung tiefer Atmung).... und ähnliche Meditationspraktiken tragen bei zur Entwicklung der Konzentration. Die Gewalt nimmt proportional zum Grad der Zerstreutheit zu. So kann man sagen, je weniger zerstreut man ist, desto geringer ist die Bereitschaft zur Gewalt.

Die Formel für das Training der Affekte

Wichtiger als das körperliche und geistige Training ist das Training der Affekte; die Formel zur Durchsetzung besteht in der Meditation über Chaitanya Kendra (die psychischen Zentren) und über das Abhamandal oder Leshya (das psychische Spektrum). Kontemplative Praktiken sind für alle drei Arten des Einübung nützlich - die des Körpers, des Geistes und der Affekte."

Vinoba Bhave, häufig als Nachfolger Mahatma Gandhis bezeichnet, geht in dem Buch "Struktur und Technik des inneren Friedens" einen ähnlichen Weg. Seine Betrachtung geht auch in die Richtung, daß wir durch ständiges Üben in die Lage kommen, durch yogische Weisheit den inneren Frieden zu erlangen.

Anwendung von Yoga in einem Training

Ich bin selbst kein Yogalehrer, doch versuche ich einfache Übungen, die ich in Kursen gelernt habe, zu verwenden. So setze ich einzelne Asanas vor der Zen-Meditation ein oder schlage den "Gruß an die Sonne" als Aufwärmübung vor.
Die für mich gebräuchlichsten und auch die oben genannten Übungen befinden sich gut erklärt in folgenden Büchern:

Literatur:

Kareen Zebroff: Yoga für jeden, Fischer Taschenbuch
André van Lysebeth: Yoga für Menschen von heute, München, 1982

Entspannungsübungen im Training

Zur Verbesserung der Wahrnehmung der Stimmungen, verwende ich folgende Entspannungsübungen,deren Auswahl natürlich durch die Seitenzahl des Buches begrenzt ist.

Name: Grundübung zur Entspannung
Dauer: 20 Minuten
Material: eine Decke; der Ort sollte ruhig und warm sein

Verlauf:

Variante 1:
Beziehung zum Boden

Anleitung:
"Lege dich nun auf den Boden - die Beine parallel - die Hände seitlich - der Nacken ist leicht gestreckt - das Kinn ist etwas in Richtung Brustkorb gezogen - du suchst nun den Kontakt zum Boden - wo berührt dein Körper den Boden? - du beginnst mit dem rechten Bein - die Ferse - der Unterschenkel - der Oberschenkel - die Pobacke - und nun mit dem linken Bein. Wenn Du das Gesäß erreicht hast, spüre nach, wo der Kontakt mit dem Boden beginnt - wo er aufhört. Nun taste dich zum Rücken - wo beginnt der Kontakt - wo endet er - zur Schulter - nun taste dich von der linken Schulter den linken Arm bis zur Hand herunter - taste dich wieder zurück - wiederhole dies von der rechten Schulter ab - nimm noch einmal die gesamte Schulterpartie wahr - spüre nun den Nackenansatz und den Kontakt des Kopfes zum Boden - nun nimm dich noch einmal ganz wahr - spüre den Kontakt des Körpers mit dem Boden - nimm Beziehung mit dem Boden auf - mache dir bewußt, daß der Boden auf deine Körperoberfläche nicht nur wirkt, sondern daß er einwirkt - lasse diese Wirkung zu."

Variante 2:
Erspüren des Innenraumes

Anleitung:
"Lege dich nun auf den Boden - die Beine parallel - die Hände seitlich - der Nacken ist leicht gestreckt - das Kinn ist etwas in Richtung Brustkorb gezogen - spüre den Kontakt zum Boden - nun stelle dir vor, dein Körper ist ein Hohlraum und du tastest von innen nach außen deinen Körper ab: Beginne mit dem Kopf - die Augen sind geschlossen - wie sieht deine Stirn aus? - wie weit springt deine Nase in den Raum vor? - wie groß sind die Flächen der Wangen? - wie breit sind die Lippen? ..."
Vom Kopf dann in den Bereich des Rumpfes wandern. Sich Zeit lassen.

Anmerkung: Die Anleiterin sollte sich selbst mit einer Uhr kontrollieren, wieviel Zeit sie sich für die Übung läßt. Auch sollte sie nicht selbst an dieser Übung teilnehmen, sondern nur anleiten.

Variante 3:

Eins werden

Diese Übung kann im Sitzen durchgeführt werden und als Vorbereitung für weitere Übungselemente dienen.

Anleitung:

"Setze dich aufgerichtet auf deinen Stuhl - lehne dich nicht an - setze dich nur auf die vorderen zwei Drittel der Stuhlfläche. Stelle dir vor, von deinem Haarwirbel wirst du nach oben gezogen - strecke dich nicht, sondern versuche aufrecht zu sitzen. Nun stelle dir vor, eine angenehme, warme Flüssigkeit fließt von deinem Kopf abwärts an dir entlang - sie verteilt sich über dein Haar - fließt ganz behutsam über dein Gesicht - die Stirn - die Augenbrauen - die Wangen - die Nase ... den Nacken ... die Schulter ... die Arme ... den Rücken ... umfließt das Becken .... bis hin zu den Zehen.

Und nun nimmst du wahr, wie deine Füße Wurzeln schlagen und aus der Erde Kraft holen. Diese Kraft dringt über die Fußsohlen in die Füße - spüre sie im Knöchel ... wie sie langsam emporsteigt."

Ich verzichte auf die weiteren Details der Wanderung und hoffe, daß jede, die diese Übung anwendet, sie vorher an sich selbst ausprobiert, damit der Ablauf in sich logisch ist. Wichtig ist, die Anleitung klar und deutlich zu geben; also nicht von der Stirn in den Nacken, dann zum Fuß etc.

Anmerkung:

Die drei vorgeschlagenen Varianten sind eine Auswahl von unzähligen Modellen, die sich derzeit auf dem Markt der Selbsterfahrung tummeln. Es sind die Formen, die ich bei Eutonieseminaren selbst als Übender erfahren habe und mit denen ich auch als Seminarleiter gute Erfahrungen gemacht habe. Sie bilden eine gute Grundlage für die nun folgenden Betrachtungen.

Betrachtungen

Betrachten ist ein Wahrnehmen mit geöffneten und gerichteten Sinnen. Ich bereite mich für eine Betrachtung durch Entspannung vor und lasse mich auf den Betrachtungsgegenstand ein. Dabei verlasse ich mich auf die Anleiterin. Ich vertraue darauf, daß die Betrachtungsgegenstände mich nicht bedrohen oder bedrängen.

Musikbetrachtung

Mit einer Musikbetrachtung kann die Entspannung zu einer Reise auf Melodien werden. Die Musik kann die Betrachterin durch verschiedene Landschaften und Ereignisse führen.
Geeignete Musik können Auszüge aus Vivaldis "Vier Jahreszeiten", Dvoraks "Moldau", Bachs "Air", Haydns "Uhr" oder andere sein. Schöne moderne Musik gibt es von Kitaro, Deuter und vielen anderen.

Anmerkung:
Musik ist auch eine Sache des Geschmacks. Es ist mir mehr als einmal passiert, daß ich nicht den Geschmack der Teilnehmerinnen getroffen habe. Im Zweifelsfall sollte man wohl lieber keine Musikbetrachtung anbieten.

Märchen

Märchen zum Entspannen und Träumen hat Else Müller in zwei Büchern gesammelt. Auch gibt es schöne Märchen von Jakob Streit, die sich für eine solche Betrachtung eignen.
Eine Form der Vertiefung kann das Malen eines inneren Bildes werden. Märchen setze ich im Training im Bereich der Verzweiflungs- und Ermutigungsarbeit ein. Märchen haben in sich viel von der unerbittlichen Realität und zugleich viel von der Hoffnung, die über das Gegebene hinausweist.

Literatur (eine Auswahl)

Else Müller: Du spürst Deine Füße im Gras, Frankfurt, 1983
dies.: Auf der Silberlichtstraße des Mondes, Frankfurt, 1985
Gerlinde Ortner: Märchen, die Kindern helfen, dtv, München, 1993

Bild-, Kunstbetrachtung

Bilder und Gebilde können für sich wirken, können Kraft geben, können Verbindungen schaffen, neue Gedanken bringen. Dies alles kann in einem Rahmen des Schauens geschehen, indem ich mich entspanne und mir ein Bild betrachte.
1. Eine solche Betrachtung kann auch ohne Anleitung erfolgen. Das Objekt der Betrachtung einfach nur wirken lassen und anschließend die Eindrücke austauschen.
2. Sie kann auch angeleitet stattfinden. Die Anleitung sollte aber gut vorbereitet werden und sich dennoch auf das Wesentliche beschränken.

Anmerkung:
Ich verwende für Bild- bzw. Kunstbetrachtungen immer sehr einfache Bilder oder Kunstwerke. Das kann eine Muschel sein, oder der "Sämann" von v. Gogh; auch einzelne Bilder von Beuys eignen sich. Sehr gute Erfahrungen habe ich bisher mit Betrachtungen gemacht, die eine ruhige Aktivität nach sich gezogen haben. So nahm ich ein unfertiges Bild und ließ die TN nach einer Zeit der Betrachtung dieses Bild auf ihre Art ergänzen. Dazu eignen sich Bilder von Piccasso oder Dalí sehr gut. Dalís bekanntes Uhrenbild "Die Beständigkeit der Erinnerung" (1931) setzte ich für eine Betrachtung über die Wertigkeit der Zeit innerhalb eines Workshops über Zukunftsperspektiven ein. Ich hatte eine große Schwarzweißkopie des Bildes gezogen und dann bis auf die Uhren alles entfernt. Die Landschaften und Szenen, die auf dem neuen Bild entstanden, vertieften das Verständnis von Zukunft in der Gruppe -ohne große Worte.

Den Energiefluß aktivieren

Dauer: etwa 15 Minuten

Anleitung:
"Dies ist eine Paarübung. Suche dir einen Partner, mit dem du diese Übung machen möchtest. Nun stelle dich hinter deinen Partner. Schließt beide die Augen - nehmt euch zuerst wahr - die Ausstrahlung des anderen - öffnet wieder die Augen. Nun beginnt die vorne stehende Person und legt ihre Hände in den Nacken. Die hintere Person legt ihre Hände darauf. Sie streicht über die Schultern, die Arme, den Nierenbereich, das Gesäß, die Oberschenkel, Unterschenkel, die Knöchel. Mittlerweile hat die vorne stehende Person die Hände aus dem Nacken genommen und beugt sich ruhig nach vorn, um die Energie vom Knöchel aus aufzunehmen und sich vorne über das Schienbein, die Knie, das Becken, den Bauch, die Brust in den Nacken zu streichen. Dort nimmt die wieder aufgerichtete hintere Person die Energie von den Händen und lenkt sie wieder nach unten. So entsteht ein ruhiger Kreislauf von innerer Energie.
Die Übung soll ruhig verlaufen, also nicht zu schnell und nicht zu langsam. Nach einer euch entsprechenden Zeit laßt die Bewegung ausklingen und tauscht die Rollen."

Anmerkung: Diese Übung eignet sich hervorragend nach langen ermüdenden Sitzungen. Sie braucht einen kleine Vertrauensvorschuß, sollte also nicht in Gruppen vorgeschlagen werden, die sich nicht kennen oder deren Vorstellungen von Nähe verletzt werden können.

Ausklopfen

Dauer: ca. 15 Minuten

Verlauf:
Jeweils drei Teilnehmerinnen stellen sich nebeneinander auf, die beiden äußeren wenden sich der in der Mitte stehenden Teilnehmerin zu. Diese beugt sich nach vorn. Der Kopf und die Arme **hängen** nach unten. Die Fingerspitzen berühren den Boden (sofern es geht). Die beiden rechts und links Stehenden beginnen mit den Fingerspitzen die Wirbelsäule der Dritten entlang zu klopfen. Das Klopfen verstärkt sich, statt der Fingerspitzen klopft nun der vordere Teil der Hand. Die Rückenmuskulatur (Vorsicht im Bereich der Nieren!) wird gut durchgeklopft. Die Arme und Beine werden ausgeklopft. Dann wird behutsam der Wechsel zum Ausstreichen eingeleitet. Die Fingerspitzen tropfen auf die Muskulatur. Die beiden "Klopferinnen" stellen sich nun so hinter die "Geklopfte", daß sich deren beide Pobacken gegen die nach innen gerichteten Hüften drücken. Nun wird von den Schultern ab fest in Richtung Gesäß entlanggestrichen. Es werden auch die Arme und die Beine ausgestrichen. Dann stellen sich beide auf Schulterhöhe der hängenden Person, fassen ihr unter die Arme und richten sie langsam auf. Nach einer kurzen Verschnaufpause wird gewechselt.

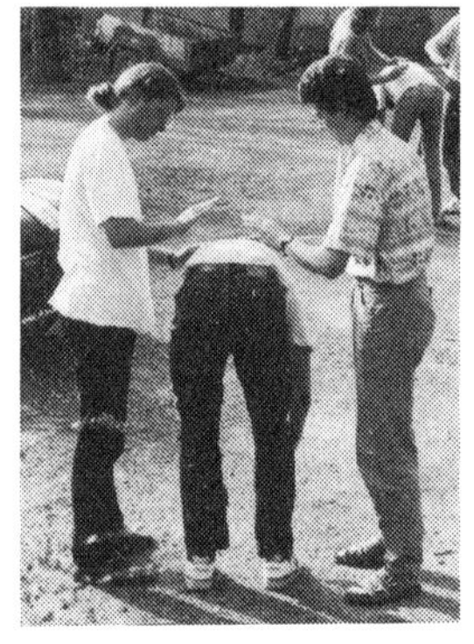

Anmerkung: Diese Lockerungsübung geht bei fast allen Gruppen. Sie kann auch zu zweit durchgeführt werden.

Wiegen

Dauer: 60 bis 90 Minuten
Material: Decke

Anleitung:
"1. Sucht euch eine Partnerin, mit der ihr diese Übung machen wollt. Nun legt sich eine von euch beiden auf den Boden und entspannt sich (Kurze angeleitete Entspannung, siehe oben, ca. 10 Min). Du bist nun entspannt - ruhig und gelassen - die Augen bleiben geschlossen.
2. Du sitzt bequem daneben und betrachtest die Person, die vor dir liegt. Ein Mensch! Nimm nun behutsam den Unterarm und hebe ihn leicht vom Boden - wiege diesen Arm leicht hin und her - erprobe ihn - ziehe kleine Kreise - bewege die Hand und den Arm am Schultergelenk - nach einer Weile lege ihn behutsam auf die Decke. Nun wechsle die Seite. Setz dich und verfahre ebenso. ... Dann das rechte Bein, das linke Bein. Zum Schluß begib Dich zum Kopf. Greife mit den Fingern unter den Hinterkopf und hebe ihn leicht an. Wiege den Kopf, betrachte das Gesicht.
Nun lege den Kopf behutsam auf die Decke und bleibe noch sitzen. Spüre nach, was du alles bewegt hat.
3. Spüre nach, was an dir bewegt wurde. Spüre die Berührungen, die Bewegungen und beginne langsam, deine Finger zu bewegen - die Zehen - öffne die Augen und strecke dich - gähne - drehe dich zu Seite und stehe von der Seite her auf. Vielleicht möchtest du deiner Partnerin noch etwas sagen. Dann tauscht die Position."

Anmerkung Joanna Macy, eine US-Amerikanerin, die im Bereich des Empowermentworks oder psychologischer Friedensarbeit bekannt ist, verwendet diese Methode ebenfalls. Sie benutzt sie im Zusammenhang mit dem Erfahrbarmachen der Einmaligkeit menschlichen Seins. Sie betont bei der Übung die Wahrnehmung der einzelnen Gliedmaßen, wie Hand, Arm, Fuß, Kopf als einmaliges Ereignis in diesem Kosmos. Auch betont sie die Wechselseitigkeit von wiegen und gewiegt werden.

Meditativer Tanz

"Ein Versuch, leib-orientierte Meditation durch die geronnene Bewegung der Schrift auszudrücken"

" - Der Tanz ist die älteste und elementarste Form der religiösen Äußerung. Ein Hauptmerkmal aller matriarchalen und auch späterer Kulte war der Tanz.
- Tanz ist immer sakral; alles Sichtbare ist eine Vision des Unsichtbaren. (Bejart)
- Die wichtigsten Ereignisse des Lebens wurden getanzt. Nicht Zerstreuung war Tanz, sondern Gebet (nach Acogny, Afrikanischer Tanz).
- Die Wortbesetzung 'Tanz' hat mit Ziehendem zu tun (Salber), und in dieses Ziehen werden die Tanzenden einbezogen, sie spüren ein unfaßbares Gezogenwerden.
- Der Tanz enthält Askese wie Schöpfung (nach Bejart).
- ...."

(Hilda Maria Lander/Maria-Regina Zohner: Meditatives Tanzen, Stuttgart, 1990)

Tanz in der Trainingsarbeit
Unser Körper und unsere Seele brauchen eine Ausdrucksform, die über die Sprache hinausgeht. Wir können uns nicht darauf beschränken, themenspezifische Trainings anzubieten. Ein Teil unserer Arbeit muß zugleich die uns innewohnenden Gefühle, wie Verzweiflung und Hoffnung, ansprechen. Der Tanz ist eine der vielen Ausdrucksformen für dieses Empfinden. Meditativer Tanz ist ein Versuch, einen Rahmen für diesen Ausdruck entstehen zu lassen.

Werkzeuge für Trainings

Analyseformen

Problemfindung

Konfliktanalyseformen
Das instabile Dreieck
Netzkarte - Webchart
Zukunftswerkstatt
Kraft-Feldanalyse

Bedingungsanalyse Gruppe
Zeit
Fähigkeiten

Problemkartierungen
Beispiel 1: Militäranalyse
Beispiel 2: Aktionskartierung zum Thema Sozialabbau

In Seminaren in Deutschland oder anderen europäischen Ländern stoße ich auf ein immer wiederkehrendes Phänomen. Wir wissen von vielen Unrechts-und Gewaltereignissen; Probleme ohne Zahl lassen sich unschwer aufreihen. Stelle ich Seminar- oder Kursteilnehmerinnen die Frage, welches von diesen vielen Problemen sie als Aktionsgruppe am meisten berührt, stehen die Leute zuerst oft fassungslos da und sagen: "Na, die betreffen mich doch alle!"
In der Tat, meist gilt es erst einmal, das "passende" Problem zu finden. Bei Aktionsgruppen, die schon ihr Thema haben, geht es oft nur noch um eine Eingrenzung.

Problemfindung

Ziel: Klärung des Konfliktgegenstandes, Entscheidungsfindung
Dauer: 30 - 45 Minuten

Verlauf:

1. Die Teilnehmerinnen formulieren durch Zuruf ihren "Konfliktgegenstand".
   Beispiel: Grober Konfliktbereich ist die zunehmende Luftverschmutzung.

2. Nun werden in Form einen Brainstormings die "Konfliktfelder" gesammelt.

Beispiele:
- mangelnde Abgasreinigung der Sondermüllverbrennungsanlage
- zunehmender Autoverkehr
- Heizungsemissionen der Privathaushalte
- Zigarettenqualm
- Starker Kohlkonsum, menschliche Abgase
- Zunahme der Pseudokruppfälle

3. Auswahl nach Wichtigkeit:
   Jedes Gruppenmitglied kann 3 oder 4 Stimmen vergeben. Danach

können die Konfliktfelder mit den wenigsten Stimmen gestrichen werden. Bedenken an dieser Auswahl sollten geäußert werden.

4. Vorentscheidung:
   Jedes Gruppenmitglied hat nur noch eine Stimme zu vergeben. Nun kristallisieren sich einzelne Felder heraus, die entweder alle betreffen oder keinen. Hieraus ergibt sich nun ein Stimmungsbild. Die Reihenfolge der "Konfliktfelder" schreibe ich noch einmal auf ein Plakat. Neben den Konfliktfeldern lasse ich noch Platz für eine klare Formulierung.

5. Das Konfliktfeld "Zunehmender Autoverkehr in Schilda" wird noch deutlicher formuliert, z.B. als These: "Die Verschmutzung der Luft in Schilda hat mit dem zunehmenden Autoverkehr zu tun" oder "Die Zunahme der Pseudokruppfälle wird geheim gehalten, damit die zuständigen Stellen nicht handeln müssen"....

6. Die Gruppe entscheidet sich nun, ob die herausgearbeitete Reihenfolge für sie paßt.

Barometer

Ziel: Herausfinden, wohin die Gruppe tendiert
Dauer: 30 Minuten

Verlauf: Der Beginn ist wie bei der vorangegangenen Übung. Ab Phase 4 nützt der Trainer den vorhandenen Raum. Er schreibt die ausgewählten "Felder" (normalerweise bleiben gerade vier oder fünf übrig) auf große Blätter und verteilt sie im Raum. Jetzt kann sich jeder zu seinem wichtigen Thema stellen für das er argumentieren oder auch marktschreierisch werben kann. Vielleicht ändern oder verschieben sich Meinungen und die TN konzentrieren sich auf zwei oder drei Haufen.

Anmerkungen: Der Vorteil dieser Übung ist die Visualisierung der Gruppenverteilung und das spielerische Entdecken weiterer wesentlicher Faktoren.

Volltreffer

Ziel: Sichtbarmachung und Wertung von Konfliktfeldern
Dauer: 30 Minuten

Verlauf: Die Trainerin hat große Zielscheiben auf Blättern vorbereitet. Nun werden die einzelnen Problemfelder, die bei einer Vorauswahl herausgefiltert worden sind, unter die Zielscheiben geschrieben. Die Teilnehmerinnen sammeln nun Argumente, wieso es wichtig ist, gerade mit diesem Problemfeld zu beginnen und bewerten gemeinsam, wie nahe diese Aussagen dem Kern des Problemfeldes sind oder nicht. Wenn dann am Schluß die vier oder fünf Tafeln angeschaut werden, ergibt sich deutlich, wo noch weitere Informationen und auch Bezüge zur Gruppe fehlen.

Anmerkung: Dieses Modell eignet sich auch zur Zielfindung.

Literatur:
Ein sehr wichtiges und interessantes Buch mit vielen Übungen zur Problemfindung und Analyse aus Südamerika ist vom Arbeitskreis Freire-Pädagogik der AG SPAK herausgegeben worden und nennt sich: "Mit Phantasie und Spaß, Praktische Anregungen für eine motivierende politische Bildungsarbeit".
Herausgeber und Bezug: AG SPAK, Adlzreiterstraße 23, 80337 München

Konfliktanalyse

Die Konfliktanalyse in einem Training hat zur Aufgabe, einer Aktionsgruppe die eigenen Kräfte und Chancen aufzuzeigen. Es geht dabei um das Entdecken von "Hebeln der Veränderung". Wie diese Hebel gefunden werden, zeigen die vier vorgeschlagenen Analyseformen, die gebräuchlichsten in der gewaltfreien Trainingsarbeit.

Das instabile Dreieck

Ziel: Aufzeigen von Verbindungen, die einen direkten Bezug zwischen Problem oder Konfliktgegenstand und Aktionsgruppe schaffen.

Verlauf:
Diese für mich sehr einleuchtende Art und Weise der Darstellung wurde von Jean Goss und Hildegard Goss-Mayr entwickelt. Sie haben diese Darstellungsform vor allem bei Trainings mit gewaltfreien Bewegungen in den Ländern der sogenannten 3. Welt eingesetzt. Axiome für dieses Dreieck sind:

• Unrecht und Gewalt sind instabil
• Unrecht und Gewalt brauchen Stützen
• Wer schweigt, stützt das Unrecht und die Gewalt

Dann zeichnen sie ein auf der Spitze stehendes Dreieck auf eine Tafel. Das Unrecht wird in das Dreieck eingetragen. In den Trainings von Goss und Goss-Mayr fanden sich dann in diesem Dreieck Unrechtsformen wie ungerechte Landverteilung, Gewalt der Militärs, keine Gewaltenteilung, Korruption etc....
In europäischen Aktionsgruppen finden sich (nach abgeschlossener Problemfindungsphase) etwa folgende Themen:

- Mangelndes Einschreiten bei Gewalttaten auf offener Straße
- Abschiebepolitik des Landkreises
- Recht- und Hilflosigkeit der Asylbewerberinnen
- Zunahme rechtsextremer Straftaten in A-stadt
- Ausschreitungen zum Geburtstag eines Symbols der rechten Szene
- Bau des Atomkraftwerkes in B-dorf
- Verträge der Energieversorgungsunternehmen mit der tschechischen Republik zum Bau weiterer Atomkraftwerke
- Militäreinsätze in Krisen- und Kriegsgebieten
- Müllproduktion statt Müllvermeidung

Als exemplarisches Beispiel nehme ich nun das Thema "Zunahme rechtsextremer Straftaten in unserer Stadt".

1. Worum geht es?
Konfliktgegenstand ist der Rassismus, der sich in den verschiedensten Ausformungen zeigt. Eine dieser Varianten ist hier das genannte Konfliktfeld (Zunahme rechtsextremer Straftaten). Ich trage nun in das Dreieck ein:

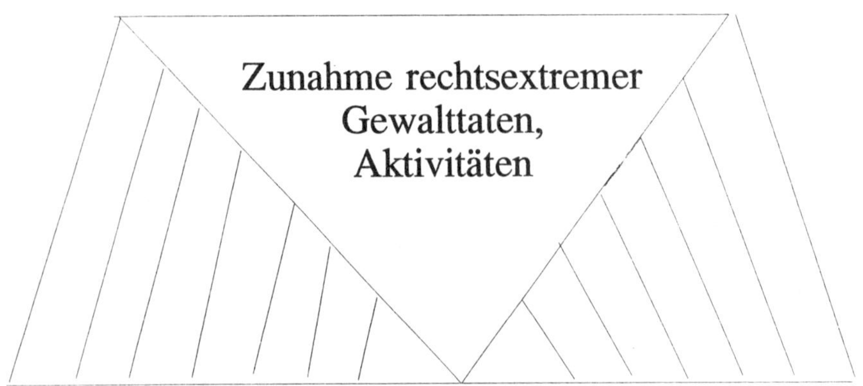

2. Wer ist beteiligt?

Nun beginnen die Teilnehmerinnen, die Personen oder Gruppen einzutragen, die **Stützen dieses Unrechts** sind. **Achtung!** Oftmals werden Eigenschaften wie Trägheit, Faulheit usw. genannt und eingetragen. Das ist sehr hinderlich, da es schwierig sein wird, Eigenschaften zu einem Dialog zu bringen. Es sind Menschen, die diese Eigenschaften haben. Diese gilt es zu erreichen. Nach diesem Schritt haben wir folgendes Bild:

Diese Eintragungen wirken auf den ersten Blick sehr allgemein. Es werden in diesem Abschnitt nur die Rahmenbedingungen erfaßt.

3. Wie sind wir damit verbunden?
Im nächsten Schritt geht es nun darum, Verbindungen herzustellen. Zu welchen Gruppen haben wir direkten oder indirekten Kontakt. Schon bei dieser Übersicht wird deutlich, daß die geplante Aktionsgruppe zu rechtsextremen Organisationen und Menschen keinen Kontakt hat. Die Problemgruppe steht nur über Dritte, z.B. Medien, Politiker in Bezie-

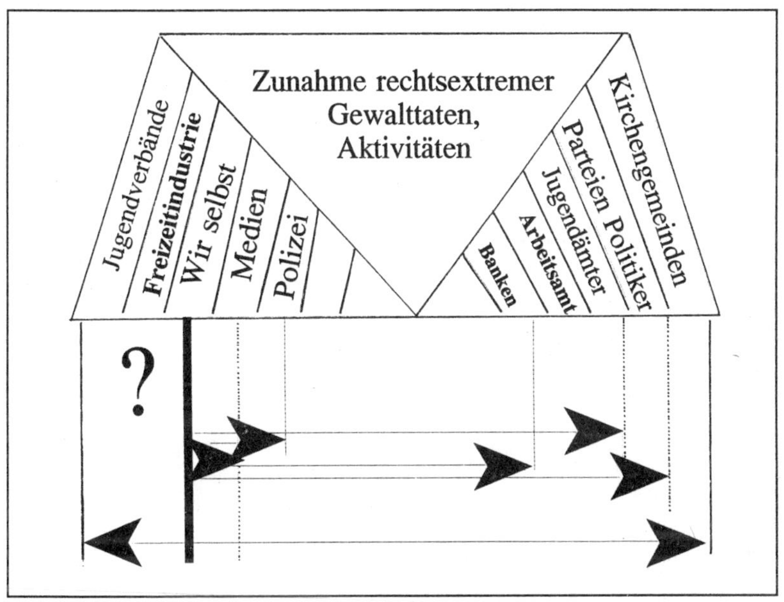

hung zur Aktionsgruppe. Für eine Aktionsgruppe ist dies eine wichtige Erkenntnis. Denn wie soll sie nun einen Dialog beginnen, wenn es noch keinen Kontakt gibt? Soll ihre Aktivität nach dem üblichen Delegationsdenken im Appell stecken bleiben oder möchte sie durch direktes Handeln der Gewalt entgegenwirken?

4. Was können wir tun?
Um handlungsfähig zu werden, müssen nun die einzelnen Überbegriffe konkretisiert werden. Eine Form kann eine Tabelle sein, die parallel zu dem Schaubild ergänzt wird.

Überbegriff	Personen	Bezug	Ort
Jugendverband			
Dachorganisation Kath. Jugend	José Bernard	Vorsitzender KJR	
	Sepp, Maria, Therese	arbeiten bei der GCL mit, sind im Leitungsteam	
	Michael	Pastoralassistent für das Gemeindegebiet, in dem Anschläge stattgefunden haben	
Evang. Jugend	Frauke	Pfarrerin der evang. Gemeinde, in der rechtsextreme Gruppen aufgetreten sind	
Gewerkschaftsjugend	Anneliese, Hans	Jugendvertreter im Betriebsrat	

Dies nur als Ausschnitt. Nun soll das weitere Vorgehen geplant werden. Hilfreich sind dabei die Überlegungen, wo Stärken und Schwächen sinnvoll eingesetzt werden können.

Die Netztabelle

Ziele/Verwendungsmöglichkeiten:

- Die allgemeinen Ursachen oder Konsequenzen eines spezifischen Problems erkennen.
- Das Problem in die Mitte eines Netzes von Kräften oder Ereignissen, die mit ihm direkt verbunden sind, stellen.
- Einen umfassenderen Bilck auf das Problem, an dem die Gruppe gerade arbeitet, bekommen.
- Die Ursachen eines Problems untersuchen, indem man die Verbindungen zwischen persönlichen Problemen und größeren Kräften der Gesellschaft analysiert.
- Die Folgen eines Ereignisses oder des Projektes erkennen.

Dauer: 3 - 6 Stunden
Material: Wandzeitung, Flipchart, Farbstifte

Verlauf
1. Die Trainerin schreibt das gestellte Problem in die Mitte eines Bogens Papier (auf eine Tafel oder ein Flipchart),
z.B.
Die Abhängigkeit der Deutschen vom Auto (und die Konsequenz daraus),
oder
Die persönliche Isolierung (und deren Ursachen)
oder
Die Abschaffung des Autos (visionäre Konsequenzen).

2. Die Gruppe listet die unmittelbaren Ursachen **oder** Konsequenzen des zentralen Problems (z.B. die persönliche Isolation) auf. Bei einer größeren Gruppe sollte eine Diskussion unterbleiben, die Aufgabe jedoch durchdacht und nicht im Brainstorming angegangen werden. Bei einer kleinen Gruppe (bis 6 Personen) ist die Diskussion notwendig, damit die Tabelle übersichtlich und zutreffend bleibt.

3. Die Gruppe notiert nun ein paar Ursachen **oder** Konsequenzen für jede Ursache oder Konsequenz, die schon aufgelistet worden sind, zieht Verbindungslinien, Pfeile ... .
Die Trainerin soll die Gruppe dazu drängen, das Netz um die Ursache oder Konseqenz aufzubauen, damit sie sich nicht auf eine Stelle (eine Ursache oder eine Konsequenz) beschränkt.

4. Die Gruppe schreibt drei oder vier Ebenen von Ursachen oder Konsequenzen weiter, je nachdem, wieviel Zeit zur Verfügung steht.
Ein Mindestzahl von drei Stufenverbindungen ist zu empfehlen.

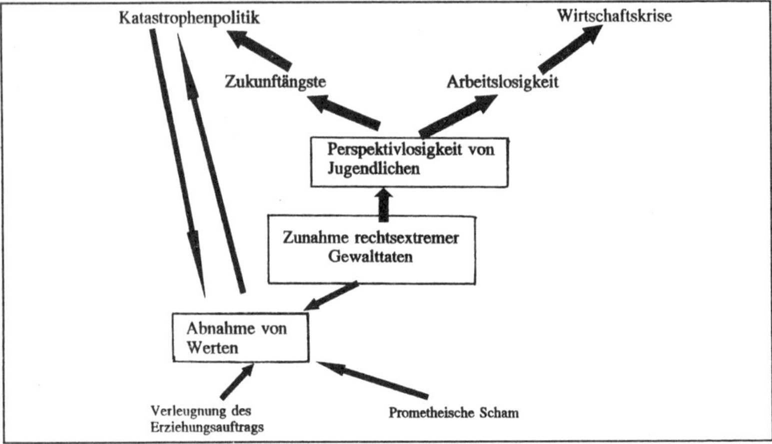

Anmerkung:
Vorsicht: Diese Tabelle ist sehr strukturistisch und visualisiert Bedingungen, die oft nicht so ganz klar sind. Wenn sie nur zur Analyse eines Konfliktgegenstandes benutzt wird, kann es zu Ermüdungen führen oder auch zu Widerständen. Diese Übung eignet sich viel mehr, um die eigenen Verflechtungen zu erkennen. Die beiden Variationen habe ich schon selbst ausprobiert und gute Erfahrungen damit gemacht. Die Grundübung ergibt wenig Konkretes und eignet sich nicht für eine Konfliktanalyse, bei der lokale Handlungsschritte herauskommen sollen.

Variation 1:
Die eigenen Ängste und Bedrohungen im Zusammenhang erkennen

Ziele/Verwendungsmöglichkeiten:
- persönliche Verletzungen mit den gesellschaftlichen Kräften verbinden
- persönliche Motivation für eine gesellschaftliche Änderungsarbeit finden

Dauer: 2-3 Stunden

Beschreibung:
1. Die TN denken 3 bis 5 Minuten lang darüber nach, welche Aspekte ihres Lebens sie tatsächlich verletzen.
Das kann sich von finanziellen Problemen bis hin zum Schmerz, den der Anblick erschossener Menschen auslöst.
Jeder Teilnehmer berichtet der Gruppe, was ihn am meisten bedrückt (3 Beispiele). Alles wird auf einer Wandtabelle aufgeschrieben.

2. Die Gruppe wählt eine von diesen Bedrängnissen aus oder gruppiert mehrere ähnliche zusammen und verwendet dies als Basis für den Aufbau einer Netztabelle von Ursachen.
Das funktioniert bestens, wenn die zentrale Frage sehr konkret ist (siehe Netztabelle, Beispiel Nr. 1).
3. Die Gruppe macht mit der Beschreibung unter "Netztabelle", Schritt 1-4 weiter.
4. Es gibt mehrere Wege, diese Übung zu einem nützlichen/verwendbaren Ende zu bringen.
a) Wenn die Netztabelle komplett ist, schreiben die Teilnehmer noch Punkte auf den Tabellenrand, die sie für wichtig halten.
Die Gruppe wählt aus dieser Liste einen Punkt aus, der durch eine sozialen Aktion geändert werden könnte. Dann spricht jeder Teilnehmer seine Wünsche zu diesem Problem aus.
Die Gruppe entscheidet sich für einen dieser Wünsche and verwendet

anschließend die Übung "Vision zum Projizieren".
b) Die Gruppe gönnt sich ein Brainstorming und bespricht aktionsbezogene Projekte, um die Ursachen der zentralen Bedrängnis zu bekämpfen. Die Gruppe denkt sich Fragen für weitere Forschung und Analyse aus, um die Leerräume in der Tabelle aufzufüllen.

Anmerkung:
Da die gesamte Übung 2 bis 3 Stunden dauert, kann man nicht mehr als ein einziges Thema pro Gruppensitzung durchgehen.

Variation 2:
Persönliche Befreiung im Zusammenhang sehen lernen

Wie bei der Variation 1 vorgehen. Inhalt sind aber drei Vorstellungen, die mein Leben ändern könnten.
z.B. sinnvolle Teilzeitarbeit, meine Nachbarn kennenlernen etc.

Die TN werden aufgefordert, einen dieser Gedanken in die Mitte der Netztabelle einzutragen. Sie sollen sich Gedanken machen über die unmittelbaren Dinge, die für die Ermöglichung dieser Befreiung notwendig sind, und dann an die entfernteren Dinge, die notwendig wären. (Der äußere Rand stellt eher die gesellschaftlichen Einsichten als die gesellschaftlichen Bedrängnisse dar).

Zukunftswerkstatt
Dauer: 6 Stunden bis 3 Tage
Material: Literatur über die Zukunftswerkstatt, große Papierflächen, Farbstifte, Tageslichtprojektor mit Zubehör
Verlauf:
Der Grundaufbau

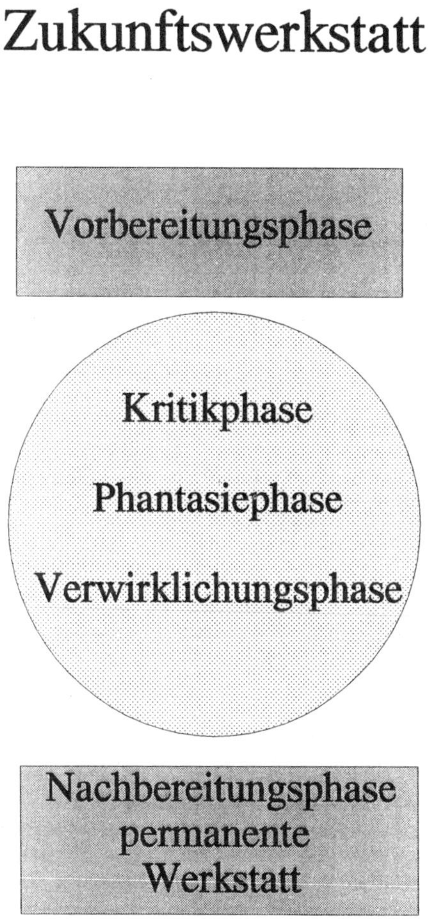

Zukunftswerkstatt

Vorbereitungsphase

Kritikphase

Phantasiephase

Verwirklichungsphase

Nachbereitungsphase
permanente
Werkstatt

Vorbereitungsphase:
Falls sich die Gruppe nicht kennt, erfolgt der Einstieg mit phantasievollen Kennenlernübungen. Körperarbeit ist bei dieser Methode ein guter Ausgleich für die großenteils sitzende Tätigkeit.
Die TN werden über die Möglichkeiten und Grenzen dieser Übung informiert. Bei ausreichender Zeit ist es sinnvoll, die Erwartungen zu klären und ebenfalls klare Vorgaben bezüglich der Themenwahl abzusprechen.

Kritikphase:
1. Problemfindung:
2. Kritikauswahl:
   Welche Kritikstichworte sind für mich wichtig?
   Welche wollen wir behandeln?
3. Auswahl unter Oberbegriffe sammeln
4. Entscheidung über die Kritikthemenkreise
   Welche Kritikthemenkreise sind für uns wichtig?

Phantasiephase:
1. Zielbestimmung: Umformulierung des ausgewählten Kritikthemenkreises in ein positives Ziel. (Schwierig!)
2. Phantasieatmosphäre schaffen: Lockerungs-, Phantasieübungen
3. Brainstorming, Ideensammlung, ...
   Wie wünschen und erträumen wir uns eine Lösung?
4. Phantasieauswahl
   Welche Ideen sind für uns am wichtigsten? Welche wollen wir uns genauer betrachten?
5. Oberbegriffe sammeln, utopische Entwürfe gestalten

Verwirklichungsphase:
1. Phantasieergebnisse vorstellen, hierzu Verständnisfragen, Ergänzungen, zusätzliche Ideen
2. Ideenauswahl: Punktvergabe wie bei der Problemfindung; welche Ideen wollen wir aufgreifen?
3. Lösungsprüfung: was bedeuten für die Gruppe die ausgewählten

Vorschläge konkret?
4. Entscheidungsfindung: Welcher der Vorschläge wird aufgegriffen und umgesetzt?

Permanente Werkstatt
1. Präzisieren der Idee: Brainstorming
2. Projektentwürfe
3. Auswahl treffen
4. Sich sachkundig machen
5. Projektziele festlegen
6. Zeitplan, Kraftanalyse der Gruppe
7. Verwirklichung
8. Ergebnisse dokumentieren und auswerten.

Die verschiedenen Formen von Zukunftswerkstatt

Die Zukunftwerkstatt kann in verschiedenen Formen genutzt werden.

a. Zur Analyse und Ideenwerkstatt innerhalb eines Trainings
Die Orientierung an der Grundform ist dabei unerläßlich. Voraussetzung hierfür ist die intensive Vorbereitung der Gruppe und ein entsprechend fester Zusammenhalt. Diese Arbeitsweise eignet sich nicht für eine Gruppe neuer Menschen. Auch wenn die Gruppe die Methode sehr gut kennt, ist es ratsam, einen Trainer von außen hinzuzuziehen, da eine außenstehende Person mögliche Blockaden leichter entdecken und lösen kann.

b. Zur Trauer- und Ermutigungsarbeit
Vor allem in Gruppen, die am Anfang stehen und sich noch nicht gut kennen, wirft die Kritikphase das Problem auf, daß Gefühle von Ohnmacht aufkommen und deutlich hervortreten. Was aber damit tun? Die Trauer braucht ihren Platz. Sie ist eine sehr wichtige Energie in der Veränderungsarbeit. Das Ignorieren der Trauer führt zu Blockaden und Lähmung. So ist es sinnvoll, sich auch nach der Kritikphase ausreichend Zeit zu nehmen. Methoden aus der Trauer- und

Ermutigungsarbeit sollten dann ausreichend zum Einsatz kommen. Empfehlenswert sind die Übungen aus der Ermutigungsarbeit von Joanna Macy. Zum Abschluß der Kritikphase verwende ich Entspannungsübungen wie das "Wiegen", "Rücken an Rücken" oder eutonische Übungen zur Wahrnehmung von Veränderungsprozessen. In der Phantasiephase arbeite ich zuerst mit der Bildersprache und malerischen Ausdrucksformen.

c. Als Seminarform, in der die einzelnen Teile erfahrungsorientiert in einem Wochenseminar bearbeitet werden.
Beispiel für ein Seminar mit Zivildienstleistenden zum Thema: Zukunft des Waldes

Montag	*Ankommen, Kennenlernen, Programmplanung* ***1. Woher komme ich?*** *Methoden: Bildgeschichte mit dem von Problemen gepflasterten Weg, Gespräch*
Dienstag	***2. Kritikphase*** *2.1. Interviews und Gespräche mit Forstbeamten, Waldbauern, Erholungssuchenden Zusammentragen der Ergebnisse, eigene Einschätzung finden* *2.2. Eingrenzen der Kritikpunkte und Zielformulierung* *2.3. Brief an ein noch ungeborenenes Kind* *2.4. Wiegen*

Mittwoch	***3.***	***Phantasiephase***
	3.1.	*Knobeln, Dschungellauf, Blind führen, Ein-Wort-Geschichte*
	3.2	*Brainstorming*
	3.3.	*Auswerten*
	3.4.	*Die eigenen Fähigkeiten und Grenzen anschauen Methode: Stolpersteine aufbauen, Tobit*
	3.5.	*Auswertung*
Donnerstag	***4.***	***Verwirklichungsphase***
	4.1.	*Entwerfen eines Forderungskatalogs*
	4.2.	*Diskussion mit Kommunalpolitikern*
	4.3.	*Konfrontation der Bevölkerung mit den Ideen*
Freitag	*5.*	*Back home-Übung*
	5.1.	*Was werde ich machen wollen, was nicht? Methode: über Symbole dargestellt*
	6.	*Seminarauswertung*

Literatur zur Zukunftswerkstatt:

Robert Jungk/Norbert R. Müllert: Zukunftswerkstätten, München, 1989

R. Jungk: Statt auf den großen Tag zu warten, aus: Kursbuch 53

Fritz Letsch: Zukunftswerkstatt - Utopie, in: Das KulturBureau, Regensburg, 1992

Kraftfeldanalyse

Dauer: mindestens 4 - 6 Stunden, wenn nicht länger
Material: 12 große Blätter für jede Kleingruppe

Verlauf:
Diese sehr klar strukturierte Methode eröffnet eine interessante Sammlung von Anwendungsmöglichkeiten. Sie schließt die Betrachtung der eigenen Kräfte mit ein.

1. Erkennen des Problems und des Ziels
1.1. Ist ein Interesse vorhanden? Öffentlich? In der Gruppe?
1.2. Deutliche Formulierung des Problems
1.3. Ist das Ziel allen klar? Ist es vermittelbar?
1.4. Wann ist das Ziel erreicht?
1.5. Können wir das Ziel erreichen?

2. Erkennen der Gesamtsituation

Auflisten der einzelnen Elemente und Bewerten derselben (sich dabei aber nicht verlieren). Die Unterscheidung für/gegen Veränderung ist sehr oberflächlich, häufig nicht genau zu trffen. Wichtiger ist der Zugang zu den Personen, die das Unrecht verkörpern, also die Frage: Über welche Möglichkeiten des Zugangs verfügen wir?
3. Unterstützung und Gegnerschaft nach Wichtigkeit ordnen. Hilfreich kann eine Skala (1-6) der Bewertung sein. Aber es reicht auch häufig das Punktevergabesystem, um zu Klärungen beizutragen.

Elemente	*Für Änderung*	*Gegen Änderung*
1. Einzelpersonen, die wir kennen *2. Gruppen* *3. Traditionen, gesellschaftliche Einstellungen* *4. Unsere Stärken und Schwächen* *5. Informationen* *6. Zeit* *7. Geld* *8. Örtliche Lage* *9. ....usw.....*		

4. Schaffen einer Übersicht zu den Einflußbereichen, die wichtig sind.

Unterstützung	wodurch	Hindernis	wodurch
1.	1.		
2.	2.		
3.	3.		

5. Klärung des Vorgehens gegenüber den Einflußbereichen. Bei den Handlungsschritten hilft zuerst ein Brainstorming.

Element: Handlungsschritte:

1........... 1..............
2..............
3..............

6. Herausfiltern realistischer und erfolgversprechender Handlungsschritte, gemessen an den eigenen Kräften.

7. Ergänzung der herausgefundenen Handlungsschritte mit den notwendigen Hilfsmitteln, den Unterstützerinnen und dem Zeitrahmen.

Handlungsschritt:	Was brauchen wir?
1.	a.
	b.
	c.
2.	a.
	b. usw.

8. Planung
Zeitrahmen und Abfolge festlegen
Personalaufwand klären
Einschätzung der Reaktionen
9. Durchführung
10. Auswertung
Verfestigung des Erreichten und Kontrolle darüber.

Anmerkung:
Diese Kraftfeldanalyse wirkt auf den ersten Blick sehr kopflastig. In den Anfängen der Trainingsarbeit war das auch die Regel. Es können aber ohne Schwierigkeit einzelne Einheiten mit phantasie- und lustgewinnenden Übungen ergänzt werden. Der Plan vermittelt nur die einzelnen Analysefragen und überläßt es jeder Trainerin, wie sie damit umgeht. So kann zum Beispiel die Einschätzung der eigenen Lust und Zeit mit Bildern, Energiekuchen und Menschenbarometern ermittelt werden. Auch habe ich schon bei der Frage der Umsetzung mit Elementen des Bibliodramas gearbeitet. Eine Gruppe, die ernsthaft länger zusammenarbeiten will, müßte für eine effektive Kraftfeldanalyse mindestens ein Wochenende aufwenden. Erfahrungsgemäß ist auch dies eher noch zu knapp. Als Anschauungsbeispiel für Gruppen, die diese Methode kennenlernen wollen, reichen ca. 4 -6 Stunden. Zudem besteht die Möglichkeit, ein Planspiel zu konstruieren.

Gruppenbedingung "Zeit"

Dauer: 3 Stunden und mehr
Material: Karteikarten, kleine Zettel, Stifte, Flipchart

Beschreibung:
Jeder in der Gruppe erhält eine Karteikarte und notiert darauf,

a. wieviel Zeit er für die Mitarbeit aufbringen möchte,

b. welche Zeiträume bei ihm zur Verfügung stehen, am besten mit Stundenplan für die Woche und den Monat.
(z.B. Erich kann wöchentlich ca. 2 -3 Stunden für die Gruppe arbeiten und hat für Gruppensitzungen am Di/Mi/Do keine Zeit)

c. persönliche Bedingungen, die im Laufe des Jahres vermutlich eintreten werden und die ihn flexibel oder unflexibel werden lassen (Familie, Kind wird erwartet, Studium, Prüfungen).

Das alles wird zusammengetragen und in einen großen Stundenplan geschrieben. Die Jahresplanung braucht eine Monatsübersicht.
Dann wird versucht, auf die notwendigen Zeiträume einzugehen.

Auswertung: Bin ich mit dieser Planung zufrieden?
Fühle ich mich eingeengt oder sicherer?

Anmerkung: Eine solche Arbeit sollte unbedingt protokolliert werden. Ein kleines Diagramm, um zu sehen, wann wer wieviel Zeit zur Verfügung hat, ist manchmal auch hilfreich.

Gruppenbedingung "Fähigkeiten"

Dauer: ca. 3 Stunden
Material: Flip-chart, großes Papier, Farbstifte, Karteikarten

Verlauf:
1. Die Gruppe beginnt mit einem Auflockerungsspiel.
2. Auf einer Karteikarte trägt anschließend jede ein:
   - Welche Informationen, Kenntnisse und Fähigkeiten zum (bereits definierten) Konfliktgegenstand kann ich zur Verfügung stellen?
   - Meine persönlichen Stärken und Schwächen schätze ich wie folgt ein:
   - Welche Kontakte habe ich, die der Sache nützlich sein können?
   - Welche Materialien kann ich mitbringen?
   - Welche finanziellen Mittel bin ich bereit einzubringen? Welche Beiträge kann ich erübrigen, welche Bußgelder oder Geldstrafen verkraften?
3. Nun wird zusammengefaßt, eventuell in kleinen Gruppen begonnen und die Ergebnisse in der Großgruppe vorgestellt.
4. Die Gruppe gönnt sich nun eine Pause, um das Gehörte umzusetzen.
5. Es bilden sich Arbeitsgruppen zu den Unterpunkten, die diese auswerten. Dabei hat die "Geldgruppe" mit sehr viel Vorsicht heranzugehen.

Anmerkung: Es ist klar, daß für diese Arbeit ein Vertrauensverhältnis notwendig ist. Wenn hier Blockaden auftauchen, sollte nicht am einzelnen Detail festgehalten werden, sondern überlegt werden, was getan werden kann, um an den Grund der Blockade heranzukommen. Bei Bedarf eine außenstehende Person bitten, an einer Sitzung die Beobachterin zu spielen.

Problemkartierung

Dauer: von einem Tag bis zu mehreren Wochen
Ziel: Lokalisierung des Problems, Sichtbarmachung der Hebelansätze für Aktionen
Material: Fotoapparat, Pläne

Verlauf: Eine Problemkartierung ist eine Analyse, die aber nicht am "grünen Tisch" stattfindet. Konflikte finden normalerweise nicht im luftleeren Raum statt, sie brauchen auch Orte, wo sie ausgetragen werden können. Aber wie die Orte finden? In einem Training kann zwar die Methode der Problemkartierung vermittelt werden, die Kartierung selbst muß aber von der Gruppe geleistet werden. Sie kann je nach Konfliktfeld Tage bis Jahre dauern. Bei dieser Form der Analyse wird sichtbar, daß in der gewaltfreien Auseinandersetzung Analyse kein theoretisches Erfassen bedeutet. Analyse ist vielmehr aktiv.
Ich möchte hier zwei Beispiele für Kartierungen aufzeigen, ein tatsächliches aus vergangenen Jahren und ein angenommenes für ein aktuelles gesellschaftliches Problem:

1. Erfassung sensibler militärischer Einrichtungen
Im Zusammenhang mit der Anti-Raketen-Bewegung der 80er Jahre bestand die Notwendigkeit, deutlich zu machen, daß Sondermunition schon "ganz in Ihrer Nähe" zu finden ist. Entsprechende Aktionen waren dann sinnvoll und möglich. So begannen einige Gruppen in Deutschland mit dem Erfassen der militärischen Anlagen in ihrer Umgebung. Sichere Informationsquellen zu finden und auszuwerten wurde erst durch die internationale Zusammenarbeit der Friedensbewegungen ermöglicht. Streifzüge mit Fotoapparaten, Besuche von "Tagen der offenen Tür", deutsch-amerikanische Volksfeste auf Militärgeländen und natürlich beharrliches Stöbern in Zeitungs-, Stadt- und sonstigen Archiven (auch im Ausland) - alles diente dazu, möglichst fundierte Informationen über die militärischen Einrichtungen zu erhalten.

Diese Informationen wurden dann in eine Karte übertragen und veröffentlicht. In Deutschland wurden verschiedene Militäratlanten erstellt, die wiederum die Gesamtrecherche unterstützten.
All dies dauerte mehrere Jahre und war eine der Voraussetzungen für die darauf folgenden gewaltfreien Aktionen.

Beispiel für eine Kartierung: Nürnberg und Umgebung, herausgegeben vom FBF, Nürnberg, 1982

Fränkisches Bildungswerk für Friedensarbeit FBF

Fränkisches Bildungswerk für Friedensarbeit e. V.
Kaulbachstraße 22 HH 8500 Nürnberg 10

Kaulbachstraße 22 HH
8500 Nurnberg 10
Telefon 09 11 / 36 26 33

Rundfahrt zu den Militäreinrichtungen im Großraum
Nürnberg-Fürth-Erlangen

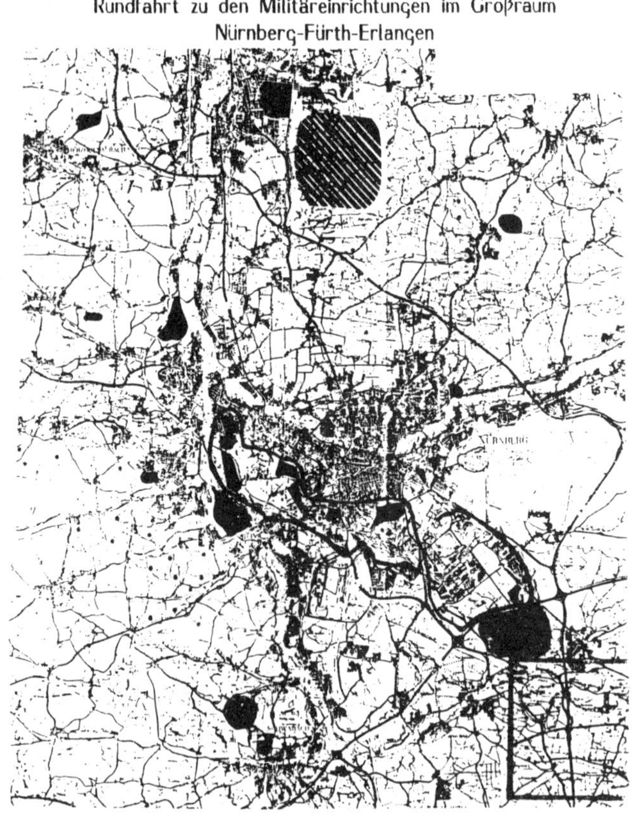

8501 Veitsbronn:

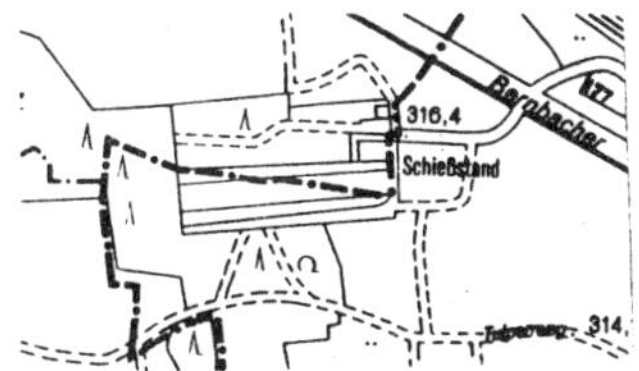

*** BERNBACH FIRING RANGE (US)**
Diese Schießanlage wurde in den 70er Jahren modernisiert und sollte im Haushalt 1988 wiederum auf den neuesten Stand gebracht werden. Eine hohe Bleibelastung des Bodens ist anzunehmen.
Fläche: 10,92 ha
Anzahl der Gebäude: 1

*** ZENNWALD MUNITIONS DEPOT (US)**
Das ehemalige Wehrmachtsdepot wird seit 1957 von der US-Army genutzt. Von den 11 Depots sind 8 nach den Vorschriften für chemische Kampfstoffe gekennzeichnet. (FM 9-81) Es handelt sich hierbei um Kampfstoffe mit behindernder Wirkung: wie CS- und CN-Gas und Nebelgranaten. Auch findet sich eine Beschilderung für leicht entzündbares Material wie Phosphor oder Napalm. Auf der Fläche werden die verschiedensten Gerätschaften gelagert. Durch verschiedene Unfälle ist das Gelände immer wieder ins Gespräch gekommen. Von einer starken Kontamination ist auszugehen.
Fläche: 8,90 ha
Anzahl der Gebäude: 15
Art der Gebäude: Munitionsbunker (11), Lagergebäude (1), Wach- und Funkeinrichtung.

8502 Zirndorf:

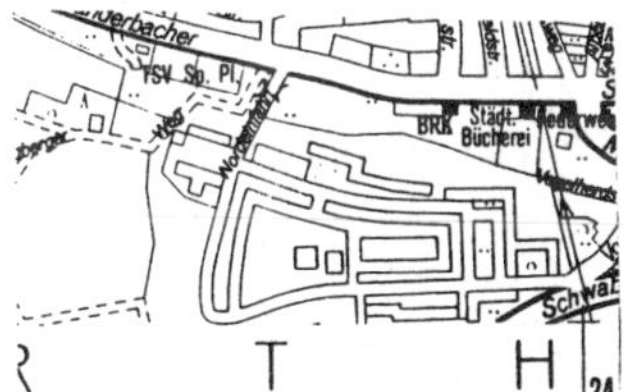

*** PINDER BARRACKS (US)**
Hauptquartier der Artillerie der 1. Panzerdivision. Auf dem Gelände befinden sich insgesamt 3 Feldartilleriebataillone. Das Gebäude ist eine ehemalige Wehrmachtskaserne und wurde 1947 von der US-Army übernommen. 1981 wurde eine umfangreiche Renovierung und Erweiterung vorgenommen. Es zählt zu den Einrichtungen, die von der US-Army aufgegeben werden.
Fläche: 24,69 ha
Anzahl der Gebäude: 38
Art der Gebäude: Wartungsgebäude für Panzer (4), Wartungsbebäude für Waffen und Munition, Wartungsgebäude für elektronische Anlagen und Kommunikationseinrichtungen, Wartungsgebäude für Raketen, Lagergebäude (10), Lagergebäude für Organisationsmaterial, Funkanlage

2. Problemfeld: Arbeitslosigkeit - zunehmende Verarmung
Eine kirchliche Organisation in Nürnberg möchte zu diesem Konfliktgegenstand gewaltfrei aktiv werden. Durch die Analyse werden verschiedene Einrichtungen ermittelt, die für mögliche Aktionen interessant erscheinen.
Die vorläufige Liste: Arbeitsamt, Bundesanstalt für Arbeit, Rathaussaal bei Haushaltsberatungen, Rathaussaal beim Neujahrsempfang, Lorenzkirche, Straße der Menschenrechte, Firma A., die 700 Menschen entlassen will, Firma G., die 1000 Menschen auf die Straße setzt, Gewerkschaftshaus,...
Nun werden diese Orte auf einen Stadtplan übertragen. Aus dem Stadtplan wird erst einmal sichtbar, daß für anfängliche Aktionen die Firmen ungeeignet erscheinen, da sie zu weit am Stadtrand liegen. Die anderen Aktionsorte können noch nicht so richtig eingeschätzt werden. Dies ist erst einmal der Grund, um die Recherche mit Videokamera und Mikrofon zu beginnen. Die Gruppe teilt sich auf und sucht die verschiedenen Orte mit festgelegten Vorgaben auf:
1. Welche Chancen bietet der Ort für welche Aktionen?
2. Welche Aktionen schließen sich aus?
3. Wieviele Menschen durchlaufen den Ort?
4. Wie empfänglich sind diese Menschen für mögliche Aktionen?

Für 4. wird ein "Kurzinterview" mit der Kamera geführt. Die Gruppe testet dabei, wie die Passanten auf etwas Ungewöhnliches reagieren. Die Frage lautet: "Entschuldigen Sie, ich habe meine Probleme verloren, haben Sie vielleicht welche? Oder können Sie mir vielleicht aushelfen? Wenn ja, mit welchen?"
Diese Umfrage hat nebenher sogar noch einen kleinen Spaßeffekt.
Bei der Zusammenfassung werden dann die Ergebnisse von den einzelnen Orten ausgewertet.

Auszug aus der Tabelle:

Ort:	Ideen für Aktionen	Reaktion der Passanten	Anzahl von P.
Straße der Menschenrechte	Fastenaktion mit kleinem Zelt an der Säule "Recht auf Arbeit", Theateraufführung, Performance gegen Sozialabbau, große Verpackungsaktion der Säulen mit Versprechungen.	Die Passanten sind offen und originell: Besucher von Museum, Gewerkschaftshaus, Durchgangspassanten von der U-Bahn zur City. Hatten Zeit zum Nachfragen.	75/ h
Lorenz kirche	Straßentheater, Kundgebung, Fastenaktion, Bettelorgie, Aufbau eines großen "Armenhauses".	äußerst hektisch, primitive Reaktionen, Ballungseffekt sehr hoch, die Kamera ist schnell von 40 Leuten umstellt.	400 /h

Aus dieser Erfassung werden nun die entsprechen Arbeitschritte herausgearbeitet. Zugleich wird notiert, was alles noch an Information notwendig ist. Als Beispiel: Wer muß was genehmigen? Welche finanzielle Unterstützung bekommen wir woher? Welches Datum eignet sich für welche Aktion? ....

Anmerkung:

Auch beim 2. Beispiel wird deutlich, daß eine Analyse nicht im stillen Kämmerlein stattfindet. Der Trainer sollte die Gruppenmitglieder ermutigen, mit ihrer Recherche möglichst nahe an ihre Konfliktfelder heranzugehen.

Werkzeuge

Entscheidungsfindung

Übungen zur Konsensfindung

Ziel: Konsensbildung in schwierigen Fragen; Modell demokratischer Entscheidungsfindung

Zielgruppe: Gruppe, die Schwierigkeiten hat, sich bei einem wichtigem Problem zu entscheiden

Verlauf:

1. Das Problem oder die Frage, die zur Entscheidung ansteht, wird von der Gruppe klar umrissen.
2. Die ganze Gruppe sammelt mögliche Lösungen durch Brainstorming.
3. Kleingruppen diskutieren das Problem, besprechen mögliche Lösungen und arbeiten einen Vorschlag aus, der in die Gesamtgruppe hineingetragen wird.
4. Alle Vorschläge werden im Plenum vorgebracht und auf Wandzeitungen notiert.
5. Plenumsdiskussion: Die Diskussionshelfer untersuchen die verschiedenen Vorschläge auf Gemeinsamkeiten hin und befragen das Plenum hinsichtlich eines möglichen Konsenses. Die Punkte, zu denen noch Uneinigkeit herrscht, sollen klar herausgestellt werden.
6. In Kleingruppen wird nun wieder an diesen Punkten weitergearbeitet, um neue Lösungsmöglichkeiten zu bekommen.
7. Erneute Plenumsdiskussion wie bei 5.; die Arbeit in Kleingruppen kann so oft wie nötig wiederholt werden.
8. Ist ein Konsens gefunden, sollen die Diskussionshelfer die Gruppe unterstützen, Möglichkeiten zu finden, die Entscheidung auch tatsächlich umzusetzen.

Wichtig: es sollte für jeden Schritt eine klare Zeitbegrenzung geben!

Anmerkung:

Der Vorteil dieser Methode ist, daß alle gleichermaßen an der Entscheidung beteiligt sind.

Der Zeitaufwand wird durch eine Zeitbegrenzung der einzelnen Schritte beschränkt. Gerade durch die Zeitbegrenzung wird die Arbeit effektiviert, somit ist die Methode auch in großen Gruppen einsetzbar.

Darstellen eines Konfliktes

Ziel: Erhellen von Schwierigkeiten, die einen Konsens blockieren, Offenlegen von Gefühlen
Zielgruppe: Feste Gruppe, die ohne Zeitdruck einen Konsens sucht, den aber ein Gruppenmitglied blockiert.

Verlauf:

1. Wenn sich ein Konsens anbahnt, eine Person aber in immer gleichbleibender Ablehnung verharrt, wird die Entscheidung vertagt. Und zwar lange genug, um dieser Person Zeit zu geben, ihre Gefühle mit einer Freundin oder einem Menschen, zu dem sie Vertrauen hat, zu untersuchen. Ihren Gefühlen bezüglich der Entscheidung wird dabei besondere Aufmerksamkeit zugewandt.
2. Sie versucht dann, die Gedanken und Einsichten, die sich dadurch herausgeschält haben, für die Gruppe aufzuschreiben. Sie versucht auch, einen Vorschlag zu formulieren, schreibt ihn auf und bringt beides zum nächsten Gruppentreffen mit. Folge ist, daß es für sie leichter ist, Übereinstimmung mit anderen und mit der Entscheidung zu finden oder aber ihre Nichtübereinstimmung klarer zum Ausdruck bringen zu können.
3. Schritt 2 kann so oft und mit so vielen Leuten wiederholt werden, wie es nötig und sinnvoll erscheint.

Variation:
Auch möglich bei einer Teilgruppe, die auf gegensätzlichen Positionen verharrt. Diese formuliert dann, bevor sie wieder auf die Großgruppe trifft, einen gemeinsamen Lösungsvorschlag.

Anmerkung:
Oft reicht für eine einzelne Person bereits eine sehr kurze Zeit in einer "sicheren" Situation aus, um sich mit ihren Gefühlen und Gründen für eine Ablehnung ausreichend auseinandersetzen zu können.

Atomspiel für Konsensfindung

Ziel: Bestimmung von Prioritäten unter Beteiligung aller Gruppenmitglieder
Zielgruppe: Gruppe mit Entscheidungsproblem

Verlauf:
1. Die Diskussionshelfer klären mit der Gruppe die Frage, die zur Entscheidung ansteht, z.B.: "Was sollen die Schwerpunkte unserer Initiativgruppe für das nächste Jahr sein?"
2. Brainstorming bezüglich möglicher Schwerpunkte
3. Die Großgruppe teilt sich in Paare auf. Jedes Paar sucht zwei Schwerpunkte heraus, die ihm am wichtigsten erscheinen (5').
4. Jeweils zwei Paare gehen zusammen und bilden eine Vierergruppe, die aus ihren insgesamt vier Schwerpunkten zwei auswählt (8').
5. Dasselbe wiederholt sich in Achtergruppen (12')
6. Dies geht solange weiter, bis die ganze Gruppe zusammengekommen ist. Sie einigt sich nun zusammen auf zwei Punkte, die ihre Arbeit künftig bestimmen werden.

Anmerkung:
Zeitbegrenzungen sollten eingehalten werden, da sich der Prozeß sonst sehr schleppt. Bei vielschichtigen Problemen Zeitbegrenzung ausdehnen!

Weiser Rat

Ziel: Verkürzung von schwierigen Entscheidungsprozessen
Zielgruppe: TN, die mit dem Problem bereots vertraut sind

Verlauf:
Folgender Vorschlag wird zur Abkürzung des Enscheidungsprozesses gemacht: Die Gruppe formuliert das zu lösende Problem in einer oder zwei Fragen. Drei Freiwillige (aber nicht immer dieselben) ziehen sich für eine Stunde zurück und erarbeiten gemeinsam Pro- und Kontra-Argumente für die jeweiligen Entscheidungen bzw. zu deren Lösungen. Sie schreiben sie zusammengefaßt auf eine Wandzeitung und stellen sie im Plenum vor, das sich währenddessen mit etwas anderem beschäftigt hat.
Das Plenum gibt nun seine Meinungen zu den Vorschlägen der Kleingruppe ab, ergänzt oder berichtigt in wichtigen Fällen und verfolgt diejenigen Lösungsvorschläge weiter, die die meisten für gut halten. Gibt es keine schwerwiegenden Bedenken gegen die Vorschläge der Kleingruppe, so sollten deren Vorschläge akzeptiert werden.
Kann keine Einigung erreicht werden, so sollte das Plenum aufgeteilt werden in Meinungsgruppen, die alle ihrer Entscheidung und deren Konsequenzen nachgehen. Nach einer festgelegten Zeitspanne treffen sich die Gruppen wieder und berichten über ihre Diskussion. Danach "Weiser Rat" wie oben.

Variation:
Zum ersten Kennenlernen des Modells kann die Kleingruppe wie in einem "Fischbecken" in einem Innenkreis des Plenums arbeiten.

Modell-Entscheidung

Ziel: Verdeutlichung der Schritte optimaler Entscheidungsfindung
Zielgruppe: TN eines sachorientierten Seminars
Material:
Beobachtungsbögen mit folgenden Beobachtungsvorschlägen:
Wie konnte sich jede Teilnehmerin an der Entscheidungsfindung beteiligen?
Wie ist letztendlich die Entscheidung zustandegekommen?
Wodurch wurde die Entscheidung maßgeblich beeinflußt (durch welche Argumente...)?

Verlauf:
- Im Verlauf eines Seminars ergibt sich ein Entscheidungsproblem, z.B. wie die weitere thematische Arbeit aussehen soll oder wie eine bestimmte Aktion durchzuführen ist.
- Die Teamerinnen stellen die Entscheidungssituation klar für alle TN dar sowie auch die Probleme, die die Entscheidung mit sich bringt. (Stichwörter: "Sind wirklich alle Meinungen geäußert worden?", "Habt ihr die Kriterien für die Entscheidungsfindung als demokratisch empfunden?") Sie schlagen zum Erkennen eines möglichen Weges zur Entscheidungsfindung eine Übung vor:
- Die Gruppe wird in 2-3 Kleingruppen aufgeteilt. Eine Gruppe erhält als einzige Regel, daß sie die Entscheidung innerhalb einer halben Stunde gefunden haben muß. Die zweite Gruppe erhält zusätzlich zu dieser generellen zeitlichen Vorgabe folgende zeitliche Strukturierung:

7 Min.: Meinungsäußerung durch jede
5 Min.: Auflistung von Lösungsvorschlägen
2 Min.: Stimmungsbild durch Abstimmung
15 Min.: Diskussion der Lösungsvorschläge
1 Min.: Abstimmung

In jeder Gruppe sitzen ein bis zwei Beobachterinnen, die mit Hilfe von Beobachtungsbögen die Prozesse in der Gruppe festhalten.
- In der Großgruppe werden die Entscheidungen vorgestellt und die

einzelnen Gruppen nach ihrer Empfindung und ihrer Zufriedenheit mit dieser Entscheidung befragt. Dann berichten die Beobachterinnen von ihren Ergebnissen.

- Für künftige Entscheidungsprozesse werden Wege zur Strukturierung der Entscheidungsfindung aus den jetzigen Erfahrungen zusammengetragen, die auf Wandzeitungen fesgehalten werden.

Entscheidungsbarometer

Ziel: persönliche Verantwortung für die Entscheidungsfindung
Zielgruppe: bestehende Aktionsgruppen

Material: Wandzeitung und Stifte

Verlauf: Zu Seminarbeginn wird eine Wandzeitung angebracht, auf der zu jedem Zeitpunkt anstehende Entscheidungen organisatorischer wie inhaltlicher Natur aufgeschrieben werden (untereinander). Nebenan ist auch eine Spalte für mögliche Lösungen vorzusehen. Hinter der Entscheidungs- und der Lösungsspalte wird eine weitere Spalte freigelassen, wo sich jeweils ein Teilnehmer eintragen soll, der die Verantwortung für das Treffen dieser Entscheidung, deren Umsetzung oder für die Sammlung der Argumente übernimmt.
Dieser Verantwortliche hat folgende Aufgaben:
- die Sammlung von Argumenten und Lösungsvorschlägen aus dem TN-Kreis,
- die Suche nach eigenen Vorschlägen,
- das Ansprechen von anderen, ihm dabei zu helfen und/oder Entscheidungen mit umzusetzen, sowie
- jeweils am Abend dem gesamten Plenum über den Stand des Entscheidungsprozesses zu berichten.

Hat sich dies erst einmal eingespielt, kann auf jeweilige Einzelverantwortliche verzichtet werden und es brauchen nur noch anstehende Entscheidungen und Lösungshinweise aufgeschrieben werden. Das freilich erfordert nicht nur gemeinsame Äußerungen, sondern auch die Bereitschaft, die Entscheidungen mitzutragen.

Entscheidungsblitz

Ziel: Vermeidung überflüssiger, ausschweifender Argumentationen

Zielgruppe: Alle, die jemals in Entscheidungsprozessen mitwirken

Material: Je zwei verschiedenfarbige Filzstifte, Farbplättchen zum Ankleben für jede Teilnehmerin, Wandzeitungen.

Verlauf: Nachdem die Teamerinnen klargestellt haben, welche Entscheidungen anstehen, rufen sie zu einem 5-10-minütigen Brainstorming zu folgender Frage auf: "Welche Lösungsmöglichkeiten gibt es zum Entscheidungsproblem 2 o.ä. ?"

Jede macht sich kurz Gedanken zu den auf einer Wandzeitung stehenden Lösungsvorschlägen. Danach erhält sie zwei Farbstifte, wovon der eine (sagen wir rot) die erste Präferenz für eine Lösung darstellt, der andere (sagen wir schwarz) die zweite.
Anschließend begründen die TN kurz (etwa 1 Minute lang) ihre Präferenzen. Nach diesem Meinungsaustausch wird jede aufgefordert, ihre Präferenzen noch einmal zu überdenken und gegebenenfalls umzuändern.

Auf einer weiteren Wandzeitung werden nun die drei Lösungsvorschläge mit den meisten ersten und den meisten zweiten Präferenzen notiert. Am Schluß der Sitzung sollte auf jeden Fall Platz sein, das Gefühl der einzelnen zur Sprache kommen zu lassen, sowie Änderungsvorschläge zu machen.

Frage - Antwort

Ziel: schnelle Entscheidungsfindung in Aktionen

Zielgruppe: Gruppe oder Einzelpersonen, die sich auf Konfliktsituationen vorbereiten

Material: Nichts

Verlauf: Der Trainer gibt einem beliebigen Teilnehmer eine Situationsbeschreibung, in der eine sofortige Entscheidung getroffen werden muß, z.B.: "Du bist auf einer Demonstration als Ordner. Plötzlich fällt jemand neben dir ohnmächtig zu Boden. Was tust Du?" Innerhalb einer Minute muß der Teilnehmer oder die Gruppe einen Lösungsvorschlag machen. Dieser Vorschlag wird anschließend in der Gruppe diskutiert.

Variation: Die Gruppe erfindet gemeinsam eine Situationen. Ein Teilnehmer oder eine Kleingruppe geht solange raus.

Anmerkung: Nicht zu viele Übungen solcher Krisensituationen vor einer Aktion, da sich sonst das Gefühl einstellt, es müßte alles mögliche passieren!

Stegreif-Rollenspiel

Ziel: schnelle Entscheidungsfindung in Aktionen, Aktionsvorbereitung

Zielgruppe: Gruppe, die sich auf eine Konfliktsituation vorbereitet

Material: Nichts

Verlauf: Zunächst verteilt die Trainerin die Rollen in einer von ihr ausgedachten Szene; je nach Bedarf legt sie zudem eine Zeitbegrenzung für die Entscheidungsfindung fest. Sodann gibt eine Situationsbeschreibung der Szene bis zu dem Punkt, an dem eine Entscheidung getroffen werden muß, z.B.: "Du kommst gerade hinzu, wie ein Demonstrant auf einen regungslosen Polizisten einbrüllt, er sei kein Mensch, sondern nur noch eine Maschine.
Die Gruppe muß nun umgehend eine Lösung "erspielen". Diese Lösung wird im Anschluß gemeinsam besprochen. Ergeben sich in der Diskussion bessere Lösungsvorschläge, so können diese auch noch durchgespielt und dann eventuell noch einmal besprochen werden, bis alle meinen, zu einer optimalen Lösung gekommen zu sein.

Variante: Anstatt von der Trainerin kann die Aufgabe auch von einer Teilgruppe ausgedacht und gestellt werden. Gespielt wird die Szene dann von der anderen Teilgruppe.

Nasa-Übung

Ziel: Demonstration des Leistungsvorteils der Gruppe gegenüber Individuen

Zielgruppe: alle größeren Gruppen

Material: schriftliche Instruktionen, Auswertungsbögen für die Kleingruppen, Datenbogen, Schlüssel, Rechenmaschine oder Taschenrechner

Verlauf:

a. Austeilen der Einzelinstruktion, das Ausfüllen erfolgt ohne Kommunikation untereinander (10-20 Minuten)
b. Aufteilen der TN in Gruppen zu 6-8 Teilnehmern
c. Jeder behält seine Einzelanweisung. Austeilen der Gruppeninstruktion für die gemeinsame Entscheidung an jede Gruppe und Eintragen der individuellen Entscheidungen in den Gesamtauswertungsbogen der jeweiligen Gruppe (10 Minuten)
d. Herstellen eines Konsenses über die Gruppenrangfolge (60 Minuten)
e. Austeilen von Schlüssel und Datenbogen. Zeit geben zur Punkteberechnung der Ergebnisse und für das Ausfüllen des Datenbogens
f. Vergleich der Ergebnisse aller Gruppen nach dem Datenbogen

Auswertungshilfen:
Verwendung der Hilfsmittel der Gruppe, Beeinflussung durch den Status, Sprecher/Zuhörer, Gefühle? Ungewissenheit? Probleme bei der Konsensbildung? ...

Variation:
Es kann auch eine dritte Phase eingeschoben werden, in der Delegierte der Gruppen vor dem Plenum mit Konsens eine endgültige Rangliste bestimmen; theoretisch müßte es das beste Ergebnis bringen.

Anmerkung: Rechenmaschine zu Auswertung angebracht!

Einzelinstruktion:

a. Sie gehören einer Raumschiffbesatzung an, die den Auftrag hatte, sich mit dem Mutterschiff auf der beleuchteten Mondoberfläche zu treffen. Wegen technischer Schwierigkeiten mußte Ihr Raumschiff 300 km entfernt vom Mutterschiff landen. Während der Landung ist viel von der Bordausrüstung zerstört worden. IHR ÜBERLEBEN HÄNGT DAVON AB, DASS SIE IHR MUTTERSCHIFF ZU FUSS ERREICHEN. Sie dürfen nur das Allernotwendigste mitnehmen, um diese Strecke bewältigen zu können. Nachstehend sind 15 unzerstört gebliebenen Dinge aufgeführt. Ihre Aufgabe besteht darin, eine Rangordnung der aufgezählten Gegenstände zu machen, die für die Mitnahme durch die Besatzung mehr oder weniger wichtig sind. Ordnen Sie 1 der allerwichtigsten Position zu, 2 der nächstwichtigen usw., bis alle 15 Positionen entsprechend ihrer Wichtigkeit gereiht sind.

- 1 Schachtel Streichhölzer
- 1 Dose Lebensmittelkonzentrat
- 20 Meter Nylonsseil
- 30 m2 Fallschirmseide
- 1 tragbarer Kocher
- 2 Pistolen, 7.65 mm
- 1 Dose Trockenmilch
- 2 Sauertofftanks à 50l
- 1 Sternkarte (Mondkonstellation)
- 1 Schlauchboot mit CO2-Flaschen
- 1 Magnetkompaß
- 20 Liter Wasser
- Signalpatronen (brennen auch im luftleeren Raum)
- 1 erste-Hilfe-Koffer mit Injektionsspritze
- FM-Empfänger und Sender, mit Sonnenenergie betrieben

Instruktion für die Gruppenentscheidung:

Das ist eine Entscheidungsübung für die Herbeiführung von realistätsnahen Beschlüssen. Ihre Gruppe soll im Konsens beschließen. Das bedeutet, daß der Rangplatz für jede einzelne Position einstimmig festgelegt werden muß. Einstimmigkeit ist schwer zu erzielen. Deshalb wird nicht jeder Rangplatz jeden einzelnen voll befriedigen. Versuchen Sie trotzdem, die Rangordnung so zu erstellen, daß alle einigermaßen damit einverstanden sein können. Hier einige Richtlinien:

- Vermeiden Sie, ihre persönliche Entscheidung den anderen aufzuzwingen. Argumentieren Sie mit Logik.
- Vermeiden Sie nachzugeben, bloß um Einstimmigkeit zu erzielen oder Konflikten auszuweichen. Unterstützen Sie nur dann andere Ansichten, wenn Sie mit ihren wenigstens teilweise übereinstimmen.
- Vermeiden Sie Konfliktlösungstechniken wie Mehrheitswahl, Mittelwertberechnungen oder Kuhhandel (wenn du mir hilfst, dann helfe ich dir auch).
- Betrachten Sie abweichende Meinungen eher als einen nützlichen Beitrag statt sie als störend zu empfinden.

Nehmen Sie sich so viel Zeit wie Sie benötigen, um eine echte Gruppenmeinung zu finden.

Gesamtauswertung pro Gruppe:

Gruppe/Mitglied Nr.	individuelle	Gruppen-Rangordnung
Rangordnung	1 - 15	1 - 15
Streichholzschachtel		
Lebensmittelkonzentrat		
Nylonseil		
Fallschirmseide		
Kocher		
2 Pistolen		
Trockenmilch		
2 Sauerstofftanks		
Sternkarte		
Schlauchboot		
Magnetkompaß		
20 Liter Wasser		
Signalpatronen		
Erste-Hilfe-Koffer		
FM-Empfänger-Sender		

Schlüssel zu Auflösung der NASA-Übung:

Auf dem Mond wenig oder nicht zu gebrauchen	15	Streichholzschachtel
Notwendige Tagesration	4	Lebensmittelkonzentrat
Nützlich zum Zusammenbinden von Verletzten und beim Klettern	6	Nylonseil
Schutz gegen Sonnenstrahlen	8	Fallschirmseide
Nützlich nur bei Landung auf dunkler Seite des Mondes	13	Kocher
Könnten zur Herstellung von Selbstantriebsaggregaten dienen	11	2 Pistolen
Nahrung, bei Mischung mit Wasser trinkbar	12	Trockenmilch
Füllt Atmungsbedarf	1	2 Sauertofftanks
Eines des wichtigsten Mittel zur Richtungsfindung	3	Sternkarte
CO2-Flaschen zum Selbstantrieb über Klüfte ...	9	Schlauchboot
Wahrscheinlich keine Magnetpole, unbrauchbar	14	Magnetkompaß
Ergänzt Wasserverlust infolge Schwitzens ...	2	20 Liter Wasser
Notruf, wenn in Sichtweite	10	Signalpatronen
Orale Pillen und Injektionsmittel sind wertvoll	7	Erste-Hilfe-Koffer
Notrufsender, möglicherweise Verbindung mit Mutterschiff	5	FM-Gerät

	Gruppe 1	Gruppe 2	Gruppe 3	Gruppe 4
Punktbereich des Mitglieds				
Durchschnittliche Gruppenpunktzahl vor der Diskussion				
Gruppenpunktzahl nach der Entscheidung				
Gewinn (Verlust) bei der Gruppenpunktzahl				
Gewinn gegenüber dem genauesten Mitglied				
Gewinn gegenüber dem ungenauesten Mitglied				

Orientierungsfragen:
Wie groß ist der Unterschied zwischen durchschnittlicher Fehlerpunktzahl der Gruppenmitglieder vor der Diskussion und der Fehlerpunktzahl des Gruppenkonsenses?
Ist die Punktzahl des Gruppenkonsenses niedriger oder höher?
Wie gut wurden die Ressourcen der einzelnen Mitglieder genutzt?
Wurde jemand ignoriert, bei dem es sich dann erwies, daß seine individuelle Rangordnung korrekter war als die der Gruppe?
Waren Sie über das Verhalten von Mitgliedern verwundert, wenn Sie es mit dem vergleichen, was sie zuvor ausgewiesen hatten?

Quadrat-Übung

Ziel: Nonverbale, handlungsorientierte Verständigung, Gruppen-Entscheidung

Zielgruppe: Jugendliche/Erwachsene, aufgeteilt in Fünfergruppen

Material: In einem großen Umschlag, der auf jedem Tisch liegt, stecken fünf weitere Umschläge. Jeder dieser kleinen Unschläge enthält verschieden geformte Abschnitte, die sich geometrisch zu Quadraten (Sechsecken) ergänzen.

Verlauf: Die Aufgabe jeder Gruppe ist es, wenn das Startzeichen gegeben wird, fünf Quadrate (Sechsecke) von genau gleicher Größe herzustellen. Die Aufgabe ist nicht eher beendet, bis jedes Mitglied ein vollständiges Quadrat (Sechseck) genau der gleichen Größe wie alle anderen vor sich liegen hat.

Durchführung:

a. Vorbereitung der Quadrat- bzw. der Sechseck-Teile. Herstellung aus exakt gleich großen Pappquadraten bzw. -sechsecken mit 10 - 15 cm Durchmesser. Exaktes Arbeiten wichtig! Buchstaben können klein auf der Rückseite stehen bleiben. Die jeweils bezeichneten Stücke werden in die fünf Umschläge (A-E), diese wiederum in einen großen Umschlag gesteckt.

b. Tische werden für Fünfergruppen vorbereiten, pro Tisch werden je ein Satz vorbereiter Quadrat-Teile und eine Instruktion aufgelegt.

c. Die Teilnehmerinnen werden in Fünfergruppen aufgeteilt, die an den vorbereiteten Tischen Platz nehmen. Die jeder Gruppe zugeteilten Beobachterinnen setzen sich etwas zurück, achten auf die Einhaltung der Regeln und auf die Reaktionen, das Verhalten und spontane Äußerungen der an der Übung Beteiligten.

d. Die Instruktionen werden verlesen.

e. Jeweils ein Gruppenmitglied wird aufgefordert, den großen Umschlag zu öffnen und jeder der anderen Teilnehmerinnen einen der verschlossenen Umschläge A-E zu übergeben.

f. Beginn auf Signal hin, die Beobachterinnen stoppen die Zeit ihrer Gruppe.

g. Bis die letze Gruppe fertig ist, haben die anderen Gruppen Zeit zur internen Diskussion.

h. Vergleich der Gruppen, Berichte der Beobachterinnen.

Während der Übung ist Folgendes zu beachten:
- Kein Mitglied darf sprechen.
- Kein Mitglied darf ein anderes um ein Teilstück bitten oder in irgendeiner Weise signalisieren, daß es ein bestimmtes Teilstück braucht, das eine andere ihr geben soll.
- Jedes Mitglied kann, wenn es will, Teilstücke in die Mitte des Tisches legen oder an ein anderes Mitglied geben, jedoch darf niemand direkt in die Figur einer anderen eingreifen.
- Jedes Mitglied darf Teilstücke aus der Mitte nehmen, aber niemand darf Teile in der Mitte des Tisches montieren.

Anmerkung: Mögliche Abwandlungen: anstelle der Quadrat-Teile können auch Murmeln oder Spielkarten in dreifacher Anzahl der Spielerinnen eingesetzt werden. Bis auf eine muß sich jede Spielerin drei gleichfarbige Murmeln (gleichartige Karten) beschaffen können. Eine Spielerin hat wegen verschiedener Farben (Karten) diese Möglichkeit nicht.
Genauere Beschreibung der Quadrat-Übung siehe: Klaus Antons, Praxis der Gruppendynamik, Göttingen, 1975, S. 117-120
Weitere Übungen zum Bereich Kooperation/Entscheidung: S. 113-174

VORLAGEN FÜR DIE QUADRATTEILE

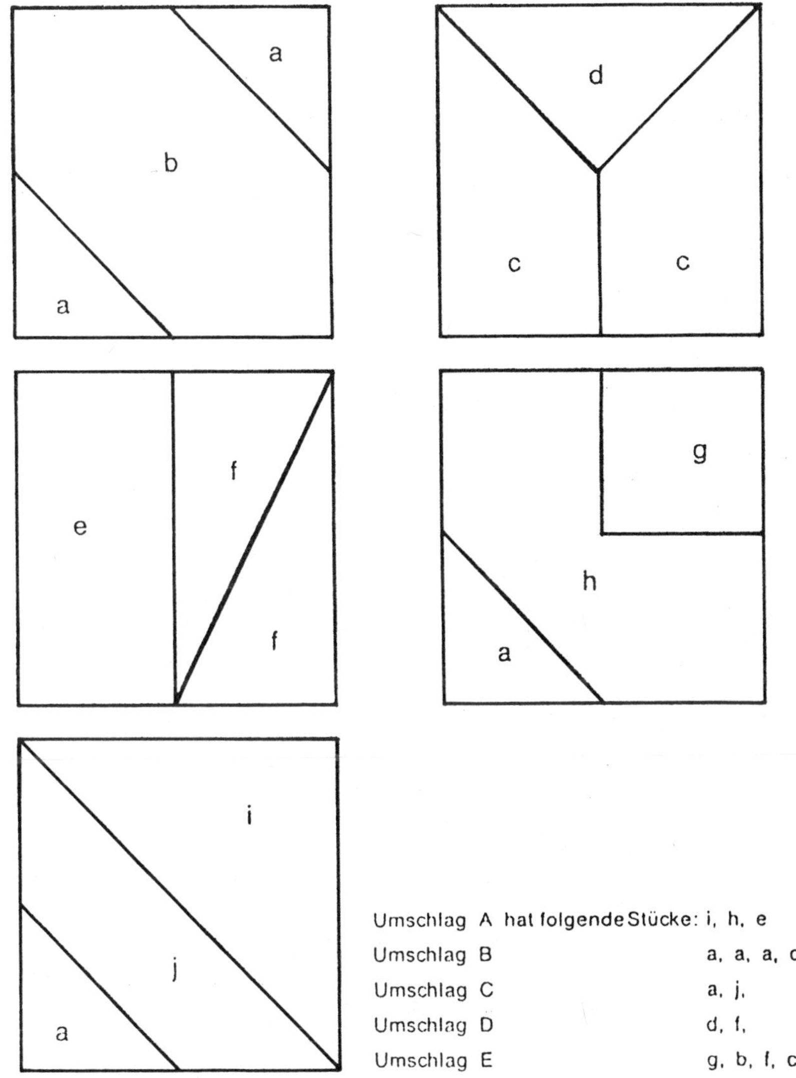

Umschlag A hat folgende Stücke: i, h, e
Umschlag B a, a, a, c
Umschlag C a, j,
Umschlag D d, f,
Umschlag E g, b, f, c

Elefantenspiel

Ziel: Aufhellen von Entscheidungsstrukturen, Entscheidungsfindung unter Belastung

Zielgruppe: Jugendliche/Erwachsene während eines Trainings

Material: Mindestens zwei große Räume; in einem von ihnen viele Tische, Stühle, Schachteln usw., die als Hindernisparcours aufgebaut werden. Ein geeignetes Gelände draußen ist auch möglich.

Verlauf:

a. Für dieses Spiel werden mindestens 2 Trainerinnen benötigt. Sie erklären zunächst der Gruppe Sinn und Zweck des Spiels und geben eine kurze Übersicht über die einzelnen Abschnitte des Spiels: Die Gruppe hat zwei Gelegenheiten, durch den Hindernislauf zu gehen: die erste wird nur kurz sein, ein Probelauf, um ihre Zusammenarbeit und Signale auszuprobieren. Zwischen dem ersten und dem zweiten Durchgang bekommt die Gruppe kurz Zeit, um sich noch einmal über ihre Signale abzusprechen oder sie zu verbessern. Der zweite Hindernisparcours wird länger und schwieriger sein und einige unerwartete Hindernisse aufweisen. Bevor es weitergeht, sollte die Gruppe gefragt werden, ob sie bereit ist, das Spiel zu versuchen.

b. Die TN werden informiert, daß sie 10 Minuten (bei mehr als 15 Leuten 12 Minuten) Zeit haben, um eine Form der Zusammenarbeit zu entwickeln, die sie durch den Hindernislauf bringen wird, und daß während des Hindernislaufs nur eine Person, genannt "die Augen", ihre Augen offenhalten darf. **Sie darf jedoch die anderen Gruppenmitglieder nicht berühren** und mit ihnen reden, der Rest der Gruppe muß die Augen geschlossen halten (am besten die Augen verbinden).

c. Die Gruppe erhält nun eine kurze Pause, um Verständnisfragen stellen zu können.

d. Die Gruppe erhält die ersten 10 Minuten Vorbereitungszeit. Eine der Trainerinnen sollte den Gruppenprozeß beobachten und auf den Zeitrahmen achten.

Beobachtungskriterien:
Wie werden "die Augen" augewählt?
Wie werden die Signale entwickelt?
Wie geht die Gruppe an die Aufgabe heran?
Teilnahme(bereitschaft) der einzelnen Gruppenmitglieder?
Männer und Frauen (-rollen)
Entscheidungsfindung

e. Eine Trainerin geht in den anderen Raum und baut,falls das noch nicht geschehen ist) die Hindernisse aus den Tischen, Stühlen, Schachteln, Vorhängen usw. auf. Der erste Lauf sollte nur drei oder vier Hindernisse haben (Kriechen unter einem Stuhl durch, Umgehen einiger Stühle, Klettern über einen Tisch)

f. Am Ende der 10-minütigen Vorbereitungszeit zeigen die Trainerinnen den "Augen" den Hindernislauf. Am besten werden die "Augen" einmal durch den Parcours geführt.

g. Trainerinnen und "Augen" gehen zurück zur Gruppe. Die Teilnehmerinnen reihen sich nun auf, (falls dies ihre Taktik ist) und verschließen die Augen. Die Trainerin erinnert daran, daß es wichtig ist, daß alle durch den Hindernislauf kommen!

h. Es sollte der Gruppe immer möglich sein, den ersten Hindernislauf erfolgreich zu durchlaufen, ansonsten könnte sie sehr entmutigt werden. Falls die Gruppe keine angemessene Form der Zusammenarbeit gefunden hat und sich im totalen Chaos befindet, sollte sie ermutigt werden, in den ersten Raum zurückzugehen und dort ihre Signale, die "Augen" oder die Reihenfolge neu zu bestimmen. Ein Versuch ist dann noch frei!

i. Nachdem die TN den ersten Durchlauf erfolgreich beendet haben, bekommen sie weitere 5 Minuten Zeit, um letzte Verbesserungen vorzunehmen. Eine Trainerin beobachtet dabei wieder die Gruppe, während die andere den Hindernislauf umbaut (6-7 Hindernisse).

j. Die "Augen" bekommen den umgestalteten Hindernislauf gezeigt und gehen zu ihrer Gruppe, die noch einmal darauf hingewiesen wird, daß sie diesmal einige ungewöhnliche Hindernisse antreffen wird.

k. Die Gruppe beginnt den Hindernislauf wie vorher. Die Trainerinnen belästigen jedoch die Gruppe, am Anfang nur leicht, später sehr viel aggressiver. Der Zweck des Belästigens ist es, die Aufgabe der Gruppe schwieriger zu machen, den Streß zu vergrößern und die Elemente "Überraschung und neue Information" zu simulieren. Die Trainerinnen sollten dabei die Aufgabe immer schwieriger machen, jedoch nie so schwer, daß es ummöglich wird, sie zu meistern. Die Gruppe sollte nicht länger als 15 Minuten brauchen, da sich sonst Langeweile oder Frust einstellen kann.

Variationen:

1. Die Aufgabe wird bewußt sehr lange hinaugezögert, wobei über längere Zeit nichts passiert. Hierbei wird die Fähigkeit überprüft, mit einer völlig neuen Situation fertig zu werden und Geduld zu üben.
2. Nicht die Trainerinnen sondern ein zweite Gruppe der Teilnehmerinnen gestaltet die Hindernisse und Störaktionen. Bei dieser Variation ist es notwendig, daß die Trainerinnen regulierend und/oder motivierend eingreifen.
3. Die "Augen" können angefaßt werden und sind somit Teil der Herde.

Frühes Belästigen der Gruppe durch die Trainerinnen kann z.B. sein:
Flüstern zu einem der Leute: "Komm bitte mit! Das ist Teil des Spiels". Dann einige wegführen.
Ins Ohr blasen, leichtes Kitzeln ...

Spätere aggressive Belästigung:
Die Reihe der Leute mit dem eigenen Körper blockieren, sie auseinanderbrechen.
Einige Leute oder gar die "Augen" entführen.
Aggressives Kitzeln.
Gegen Ende der Aufgabe sollte das Belästigen abnehmen oder ganz aufhören, so daß die Aufgabe erfüllt werden kann.

Die Trainerinnen sollten darauf achten, daß sich niemand verletzt. Sie sollten im Erfinden neuer Formen von Belästigungen phantasievoll sein, jedoch keine gefährliche Situation heraufbeschwören.

1. Nach Beendigung des Hindernislaufes brauchen alle erst einmal einige Minuten Zeit, da die Teilnehmerinnen Gefühle angestaut haben, die sie loswerden müssen.
2. Danach helfen die Trainerinnen der Gruppe, drei Themenbereiche auszuwerten:

* **Wie hat die Gruppe ihre Entscheidungen vor dem Hindernislauf getroffen?**

Mögliche Fragestellungen: Teilnahme der einzelnen am Gruppengeschehen, Führungsrolle, Vorgehen der Gruppe

* **Wie hat die Gruppe beim Hindernislauf zusammengearbeitet?**

Mögliche Fragestellungen: "Wie hast du dich in deiner Rolle als Mitglied der Reihe gefühlt? Wie haben sich die Leute mit besonderen Rollen gefühlt (Anfang der Reihe, Ende der Reihe, "Auge",..)? Wie haben die besonderen Funktionsträgerinnen ihre Aufgaben gemeistert?

Was für ein Verständigungssystem wurde ausgearbeitet und wie hat es funktioniert? Hattet ihr alle Infomationen, die ihr brauchtet, um eure Aufgabe erfüllen zu können? Wie ist die Gruppe mit unerwarteten, neuen Erfahrungen umgegangen? Welche Fragen wirft diese Übung auf bezüglich der Führungsrolle und Teilnahme in der Gruppe? Wie seid ihr mit Langeweile, wie mit Angriffen zurechtgekommen?"

* **Welche Bezüge gibt es zur Gewaltfreiheit und zu einer Gewaltfreien Aktion?**

Was ist in welcher Weise auf das wirkliche Leben zu übertragen? Wie wichtig ist es, daß alle Gruppenmitglieder an einer Entscheidung teilnehmen und alle Infomationen haben? Wie wichtig ist es, Führungsrollen auf mehrere zu verteilen? Welchen Wert haben Bezugsgruppen bei Gewaltfreien Aktionen? Welche Rolle spielt der Sexismus? Wer wurde am meisten belästigt? Welche Reaktionen gab es nach dem menschlichem Kontakt mit den Belästigerinnen? Was bewirkte, daß die Belästigungen aufhörten?

Anmerkung: Die Trainerinnen müssen den Teilnehmerinnen manchmal Anstoß geben, die Lernerfahrungen aus der Übung auf das wirkliche Leben zu übertragen. Dabei soll vermieden werden, eine Vorlesung über "Gewaltfreie Aktion" zu halten; es ist besser, Fallbeispiele zu geben in Bezug auf Führungsrolle, Bezugsgruppen, Verständigungssysteme ...

Achtung

Die Übung kann zu einigem Mißtrauen gegen die Trainerinnen führen und sollte deshalb nicht zu Beginn eines Trainings eingesetzt werden. Wann immer sie benutzt wird, sollten die Teilnehmerinnen die Möglichkeit haben, ihren feindseligen Gefühlen gegenüber den Trainerinnen Luft zu machen. Verstärkung und Bestätigung können mithelfen, Vertrauen wiederaufzubauen. Die Teilnehmerinnen dürfen wissen, daß es eine schwierige Übung ist. Und nicht vergessen, der Gruppe zu sagen, welche Dinge sie gut gemeistert hat!

Theater der Unterdrückten und Gewaltfreiheit

von Alwin Baumert

**Alles ist erlaubt,
was nicht verboten ist.
Und alles,
was verboten ist,
ist möglich.**

Augusto Boal

Das Theater der Unterdrückten

Theater
Erziehung
Polizisten
Politik
Eine Probe auf die Wirklichkeit
JedeR spielt Theater - sogar die Schauspieler.
Überall kann Theater stattfinden -
sogar im Theater

Wir gestalten Bilder von Wirklichkeit;
wir bringen das Chaos zum Stillstand

Wir versuchen mit den Methoden des
Theaters der Unterdrückten
unsere Wirklichkeit anzufassen

In der Arbeit mit Statuen werden
eingefahrene Verhaltensmuster und Rituale
unseres Alltags entschlüsselt und verändert

Unterdrückung ist nicht immer sichtbar.
Angepaßtes Verhalten ist in unseren Köpfen festgesetzt.
In jedem Kopf wohnen verschiedene Autoritäten.
Wir haben Polizisten im Kopf.

In einem Beispiel zerlegen wir Autoritätsmuster,
um Inszenierungen der Macht genauer wahrzunehmen.
Die Mechanismen, die in unserer kleinen Welt funktionieren,
bestimmen auch unsere Umwelt
bis hin zu internationalen Zusammenhängen.
Texte aus einem Video des entwicklungsdienstes theatermethoden

Der Brasilianer Augusto Boal entwickelte in den 60er und 70er Jahren ein Volkstheaterkonzept, das bald weltweit bekannt wurde unter dem Namen "Theater der Unterdrückten".
Ziel ist es, das Theater wieder zurückzugeben an die Zuschauer. Das Theater soll den Menschen helfen, ihre Lebenswirklichkeit zu erkennen, darzustellen und zu verändern.
Das Erkennen der Wirklichkeit kann dabei nur in einem gemeinsamen Suchen bestehen.

"Alle sollen gemeinsam lernen, Zuschauer und und Schauspieler, keiner ist mehr als der andere, keiner weiß es besser als der andere: gemeinsam lernen, entdecken, erfinden, entscheiden."
Boal, Theater der Unterdrückten, S. 8

Das gemeinsame Lernen und Erkennen braucht eine allen verständliche Sprache, gemeinsam entwickelte Formen der Verständigung. Durch Ein-Weg Kommunikation der Massenmedien, sowie durch eine Sender-Empfänger-, aktiv-passiv-, Objekt-Subjekt-Kommunikation haben wir keine unseren Bedürfnissen entsprechende Sprache mehr, wir sind unserer Sprache beraubt.
Wo wir keine Sprache haben, wo uns die Sprache wegbleibt, wo wir in ganzen Lebensbereichen (z.B. Sexualität, Umgang mit Tod) unserer Ausdrucksmittel beraubt wurden, setzt Fremdbestimmung ein. Moralische und ideologische Werte, Normen und Verhaltensregeln ersetzen den nötigen Austausch und Dialog.

Unsere Sprache wiederzufinden bedeutet Alphabetisierung.
Boals erster Alphabetisierungsschritt besteht darin, dieses Lehrer-Schüler-Verhältnis (P. Freire), das alle unsere Lebensbereiche durchdringt, zu durchbrechen. Dazu versucht er eine Theaterform zu entwickeln, die auf Dialog hin angelegt ist. Forumtheater, Statuentheater, Zeitungstheater und unsichtbares Theater dienen dazu, unsere Sprache wiederzugewinnen.

"In allen Übungen und Techniken des Theaters der Unterdrückten geht es darum, Zwänge sichtbar zu machen, soziale Rituale, in denen wir befangen sind, durchschauen zu lernen, soziale Masken, die uns aufgezwungen wurden, zu erkennen, kurz: uns der Unterdrückung in all ihren Formen bewußt zu werden und sie zu durchbrechen." (Boal, S. 241)

Das Erkennen unserer seelischen wie gesellschaftlichen Unterdrückung führt oft zu Ohnmacht und Resignation.
Das Theater der Unterdrückten will uns befähigen, uns davon nicht erschlagen zu lassen, sondern unsere Wirklichkeit anzufassen und neu zu formen.

"Erkennen heißt verändern: die persönliche, verinnerlichte Unterdrückung erkennen, die allgemeine Unterdrückung erkennen, heißt konkretes Handeln zur Veränderung der Realität einüben, heißt die Realität verändern, und genau das ist das Ziel des Theaters der Unterdrückten." (Boal, S. 261)

Die Methoden des Theaters der Unterdrückten

Das Theater der Unterdrückten gibt uns Arbeitsmaterial, um uns einen Kommunikations- und Begegnungsspielraum zu erschließen.
Wir teilen uns mit und helfen uns das aufzuspüren, was uns betrifft, bewegt, bedrückt.

Im Statuentheater wird die Unterdrückung körperlich fixiert, sichtbar und wahrnehmbar. Die Wirklichkeit wird auf den Punkt gebracht, angehalten und ausgehalten. Schritte werden entwickelt, wie wir zu einer besseren Gestalt finden - Befreiung wird geprobt und erprobt.
Das Statuentheater hilft bei der Findung und Wahrnehmung der verschiedenen Wirklichkeiten, in denen die TN leben und auf welche sie sich beziehen.
Im Statuentheater lernen wir in Bildern denken, in Zusammenhängen und Assoziationen. Nicht mehr die Worte und Begrifflichkeiten stehen

im Vordergrund, weil sie schnell zu festgelegtem, eingeengtem und eingefahrenem Denken in Schablonen führen. In Bildern denken lernen ruft Geschichte(n), Gefühle, Erfahrungen, Ängste und Wünsche hervor.

Forumtheater wird inszeniert, um bestehende Unterdrückung aufzubrechen. Es dient dazu, in gewaltbestimmten Situationen nach Lösungsschritten zu suchen. Die Ebene des Theaters ermöglicht es, die Fixierung auf die Realität, welche nur einengt und entmutigt, zu überwinden und kreative neue Wege auszuprobieren.

Unsichtbares Theater transportiert eine Unterdrückung oder Ungerechtigkeit in die Öffentlichkeit und provoziert Reaktionen.

Zeitungstheater stellt die Realität der Fakten wieder her, die durch die Sprache der Medien verschleiert und verzerrt wird.

Literatur:

Boal, Augusto: Theater der Unterdrückten, Suhrcamp, 1986
Freire, Paolo: Pädagogik der Unterdrückten, Rowohlt, 1985
Ruping, Bernd: Gebraucht das Theater!, Bundesvereinigung Kulturelle Jugendbildung, Küppelstein 34, Remscheid
Arbeitsstelle Weltbilder (Hg.): Spielräume, ein Werkbuch zum Boalschen Theater der Unterdrückten, Münster/Bern, 1993

Image

Zeit: 20-40 min
Ziel: Vorübung zum Statuentheater. Die Übung intendiert eine Erweiterung der Kommunikation über das "erlaubte" Maß hinaus.

Verlauf: Nonverbal
Es finden sich jeweils zwei Personen, die sich (wie zum Gruß) die Hand geben.
In dieser Haltung verharren sie nun. Eine Person (A) verläßt nun die Statue (das Bild), während die Person B weiter darin verharrt. A nimmt die Haltung, Position oder Geste von B zum Anlaß, sich in einer neuen Position dazu zu stellen, zu setzen, zu legen, ...
Hat A dann ihre Position eingenommen, verharrt sie ebenfalls, und nach einem kurzen Augenblick löst sich B aus der gemeinsamen Statue und sucht ebenfalls ihre neue Position, und so fort.
Wichtig dabei ist, nicht erst lange zu überlegen, was die Position der anderen zu bedeuten hat und wie darauf reagiert werden soll, sondern dem ersten Impuls zu folgen.
Es entwickelt sich ein dynamisches Spiel von Aktion und Reaktion. Die Übung kann 5-10 Minuten dauern.

Anmerkung: Während wir uns anfänglich vielleicht noch in Konformitäten und Allgemeingesten bewegen, wird es mit zunehmender Spieldauer immer schwieriger, diese einzuhalten. Falls sich die Personen kennen, werden sehr schnell Rollen- und Beziehungsmuster deutlich, was nicht immer angenehm sein muß, wenngleich es aufschlußreich ist.
Kennen sich die Paare nicht, können Ängste auftreten, sich zu sehr zu offenbaren oder bloßzustellen, was aber meist überwunden wird, weil auch die andere Person sich ein Stück offenbart.
Es passiert auch manchmal, daß Paare die Übung ab einem bestimmten Punkt langweilig und uninteressant finden oder einfach nicht miteinander können; dann ist es wichtig, sie nicht zum Weitermachen zu zwingen, sondern nötigenfalls zusehen zu lassen.

Variation:
Person A nimmt eine durchwegs geschlossene (introvertierte, abweisende) Haltung ein, auch wenn sie agiert. Person B soll ständig eine offene (konträre) Haltung einnehmen, zum Beispiel indem sie die Hände ausstreckt oder der anderen Person zugewandt ist ....
Nach ca. 5 Minuten werden die Paare "umgepolt" und das Spiel mit "getauschten" Rollen fortgesetzt.

Anmerkung:
Mit der jeweiligen Körperpositionen werden bestimmte Gefühle wachgerufen. Eine offene Haltung ruft in uns bekannte Gefühle hervor, z.B. was wir empfinden, wenn wir etwas wollen, während eine geschlossene Haltung eher den Wunsch wiederspiegelt, in Ruhe gelassen zu werden oder sich abzuwenden.
Durch die Dauer der Übung und den ständigen Wechsel zwischen Wollen und Nichtwollen werden wir an derartige Situationen in unserem Alltag oder in unserer Biographie erinnert.

Auswertung:
Wichtig ist, sich nach der Übung zunächst Zeit zu lassen, um die Erinnerungen auszutauschen. Anschließend ist vielleicht in der Gruppe nochmals nachzufragen, was den Teilnehmerinnen leicht und was schwerer gefallen ist. So werden Unterschiede und Gemeinsamkeiten deutlich, wie wir mit einer Haltung oder mit einem Gefühl umgehen. Die einzelne lernt ihre Erfahrung im Verhältnis und im Vergleich zu den anderen kennen und einzuordnen. Daran schließen sich oft erste Gespräche über Unterdrückung an, es wird deutlich, daß Unterdrückung etwas mit uns zu tun hat und uns nichts Fremdes ist.

Das Statuentheater

Statuentheater ist die körperliche, bildhafte Darstellung von Unterdrückung. Dabei werden einzelne TN von anderen TN, die als Bildhauer fungieren, zu einem Statuenbild geformt und in der gewünschten Form verfestigt (eingefroren).
Unterdrückung wird somit in einem Bild in einer Momentaufnahme festgehalten und fixiert, das Ausgangsbild ist entstanden.

"Im Statuentheater gehen wir vom "statischen" zum "bewegten" Bild über: Wir erstellen ein Ausgangsbild und bringen dann Bewegung ins Bildgeschehen, wir "dynamisieren" es und gelangen so vom realen Ausgangsbild zu dem in der Realität erstrebten Bild. Beim Statuentheater soll nicht gesprochen werden." (Boal, S. 241)

Eine weitere Form möchte ich beschreiben, ich nenne sie

Galerie der Unterdrücker

Zeit: ca. 60 Minuten

Ziel: Körperlich und assoziativ an die Unterdrückung erinnern. Es soll deutlich gemacht werden, daß Unterdrückung kein abstrakter Begriff ist, sondern sehr deutliche Formen und eine sehr intensive Gegenwart in unserem Alltag und unserer Geschichte annimmt. Mechanismen und Strukturen von Unterdrückung werden in ersten Eindrücken nachempfunden und skizziert.

Verlauf:
Wir bilden Paare. Dabei formt Person A die Person B zu einer Statue, die für sie einen typischen Unterdrücker darstellt. Anschließend stehen also die Hälfte der Teilnehmer als Unterdrücker im Raum.
Wie in einer Art Galerie sehen wir uns die Statuen an, lassen uns von ihrer Ausstrahlung und Anziehungskraft fesseln oder widerstehen

ihnen, treten ihnen gegenüber ...
Dabei beobachten wir uns selbst: wo weichen wir aus, wen erkennen wir wieder, welche Geste wirkt auf uns besonders stark, wo halten wir Distanz, an wen gehen wir ran ...?
Eine Spielanweisung könnte auch lauten, sich in die komplementäre (ergänzende) Position zum Unterdrücker zu begeben. Welche Haltung nehme ich ein, welche ist konsequent?
Genauso wie der Unterdrücker versuche ich, die Haltung zu erspüren - wo schmerzt es, wo schnüre ich mir den Atem ab ...

Variation:
In einem weiteren Schritt wird der Auftrag erteilt, daß jeder seine Statue entschärfen soll. Dabei steht der Unterdrücker als Statue im Raum und der Rest der Gruppe sieht zu, wie die Statue von seinem Erbauer entschärft wird. Anschließend reflektieren wir die einzelnen Schritte und den gesamten Prozeß.
Zu beachten ist dabei, daß jeder Schritt, jede Bewegung, jede Veränderung, die an der Statue vollzogen wird, zu sehen ist. Wie in Zeitlupe wird also aus einem Unterdrücker eine neutrale Person.

Anmerkung: Bei aller Arbeit mit Statuen ist darauf zu achten, daß die TN das beschreiben oder ausdrücken, was sie sehen und nicht das, was sie hineininterpretieren.
Die Bilder und Statuen werden allein von den Grenzen unserer Vorstellungskraft abgesteckt. Die Statuen, die wir mit Hilfe unserer Körper darstellen, unterscheiden sich von den Begriffen, die wir normalerweise zur Verständigung nutzen: sie sind vielschichtiger, assoziativ und auf vielfältige Deutung angelegt.

Forumtheater

Ziel:
Durch die Arbeit mit dem Forumtheater sollen wir ermutigt werden, in Konfliktsituationen Handlungsmöglichkeiten zu ergreifen, um entsprechend unserer Verantwortung und Autonomie zu handeln. Wenn ich selbst in diesem Moment dazu nicht fähig bin, weil z.B. die Form und Art der Unterdrückung mich fesselt, können andere für mich einspringen und ihre Fähigkeiten und Möglichkeiten ausprobieren. Wir proben dabei für die Wirklichkeit. Im Theaterspiel wird die Unterdrückerin entlarvt, ihre Verhaltensweisen seziert und unser eigenes Repertoire an Möglichkeiten sichtbar gemacht und angewandt.

Verlauf:
Im Forumtheater inszeniert eine Gruppe oder das Publikum selbst eine Konfliktszene. Die Protagonistin/Unterdrückte in der Szene verhält sich so, daß die Zuschauerin sich veranlaßt fühlt, einzugreifen, Widerspruch anzumelden.
Die Zuschauerin wird nun von der Spielleiterin ermutigt, an der Stelle der Protagonistin die Szene zu Ende zu spielen. Die Mitspielerinnen bleiben in ihren Rollen und versuchen, ihr Ziel zu erreichen - natürlich, indem sie auf die neue Protagonistin reagieren.
Im Anschluß wird das Publikum befragt, ob es mit dem Ausgang der Szene zufrieden ist. Ist dies nicht der Fall, dann beginnt das Spiel von neuem, solange, bis eine befriedigende Lösung für den Konflikt gefunden wird.

Anmerkung:
Wichtig sind zwei Gesichtspunkte:
- Es wird nur die Person ausgewechselt, die unterdrückt wird. Die Unterdrückerinnen können dabei nicht ausgetauscht werden, sie sind so gut oder schlecht wie ihre Rollenvorgabe und Charakterisierung. Wir machen kein Theater der Unterdrücker!
- Die Szene darf nicht so angelegt sein, daß sie völlig aussichtslos ist. Forumtheater vor einem Erschießungskommando macht keinen

Sinn! (Viel interessanter wäre doch die Frage, wie es dazu kommt, daß es Erschießungskommandos gibt oder wie diese Menschen dazu ausgebildet wurden und ...)

Die Unterdrückung findet bereits in einem wesentlich früheren Stadium statt, in welchem wir auch noch viele Möglichkeiten zur Verfügung haben zu agieren und zu reagieren. Bereits hier sind wir dazu aufgefordert!

"Fälle wie diese (eine Forum-Szene, in der ein Mädchen um Mitternacht von vier bewaffneten Individuen vergewaltigt wurde, als sie allein auf einem einsamen Bahnsteig wartete) sind für das Forum-Theater ungeeignet, weil sie keine Unterdrückungssituation zeigen, gegen die man ankämpfen kann, sondern Aggressionen ... Wenn das Modell Aggression präsentiert ist, ist die einzige Antwort konsequenterweise Resignation, denn alle möglichen Handlungen sind von Körperkraft abhängig. Was sogar noch schädlicher ist, die Zuschauspieler werden dadurch total demobilisiert. In solchen Situationen ist es am besten, man geht zurück, um die Geschichte zu einem früheren Zeitpunkt anzugehen , an welchem Punkt der/die Unterdrückte noch mehr Lösungsmöglichkeiten hatte (bevor das Szenario seinen aggressiven Weg einschlug)." (aus: Spielräume, S. 37)

Wichtig:
Es stößt bei den TN oft auf Angst und Abwehr, wird ein Unterdrücker wirklich entmachtet. Es ist nicht leicht zu akzeptieren, daß der, vor dem wir gekuscht haben und an dessen Macht wir auch partizipieren durften, plötzlich entmachtet ist. Die Angst vor der Freiheit und die Angst davor, für uns selbst einzustehen sind größer als wir es wahrhaben wollen.

Unsichtbares Theater:

Ziel: Das Unsichtbare Theater ist dazu geeignet, Verhaltens- und Reaktionsweisen des Menschen in der Öffentlichkeit zu analysieren. Des weiteren eröffnet es die Möglichkeit, ein bestimmtes Thema in der Öffentlichkeit zu diskutieren, Unrecht und Unterdrückung öffentlich zu machen.

Verlauf:
Unsichtbares Theater ist ein Stück Theater, bei dem eine Gruppe einen Konflikt an einem dafür passenden öffentlichen Ort zeigt. Die Gruppe wird nicht als "... Theatergruppe erkannt. Sie tritt auf und geht ab von der ‚Bühne', ohne daß die zufällig Anwesenden dies als inszeniert ausmachen können. Ziel ist es, für einen Moment die Auseinandersetzung um ein gesellschaftliches Problem öffentlich zu machen."
(Elisabeth Marie Mars in: Spielräume - ein Werkbuch zum Boalschen Theater der Unterdrückten)

Es werden Äußerungen und Verhaltensweisen provoziert und strukturelle, latente Unterdrückung aufgezeigt. Es soll das, was in der Masse der Menschen an Gedanken, Beweggründen, Ressentiments, Ängsten und Verhaltensweisen zu einer bestimmten Thematik vorherrscht, aber meist unbewußt und unterschwellig geäußert wird, auf die "Bühne" oder besser den Schauplatz des Geschehens kommen. Die Passantinnen werden in ein Geschehen hineingezogen, in welchem sie Stellung beziehen müssen. Die Schauspielerinnen repräsentieren gesellschaftliche Haltungen zum Thema.

Anmerkung:
Das eigene Verhalten in der Öffentlichkeit, die eigene Angst, sich in der Öffentlichkeit zu äußern, sowie die Schwierigkeit, sich aus der anonymen Masse herauszubewegen, all das wird zum Ausgangspunkt der Szene. Dieser Sachverhalt darf nicht unterschätzt werden und benötigt Aufmerksamkeit.

Grundlegende Anmerkungen zur Anwendung des Unsichtbaren Theaters in der Trainingsarbeit

Unsichtbares Theater oder die Angst, für etwas einzustehen

Wenn ich von einer politischen Gruppe angefragt werde, ob ich mit ihr "Unsichtbares Theater" zu ihren Inhalten machen will, frage ich erst einmal: "ja, warum denn?"
Meist stellt sich heraus, daß die Gruppen dem Reiz erliegen, ihre Inhalte an die Öffentlichkeit bringen zu können und dabei als Regisseurinnen und Schauspielerinnen unerkannt zu bleiben.

Warum aber unsichtbar, versteckt, anonym? Was liegt dahinter im Verborgenen?
Wir haben hierzulande die Möglichkeit, über (fast) alles reden und alles artikulieren zu können. Klar, es gibt Themen, Tabus, über die wir in der Öffentlichkeit nicht reden können. Daß wir es nicht können, es uns nicht erlauben, liegt aber an uns selber sowie an der Form, in der wir und andere gewohnt sind, bestimmte Themen und Meinungen kundzutun.

Fragen zu stellen ist nicht verboten, was verboten ist, ist manchmal die platte Propaganda. Wollen wir mit unseren Inhalten auf die Straße gehen, um unsere Lösungen zu propagieren, dann ist das Theater der Unterdrückten das falsche Theater. Suchen wir aber den Dialog mit den Menschen, suchen wir die Auseinandersetzung und versuchen wir die Sichtweise der "Unbekannten", der "Masse" (zu der wir ja auch gehören) zu verstehen, ohne sie deshalb tolerieren zu müssen, dann sind die Methoden des Theaters der Unterdrückten geeignet.

Halten wir uns ruhig vor Augen, daß das "Unsichtbare Theater" in Brasilien in einer Zeit entstanden ist, als es nicht möglich war, direkt mit den Menschen auf der Straße oder in Gruppen über politische Themen zu diskutieren. Wir leben hier in Deutschland nicht in einer Diktatur, es sei denn, in unseren Köpfen agieren Polizisten, die uns

am direkten Dialog und an der direkten Beziehung mit den Menschen hindern - oder sind es vielmehr die Ängste für eine Sache einzustehen?
In der Arbeit mit Gruppen über das "Unsichtbare Theater" geht es denn auch viel mehr um die eigene Courage, um das eigene Verhalten in der Masse als um die Inhalte selbst.
Es sind vielschichtige Hindernisse - Vorurteile, Scham, Angst - abzubauen, welche uns daran hindern, einfach auf die Mitmenschen mit unseren Themen zuzugehen.

Also: Direkte Demokratieentwicklung in den Köpfen der Teilnehmerinnen!

Der Polizist im Kopf

Zeit: 60 - 120 Minuten

Ziel:
Die im eigenen Kopf herumschwirrenden Instanzen bewußt szenisch konkret werden lassen, die uns nicht tun lassen, was wir wollen bzw. uns etwas nicht tun lassen, obwohl wir es wollen, um sie auf diese Art einer gemeinsamen Bearbeitung unterwerfen zu können.

Verlauf:
Zur Methode des "Polizisten im Kopf" (PiK) sagt Augusto Boal selbst:
"Dabei (beim PiK, Anm. des Verf.) ging es darum, die Instanzen, also die Polizisten zu lokalisieren, die mich dazu anstiften, Dinge zu tun, die ich nicht tun will, und anderes nicht zu tun, was ich eigentlich gern tun würde. Warum handle ich oft gegen meine eigenen Interessen? Lokalisieren bedeutet hier: sich an sie zu erinnern und sie danach konkret in die Szene einzubauen, mit Hilfe der Mitspieler." (Interview mit Boal aus Ruping, Gebraucht Theater!)
Ein Teilnehmer zeigt eine Szene, in der ergegen die eigenen Interessen gehandelt hat. Nach dem erstmaligen Spiel der Szene benennt er selbst die Gedanken, die ihn daran gehindert haben, das zu tun, was er eigentlich gewollt hat. Die Zuschauer übernehmen nun einzeln den jeweiligen Gedankengang, das Argument, den passenden Satz in eine entsprechende Haltung und reihen sich nebeneinander auf. Die noch nicht "eingebauten" Zuschauer können nun nochmals noch nicht dargestellte "Polizisten", die sie sehen oder empfinden, in einer Haltung darstellen. Der Protagonist entscheidet nun aufgrund der deren Haltung, ob er diese Polizisten noch in die Reihe mit aufnimmt.

Der Protagonist gibt den Polizisten neben ihrem spezifischen Satz noch Rollenmaterial durch eine Art Erinnerungsarbeit mit. Er führt mit allen einen inneren Dialog, den er beginnt mit: "Weißt du noch ...?" und endet mit "Deshalb ..."

Im nächsten Schritt wird die nochmals gespielte Szene um die hinzugekommenen Polizisten erweitert, die real aber halblaut immer wieder in die Szene eingreifen und auf den Protagonisten einreden. Der Protagonist bespielt also die Szene und muß sich gleichzeitig gegen die Polizisten argumentativ und körperlich wehren.
Das Spiel kann auf die verschiedensten Arten enden.

- Der Protagonist vertreibt die Polizisten oder setzt sich gegen sie durch,
- der Protagonist bricht unter den Argumenten der Polizisten zusammen,
- er tut das, was er will, gegen die Argumente der Polizisten oder
- er verläßt den Raum.

Setzt sich der Protagonist nicht durch, so kann er durch noch nicht involvierte Zuschauer in der Art des Forumtheaters ersetzt werden. "Geht es im Forumtheater mehr um das Wir, das Handeln in und mit der Gruppe, darum Strategien für gemeinsamen Widerstand zu proben, so wollen wir hier (PiK) mit Hilfe der Gruppe, das Ich befreien, um gemeinsames Handeln überhaupt erst möglich zu machen, damit wir bei einer von einem Teilnehmer erlebten und dargestellten Unterdrückungssituation vom Einzelfall zum Allgemeingültigen vorstoßen können." (Boal, S. 261)

Anmerkung:
Wichtig ist es, das Spiel am Laufen zu halten, auch wenn die Polizisten aufdringlich sind und dem Protagonisten nichts einfällt, oder er sich zunächst nicht zur Wehr setzt. Man kann dem Protagonisten Hilfen anbieten: er kann mit den Polizisten alles machen, was er will, sie in die Ecke stellen, sie begraben, sie vor die Tür setzen, auf andere Polizisten ansetzen ...
Die Polizisten tun das, was der Protagonist sagt und von ihnen will, kehren aber in "very slow motion" wieder zurück in die Szene, unausgesetzt ihren Text sprechend.

Auswertung:

Wichtig ist eine Auswertung auf gemeinsam Erkanntes hin.
Wie ist es den Polizisten mit ihren Rollen ergangen, welche eigenen Polizisten haben sie erkannt, was hat das Körpergedächtnis (Haltungen) in ihnen an Erinnerungen hervorgerufen? ...
Besonders beim Polizisten im Kopf ist es ratsam, vorher selbst die Methode erlebt zu haben, um gerade dann, wenn man sie anleiten will, nicht von der Vielzahl an Eindrücken, Aufgaben, Regeln und Freiheiten überfordert zu sein.

Der Regenbogen der Wünsche

Zeit: 30 - 60 Minuten

Ziel:
Die Wünsche, die nicht weniger realen Charakter haben als die Tatsachen, sollen in Szene gesetzt und die Utopie der Wünsche realistisch gemacht werden. Der Regenbogen der Wünsche überstrahlt jene Polizistin, die uns ständig ermahnt, realistisch zu sein und so unsere Wünsche zu unterdrücken.

Verlauf:
Ausgangspunkt ist ein Konflikt, den die Protagonistin nicht ihren Wünschen entsprechend zu lösen in der Lage war. Der Konflikt wird nun szenisch dargestellt. Die Zuschauerinnen werden gebeten, die Wünsche der Protagonistin körperlich darzustellen. Ebenso nimmt die Protagonistin verschiedene Körperhaltungen ein. Zuschauerinnen, die sich in eine der Haltungen hineinfinden können, vervollständigen mit diesen den Regenbogen der Wünsche. Alle Wünsche stehen somit in ihrem Körperausdruck, wie zuvor die Polizistinnen, auf der Bühne.
Angelehnt an den "PiK" spielen nun die TN die Wünsche gegen die Antagonistin der Szene an, wobei diese entsprechend ihrem Rollenver-

ständnis agiert.

Anmerkung:
Es ist hier wieder darauf zu achten, daß die Wünsche zunächst körperlich dargestellt werden, und so aus dem Körpergedächtnis heraus gespielt wird und nicht aufgrund sprachlich formulierter Wünsche.

Variante:
Es fällt oft schwer, auf Wünschen zu insistieren. Sehr oft tauchen bereits hier wieder Polizistinnen auf, die sagen : "Du darfst nicht oder das hat doch eh keinen Sinn..."
Ein bißchen Leben, ein bißchen Freiheit, ein bißchen Liebe, ein bißchen frische Luft. Dieses zu thematisieren, kann heftige Reaktionen hervorrufen. Hier können die Möglichkeiten des Theaters weiter genutzt werden. Die, die uns in unseren Wünschen einschränken oder sie einfach verbieten, werden sofort mit in die Szene eingebaut.

"In Wahrheit hat das Theater der Unterdrückten kein Ende, weil alles, was darin passiert, bis in das wirkliche Leben hinausreichen muß. Theater soll niemals aufhören! Das Theater der Unterdrückten ist genau an der Grenze zwischen Fiktion und Realität angesiedelt, und diese Grenze muß überschritten werden. Wenn die Vorführung als Fiktion beginnt, muß das Ziel sein, sie in die Wirklichkeit, in das Leben zu integrieren." (Boal, in: Spielräume, S.45)

Übungen für themenorientierte Trainings

Aggression und Gewalt

Sich stellen

Dauer: 90 Minuten

Verlauf:

1. **Konfliktgegenstand benennen:** Die Teilnehmerinnen notieren ihre Assoziationen zu dem Begriff "Gewalt" auf einen Zettel und legen ihn in die Mitte ihres Kreises.
   Die Zettel bilden einen "Gewalthaufen"; jede hat noch die Möglichkeit, sich die einzelnen Zettel anzusehen und Verständnisfragen dazu zu stellen.

2. **Beziehen einer Position:** Die Teilnehmerinnen suchen sich jetzt einen Platz, der ihren Abstand zu dieser Gewaltansammlung kennzeichnet (Die "Position" wird durch Nähe und Distanz bestimmt). Sie sollen ruhig den Raum nutzen, um auszutesten welche Entfernung bzw. Nähe für sie richtig ist. Ist der richtige Abstand gefunden, bleiben sie stehen.

3. **Haltung einnehmen:** Jede Teilnehmerin hat nun die Aufgabe, ihre aktuelle Haltung durch einen Körperausdruck darzustellen. Sie soll dabei ruhig verschiedene Haltungen, die ihr entsprechen könnten, austesten. Dabei geht es nicht um eine spezielle Form der Gewalt, sondern um eine Grundhaltung zum Phänomen der Gewalt.

4. **Wahrnehmen von Position und Haltung:** Wie stehe ich? Stabil - instabil? Welche Bewegungs-Richtung? Welches Körpergefühl? Habe ich Schutz? Wo bin ich locker? Wo verkrampft? Wichtig ist es, sich die Zeit zum Wahrnehmen zu lassen.

5. **Sehen des Gruppenbildes**: Nun sollen sich die Teilnehmerinnen aus ihrer Haltung lösen und sich die Positionen der anderen ansehen und merken: so steht die Gruppe dem Phänomen gegenüber.

6. **Die Wunschhaltung finden und wahrnehmen:** Im nächsten Schritt überlegt sich jede, welche Position sie zu dem Phänomen Gewalt gern einnehmen möchte. Auch hier lassen sich die Teilnehmerinnen wieder Zeit und probieren verschiedene Positionen aus. Sie versuchen erneut, ihre Haltung wahrzunehmen (wie bei 4.)

7. **Sehen des veränderten Gruppenbildes:** Nun lösen sie sich aus ihrer Haltung und betrachten die Positionen in der Gruppe.

8. Im Anschluß wird folgender Fragebogen bearbeitet:

> Fragen:
> Welches war meine erste Position und Haltung? Zeichne auf der Rückseite des Blattes einen Punkt für den Gewalthaufen und vermerke Deine Position dazu! Mache Dir Notizen zu Deiner Haltung!
>
> Zeichne Deine Wunschposition ein und beschreibe Deine Haltung. Hattest Du Schwierigkeiten, die Position und Haltung zu finden?
>
> Ist Dir ein Unterschied bei den Gruppenbildern aufgefallen? Wenn ja, welcher?
>
> Fallen Dir Beispiele aus Deinem Alltag ein?

9.**Austausch in Kleingruppen:** Der Fragebogen wird nun in der Kleingruppe besprochen und ausgewertet.

Für das Plenum wird zusammengefaßt:

- Unterschied der Gruppenbilder
- Schwierigkeiten mit den Wunschpositionen und Haltungen

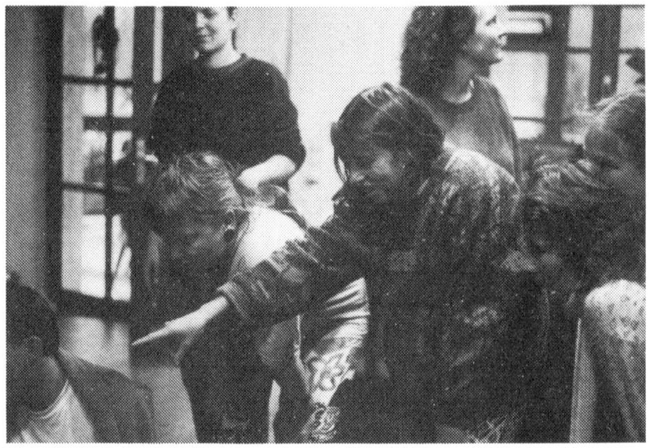

Gewaltlandschaften

Dauer: 90 Minuten
Material: Naturmaterial, Steine, Blechdosen, Hölzer, Stoffe, Stecken, Pappe, Bilder, großes Papier o.a.

Verlauf:
1. **Den Konfliktgegenstand beschreiben:** Jeder Teilnehmer zeichnet ein Symbol oder eine Strichzeichnung zum Begriff Gewalt auf ein großes Papier, wobei eine sehr einfache Darstellung von Assoziationen genügt. Diese Symbole werden in die Mitte gelegt und zunächst ohne Kommentar betrachtet.
2. **Die eigene Verbindung suchen:** Jeder Teilnehmer sucht sich einen Gegenstand aus. Dieser soll die gegenwärtige Beziehung zum Thema symbolisieren, z.B. einen sehr kantigen Stein oder ein Schneckenhaus. Dieser Gegenstand wird nun mit dem Papier in Verbindung gebracht. Auch dabei geht es wieder um Nähe und Distanz, also Position.
3. **Das Gruppenbild wahrnehmen:** Nun wird das Gruppenbild betrachtet. Jeder macht sich kurz ein paar Notizen darüber, was ihm aufgefallen ist.
4. **Das eigene Ziel finden:** Ein weiterer Gegenstand wird gewählt, als Symbol für die Wunschhaltung gegenüber der Gewalt. Auch dieser Gegenstand wird nun auf dem Gewaltpapier plaziert.
5. **Das Gruppenbild wahrnehmen:** Die TN betrachten das daraus entstandene Gruppenbild und machen sich kurz ein paar Notizen dazu, was ihnen daran aufgefallen ist.
6. Jetzt entfernen sie die Symbole, die sie anfangs hingelegt haben und betrachten erneut das Bild, notieren ihre Eindrücke.
7. Mit dem zweiten Symbol in der Hand gehen sie nun in Kleingruppen und schildern ihre Gründe für die Symbol- und Platzwahl.

8. Im Plenum werden
   - die Veränderungen zwischen 3. und 5. besprochen
   - die Schwierigkeiten bei der Wahl eines positiven Symbols erläutert
   - zusammengetragen, welche Eigenschaften der "Gewalt" und der "Gewaltfreiheit" zugesprochen werden

Anmerkung: Diese Übung ist vor allem in einem Tagungshaus mit Garten oder am Wald geeignet. Sie ist eine hervorragende Einstiegsübung, die inhaltliche Ebene und Beziehungsebene verbindet. Wichtig ist immer wieder, darauf hinzuweisen, daß es nicht **um die Definition** sondern **um die persönlichen Haltungen und Positionen** geht. Die Versuchung, einer Definitionsdiskussion zum Opfer zu fallen, ist immer sehr groß. Damit will ich eine solche Diskussion nicht abwerten. Wenn mein Ziel aber die Intervention in Gewaltsituationen ist, ist meine Haltung wichtiger. Denn Handeln entsteht nicht aus Definitionen!

Gewalt - Bild

Dauer: 90 Minuten
Material: Gewaltbilder aus Zeitungen oder Büchern, Bildersammlung
Verlauf:

1. Verschiedene Bilder werden auf den Boden oder einen Tisch gelegt und betrachtet.
2. Die Teilnehmerinnen entscheiden sich für ein Bild, welches ihrer Meinung nach Gewalt darstellt. Sie nehmen das Bild und zeigen es den anderen. Falls ein Bild von mehreren Personen gewählt wird, stellen sie sich zu dem Bild. Vielleicht wird dies eine erste Kleingruppe.
3. In Kleingruppen, nicht größer als 6 Personen, tauschen sich die TN über diese Bilder aus:

- Was hat mich bewogen, dieses Bild auszuwählen?
- Was verbindet mich mit dem Bild?
- Welche Gedanken zur Gewalt sind bei mir wach geworden?
- Welche Haltung habe ich gegenüber dieser Gewalt?
- Welche Haltung möchte ich einnehmen?

4. Im Plenum wird dies nun zusammengefaßt wiedergegeben. Wichtig ist der Brennpunkt "Haltung"!

Varianten: Statt der Bilder können auch eine Reihe aktueller Zeitungsartikel verwendet werden. Die Teilnehmerinnen sollen sich den betreffenden Bericht ausschneiden und in die Kleingruppe mitnehmen. Dort wird dieser zusammen mit den anderen Berichten aufgeklebt und vorgestellt.
Anmerkung: Diese Form läßt sehr viel Unverbindlichkeit zu und eignet sich deswegen gut im Bereich der Schule und des Betriebs. Eine zu große Unverbindlichkeit sollte aber die Trainerin nicht zulassen. Von daher die Regeln: "Erzähle von Dir, keine Definition, kein ‚man'"!

Umfrage

Dauer: 120 Minuten
Material: Kasettenrekorder oder Videoausrüstung
Verlauf:
Aufgabe ist, durch Interviews Haltungen und Positionen zur Gewalt herauszufinden und diese mit den eigenen Vorstellungen zu konfrontieren.
1. Es werden Arbeitsgruppen gebildet. Die Teilnehmer überlegen sich Fragen, die sie stellen wollen, um Haltungen und Positionen zur Gewalt herauszufinden.
2. Das Aufnahmegerät wird getestet. Dann gehen die TN auf die Straße und befragen willkürlich ausgewählte Passanten. Einer führt das Interview, ein weiterer notiert die Antworten stichpunktartig auf einem Zettel.
3. Nach einer bestimmten Zeit sammelt sich die Kleingruppe, wertet ihre gesammelten Aussagen aus und faßt sie zusammen. Die einzelnen Gruppenmitglieder beziehen zu diesen Aussagen Stellung. Auch dies wird zusammengefaßt.
4. Im Plenum wird nun alles zusammengetragen und eventuelle Pointen vorgeführt. Auf einem Flipchart werden die Ergebnisse sichtbar gemacht.

Aussagen der Befragten	Positionen der Gruppe
Gewalt ist, wenn jemand einen anderen schlägt. ... wenn meine Rente wieder gekürzt wird.	Erster Eindruck: die Befragten haben keine Stellung bezogen. Manche behaupteten zwar, Gewalt sei negativ, halten sie aber dann wieder für notwendig ....

Anmerkung: Es ist wiederum darauf zu achten, daß es nicht zu einer Definitionsdiskussion kommt. Die Methode ist auch bei Schulklassen oder in Kursen geeignet. In einem Fachhochschulseminar werden die Studenten zu öffentlichen Einrichtungen geschickt; sie sollen dann die dort getroffenen Aussagen mit ihren Meinungen konfrontieren. Besucht werden z.B. Polizei, Justizvollzugsanstalt, Kirche, Arbeitsamt, Unisekretariat.

Achtung: Diese Übung erhebt keinen Anspruch auf statistische Aussagekraft!

Statue oder Kunstaktion

Dauer: 120 Minuten

Verlauf:
Die Gruppe erarbeitet mit der einfachen Methode des Statuentheaters ein gemeinsames Bild zur Gewalt. Diese Statue wird nun in einer stark von Fußgängerinnen frequentierten Gegend nach und nach aufgebaut. Erst steht nur eine Person da, eine zweite gesellt sich dazu, dann eine dritte, ... bis das Bild fertig ist. Dort steht es dann ungefähr 10 Minuten, wobei die TN auf die Reaktionen der Passantinnen achten, und löst sich anschließend so wie es entstanden ist. Die erste Person löst sich aus der Statue, dann die zweite,..... und beginnt mit den Passantinnen ein Gespräch über Gewalt und Möglichkeiten der Intervention.
Diese Szene kann sich noch einige Male wiederholen.
Anschließend werden in Kleingruppen die Reaktionen zusammengetragen und wieder mit den eigenen Positionen konfrontiert.
Die Auswertung kann ähnlich wie oben visualisiert werden.

Anmerkung: Diese Konfrontationen mit der Öffentlichkeit sind sehr produktiv. Viele der Teilnehmerinnen an solchen Kursen sehen sich mit Reaktionen konfrontiert, die sie nie erwartet hätten. Auch wird schon von Beginn an der Elfenbeinturm zerstört, in dem es sich gut einrichten ließe.
Möglich ist eine solche Recherche aber nur, wenn genügend Zeit vorhanden ist. Ich setze diese Methode bei Wochenseminaren oder Fachhochschulseminaren ein.

Die Möglichkeiten, Haltungen und Positionen herauszufinden, sind schier unerschöpflich. Ich füge noch eine Liste mit Übungen an, die auch altersspezifisch genutzt werden können.
Weitere Übungen, die zum Finden von Haltungen und Positionen zur Gewalt geeignet sind:

- **Arbeit mit Texten**
  geeignet sind Märchentexte, z.B. Knüppel aus dem Sack ("Ich habe doch mit Gewalt nichts zu tun!"), das tapfere Schneiderlein (auch die Fassung von Janosch), Mythen wie die Erzählung von Prometheus, aber auch Erzählungen aus der Bibel oder Heiligenlegenden wie die Michaelissage.

Anmerkung: Die Arbeit mit Texten kann auch in Form von "Dramen" stattfinden. Es würde aber dieses Buch sprengen, diese Form ausführlich zu erklären. Gute Literatur ist im Bereich des Psychodramas und des Bibliodramas zu erhalten.

Literaturauswahl:

Ellynor Barz: Selbstbegegnung im Spiel, Kreuz-Verlag, Stuttgart, 1988
Heidemarie Langer: Vielleicht sogar Wunder, Kreuz-Verlag, Stuttgart, 1991
dies. u.a.: Bibliodrama
J.L. Moreno: Das Stegreiftheater, New York, 1970
Lewis Yablonsky: Psychodrama, Stuttgart, 1978

- Statuen oder Forumtheater

Die einzelnen Schritte sind in dem Beitrag von Alwin Baumert ausführlich beschrieben.

- Kunst-Konfrontationen

Jede größere Stadt ist mit monumentalen Kunstwerken gestaltet. Sicherlich finden sich Denkmäler, Standbilder, Skulpturen oder ähnliches, die eine herrliche, aktive Kulisse für die "Sich-Stellen"-Übung abgeben.

- Geschichts-Konfrontation

Bauwerke wie das Reichsparteitagsgelände hier in Nürnberg, Burgen, Stadtmauern, KZ-Außenlager, Gefängnisse und vieles mehr eignen sich ebenfalls zur Findung von Haltungen.

Bei allen Übungen ist entscheidend, daß es sich um persönliches "Sich-Stellen" handelt und nicht um allgemeine Aussagen oder Definitionen.

Körperwahrnehmungsübungen

Dauer: jeweils 15 - 30 Minuten

1. Paarübungen

Gleichgewichtsübung
Die Gleichgewichtsübungen werden hier als Methode verwendet. Aus diesem Grund ermutige ich die TN, sehr intensiv zu spielen und sich nicht vor lauter Rücksichtnahme zu blockieren.

Stoß-Rückzug
Nachspüren der Stoß-Rückzug-Übung. Welche Empfindungen hatte ich beim Angriff oder bei der Abwehr.

Hebel suchen
Ist es leicht, den Hebel zu finden oder tue ich mich schwer? Was hindert mich?

Nähe aushalten
Wie reagiere ich auf Bedrängnis oder Mangel an Distanz?

Augenattacke
Wie reagiere ich auf subtile Bedrohung?

Kettenfangen
Dieses Spiel lockert auf und setzt einige Gefühle frei, die nur im Eifer des "Gefechts" erlebbar sind. Es sollte aber nicht überstrapaziert werden.

Bogenübung

Dauer: 30 Minuten

Verlauf: Diese Paarübung wird etwa folgendermaßen angeleitet:

1. "Mache einen großen Ausfallschritt nach vorn mit dem rechten Fuß. Der linke Fuß steht nun in einem Winkel von 60° zur Schrittrichtung. Die Knie sind nicht gestreckt.
2. Nun drehe dein Becken und deinen Oberkörper in die Schrittrichtung, öffne die Arme, die jetzt parallel zu den Beinen ausgestreckt sind. Spüre eine leichte Spannung im Beckenbereich. Nimm deine Verwundbarkeit wahr.
3. Nun beuge dich in Richtung deines rechten Fußes und lasse deinen Oberkörper über das rechte gebeugte Knie fallen. Spüre deine Geschlossenheit. Wiederhole Öffnen und Schließen mehrere Male.
4. Jetzt stellt sich deine Partnerin auf die Höhe des linken Fußes und führt, sobald du dich geöffnet hast, eine stoßende, schlagende Bewegung, mit einem kurzen Schrei verbunden, aus, was dich wieder dazu veranlassen wird, dich zu verschließen.
5. Wenn du dich jetzt wieder aufrichtest, blicke deine Partnerin an und öffne dich, soweit du kannst. Die Partnerin wiederholt den symbolischen Stoß und Schrei. Du ziehst dich wieder zurück. Wiederholt das zehnmal. Spüre vor allem die Kraft, die du brauchst, dich aufzurichten und der "Gegnerin" offen zu begegnen.
6. Wechsle die Seite und wiederhole diese Übung. Dann tauscht eure Positionen. Nach Beendigung der Übung gönnt euch etwas Ruhe und beginnt dann miteinander zu sprechen."

Auswertung: Welche Schwierigkeiten gab es beim Öffnen? Was war leicht, was schwer? Was wäre die natürliche Reaktion gewesen?

Bilder zur Faustübung S. 371

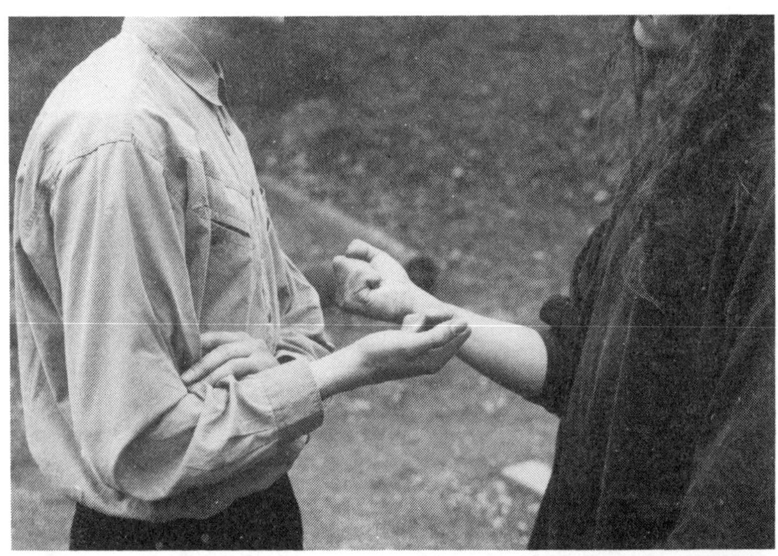

Mit dem Kopf durch die Wand?

Dauer: ca. 30 Minuten

Verlauf:

1. Es bilden sich zwei Gruppen, die sich in Linie aufstellen. Jeder hat ein Gegenüber. Nun nimmt sich die eine Seite vor, unbedingt an die Wand hinter der anderen Gruppe zu gelangen, weil vielleicht dort der Kaffee steht oder... . Die Personen, die vor der Wand stehen, wollen aber niemanden durchlassen, sie stellen sich in den Weg.
2. Die Mitglieder der "Kaffeetrinkergruppe" wollen nun unbedingt zur Wand, können aber die Sprache der Blockierer nicht. Nun sollen sie versuchen ihr Ziel ohne Worte zu erreichen.

Auswertung:

3. Bei der nun folgenden Rangelei ist auf Folgendes zu achten: Wer fährt einen Konfliktkurs? Wer weicht dem Konflikt aus? Wer eröffnet einen Dialog? Schauen sich die "Gegner" in die Augen? Werden Verhandlungen eingeleitet? Haben die TN in Gruppen oder isoliert gehandelt? Welche Gruppe hat stärker gewirkt?

Anmerkung: Diese Übung kann nach einer intensiven Reflexion noch einmal unter der Bedingung "gewaltfrei" durchgeführt werden. Bei der ersten Übung sollte dieser Anspruch nicht im Raum stehen, sondern allein die Mitteilung, daß die TN wollen sollen!

Faustübung

Dauer: 90 - 120 Minuten
Material: Papier und Stifte

Verlauf:
Die **Variante 1** kann folgendermaßen angeleitet werden:

1. "Wählt euch eine Partnerin, mit der ihr diese Übung machen wollt. Dann macht die eine von euch eine Faust. Die andere versucht, diese Faust mit allen möglichen Mitteln aufzumachen. Verwendet auch etwas Gewalt, wenn es nicht anders geht.
2. Nun schreibt schnell (ohne lange Überlegung) auf ein Blatt Papier:

   Als ich deine Faust geöffnet habe, habe ich folgendes empfunden..
   Als ich deine Faust nicht öffnen konnte ...
   Als du meine Faust geöffnet hast ...
   Als du meine Faust nicht öffnen konntest ...
3. Nun mache noch einmal die Faust und strecke sie deiner Übungspartnerin entgegen. Diese versucht jetzt ein weiteres Mal, deine Faust zu öffnen, **aber ohne Gewalt und ohne Worte.**
4. Nach diesem Teil schreibt wieder auf ein Blatt Papier:

   Als ich deine Faust geöffnet habe, habe ich folgendes empfunden
   Als ich deine Faust nicht öffnen konnte ...
   Als du meine Faust geöffnet hast ...
   Als du meine Faust nicht öffnen konntest ..."

Auswertung: Nach der Übung unterhalten sich zuerst die beiden Übenden, dann werden zwei oder drei Paare gebeten, sich zu einer Kleingruppe zusammenzuschließen und folgende, hauptsächlich den zweiten Übungsteil betreffenden, Fragen zu beantworten:

- Wann war ich bereit, meine Faust aufzumachen?
- Was hat verhindert, daß ich meine Faust geöffnet habe?
- Welche Strategie habe ich angewandt?
- Welche Strategie hatte Erfolg/keinen Erfolg?

- Kann ich diese Übung irgendwie in den Alltag übertragen?

Variante 2:
1. "Suche dir, wie oben, eine Partnerin, nur: stelle dir etwas Wertvolles vor, das du nicht hergeben willst. Lege es symbolisch in deine Hand und schließe es in deiner Faust ein.
2. Deine Partnerin überlegt sich nun, wie sie an dieses wertvolle Ding kommt. Sie möchte es unter allen Umständen haben.
3. Du willst aber dein Wertvollstes auf keinen Fall preisgeben und es dir erhalten. Du hast es in dem Moment verloren, in dem die andere deine Faust geöffnet hat; einmal öffnen und schließen geht nicht!
4. Tauscht die Rollen."

Auswertung wie oben, mit folgender Ergänzung:
Was war der Inhalt? Wurde auf diesen eingegangen? Wurde Gewalt angewendet?
Anmerkung: Diese Übung kann verbal aber auch nonverbal durchgeführt werden.

Variante 3
funktioniert wie die Variante 2, nur geht es jetzt darum, herauszufinden, worum es sich bei dem Wertvollen handelt, und damit dann die Faust zu öffnen. Diese Variante eignet sich aber nicht so sehr für diese Trainingsform, sondern eher im gruppendynamischen Bereich.

Einsatz dieser Übung:
Bei der Aufgabe, die Faust ohne Gewalt zu öffnen, handelt es sich um eine Simulation, bei der es im wesentlichen darum geht, aktiv das ganze vorhandene Potential auszuloten. In Wirklichkeit mobilisieren die wenigsten ihre vorhandenen Fähigkeiten, um zu ihrem Ziel zu gelangen. Diese "Passivität" bietet eine gute Möglichkeit, auf die Formen passiven Denkens und Verhaltens einzugehen (siehe Einstieg, und die Widerstände zu demonstrieren, die es verhindern, daß ich meine Fähigkeiten entsprechend nutze.

Monsterkabinett

Dauer: ca. 120 Minuten
Ziel: Den Angstgegner materialisieren und die eigenen Handlungsmöglichkeiten erweitern.

Verlauf:
Vorübung:
Jeder Teilnehmer sucht sich einen Übungspartner. Nun stellen sich die einen Partner in einen sich bildenden Innenkreis. Die anderen Partner stehen ihnen von außen her gegenüber. Die Innenstehenden blicken nach außen. Ihre außenstehenden Partner sind nun die Former, die aus ihrem Pendant in der gleichen Art wie beim Statuentheater ihren Angstgegner formen, der oft schreckliche Fratzen oder Gesten zur Schau stellt. Wenn die Statuen fertig sind, versuchen die Former eine Haltung gegenüber ihrem "Monster" einzunehmen. Das erfordert natürlich Zeit!
Ein Spaziergang durch das Monsterkabinett beginnt. Der Außenkreis defiliert nun an den gebauten Angstgegnern vorbei. Jeder hat die Möglichkeit, gegenüber den anderen Monstern Haltungen einzunehmen - sich auszuprobieren.
Dann erfolgt ein Wechsel.
Hauptübung
Ein gemeinsames Monster wird gebaut. Bei dieser Übung ist es sinnvoll, daß einer der beiden Trainer sich als Monster zur Verfügung stellt, da es bei einem Teilnehmer als Monster sein kann, daß zum einen die Umsetzung zu verhalten ist und zum anderen eine zu starke Belastung für den TN auftritt, die oft nicht mehr aufgefangen werden kann.
1. Der noch unfertige "Angstgegner" wird in die Mitte gestellt. Jeder hat die Möglichkeit, ihn zu gestalten. Es wird solange gestaltet, bis alle zufrieden sind. Es können auch Requisiten beigestellt werden, ein Tisch oder Stuhl, ein Pult oder eine Stuhlreihe für eine Vorlesungsveranstaltung oder .... (Der Angstgegner muß keineswegs ein REP oder ein Skinhead sein.

2. Der "Angstgegner" erhält seinen Text. Diese dem Psychodrama entliehene Form nennt sich auch "Doppeln". Jeder kann sich hinter den "Angstgegner" stellen und ihm einen Text vorsagen, der beinhaltet, was die Figur für ihn ausdrückt, z.B.: "Was ist denn das für eine Mücke, he, was willst du denn? Geh mir aus dem Weg! Willst motzen, was? So einer gehört ja vergast!" Ein anderer Angstgegner aus der Arbeit mit Betriebsräten: "Ja, mein Lieber .... leider muß ich Ihnen mitteilen, daß wir...., Sie wissen schon, ich kann ja auch nichts dafür, mir ist das alles sehr unangenehm, aber ich kann da nichts mehr machen......" oder ähnliches.
3. Mit diesem Text erhält der "Gegner" eine Identität, die er ausspielen soll. Wer sich jetzt ausprobieren möchte, stellt sich dem "Gegner" gegenüber. Dieser wird jetzt lebendig und bedient sich seiner Rolle nach eigenem Gutdünken. Wichtig ist, daß sie konsequent durchgezogen wird. Das "Opfer" kann jetzt testen, was es alles machen kann. Es kann eigentlich alles, sogar andere Teilnehmer herbeirufen. Wenn er ein Zeichen gibt, geht der "Angstgegner" wieder in seine Ausgangsstellung zurück und ein neues "Opfer" kann sich versuchen.
4. **Auswertung** in der Gruppe: Wo waren die Blockaden? Wieso haben wir uns den Angstgegner so exotisch, so außerordentlich schwer gemacht? Welche Verhaltensformen hätte es noch gegeben?

Anmerkung: Diese Übung ist sehr intensiv und erfordert unbedingt ein genaues Kennen des Ablaufs. Von daher sollte jeder, der diese Übung anleiten will, sie als Teilnehmer mitgemacht haben. Es kann auch sein, daß der erschaffene "Gegner" eine Übermacht geworden ist, der keiner etwas entgegensetzen kann. Dann ist es wichtig zu fragen, wieso gerade ein solcher Gegner gebaut worden ist? Nach dieser Übung ist eine Pause angebracht und eventuell eine kleine Entspannungsübung.

Streitlinie

Dauer: 120 Minuten

Verlauf:
Die Gruppe teilt sich in zwei gleich starke Gruppen auf, die sich gegenüber aufstellen. Jede Person braucht für diese Übung ein Gegenüber.

1. Die eine Gruppe stellt sich nun vor, sie sei eine Aktionsgruppe gegen die neue Asylgesetzgebung und verteile Flugzettel in der Innenstadt. Die andere Gruppe stellt Passantinnen dar, die eher rechts eingestellt sind, aber wenig Zeit haben. Laßt euch kurz Zeit, um euch mit der Rolle anzufreunden. Haltet euch euer Ziel vor Augen. Achtung, nun geht es los!

Die verschiedenen Gruppen gehen nun aufeinander zu und spielen ihre jeweiligen Rollen mit dem Gegenüber, bis die Spielleiterin laut "Stopp!" gebietet. Dann trennen sie sich wieder.

2. Die Gruppe, die bislang die normalen Passantinnen gespielt hat, wird nun zu Menschen, die sich vor einer REP-Veranstaltung eingefunden haben und dagegen demonstrieren wollen. Die bisherige Aktionsgruppe spielt die Besucherinnen dieser Veranstaltung, die aber nicht auf eine Schlägerei aus sind.

Die Gruppen spielen wieder miteinander, in Paaren, es können sich aber auch Grüppchen bilden. Dies geht so lang, bis die Spielleiterin wieder Einhalt gebietet.

3. Die Gruppe der Besucherinnen wird nun wieder zu einer Aktionsgruppe, die soeben zusammengerufen worden ist, weil der Verdacht besteht, daß eine Bande von rechten Jugendlichen das Asylbewerberheim stürmen will. Ihr habt jetzt zehn Minuten Zeit, um euch abzusprechen.

Die andere Gruppe stellt eine Horde rechter Jugendlicher dar, die sich getroffen haben und "etwas gegen die Asylantenflut machen" wollen. Ihr habt ebenfalls zehn Minuten Zeit. Das Asylbewerberheim ist dieser Teil des Zimmers.

Die Spielleiterin zeichnet die Grenzen auf oder markiert sie mit Tesakrepp. Sie besucht nun die Gruppe der "rechten Jugendlichen" und instruiert sie dahingehend, daß sie in ihrer Vorgehensweise entweder bestärkt oder abgemildert werden. In dieser Runde sollte die Eskalation nur in Worten verlaufen. Drohgebärden können gebraucht werden. Nach ihrer Vorbereitungszeit treffen die Teilnehmerinnen aufeinander und spielen solange, bis das Ende von der Spielleiterin ausgerufen wird.

4. Nun wechselt wieder: Die rechten Jugendlichen werden nun zu einer Mahnwache vor einem Asylbewerberheim und wissen, daß heute (z.B. zum Geburtstag Hitlers) eine Auseinandersetzung mit rechten Jugendlichen droht. Die Polizei hat sich nicht bereit erklärt, irgendwelche Vorsichtsmaßnahmen zu ergreifen. Ihr habt wieder zehn Minuten Zeit euch vorzubereiten. Die andere Gruppe ist eine Gruppe rechter Jugendlicher, die eine Aktion gegen die Fremden geplant haben. Auch ihr habt zehn Minuten Zeit.

Die Spielleiterin begibt sich wieder in beide Gruppe und beobachtet die Entwicklung. Dabei ist es wichtig, daß die Rollen einigermaßen der Wirklichkeit entsprechen. Die "Rechten" können mit Schlagstöcken (Zeitungspapier, Badokas) ausgerüstet werden. Dann gehen die Gruppen aufeinander los und spielen, bis zum Ende gerufen wird.

Achtung!
Zum Schluß darf noch eine Möglichkeit zur Entkrampfung geboten werden. Die Spielleiter trennt die beiden Gruppen und weist jeder Gruppe unterschiedliche Rollen zu. Dabei werden die Aktionistinnen vorbereitet, daß die rechte Gruppe extrem brutal vorgehen wird. Die "Rechten" werden, im Geheimen, so instruiert, daß sie in Wirklichkeit eine Gruppe von Sympathisantinnen eines Antifa-Jugendclubs sind, die über eine Telefonkette informiert und zum Schauplatz des

Geschehens gerufen worden sind. Sie kennen sich aber in der Gegend nicht aus und fragen nach der Antifa-Gruppe, die da ein Asylbewerberheim bewachen soll. Die beiden Gruppen treffen nun vor dem Heim zusammen und .....

Auswertung:
Vor jeder neuen Phase gibt die Spielleiterin einige Minuten Reflexionszeit. Diese Zeit kann noch durch Zwischenauswertungszettel effektiviert werden.
Fragen für die Zwischenauswertung:
- Mein Ziel war ....
- Habe ich mein Ziel erreicht/nicht erreicht?
- Welche Gefühle hatte ich dabei?

Die Endauswertung erfolgt in kleinen Gruppen. Es geht um die Rollen, die die Teilnehmerinnen normalerweise einnehmen.
Dabei ist die zentrale Frage: Was waren meine Interessen in den einzelnen Rollen?
- Habe ich sie durchgehalten oder im Spiel verworfen?
- Konnte ich mich gegen einen Angreifer behaupten oder habe ich mich in meinen Reaktionen den seinen angepaßt?

Bei den Rollen der "Gegner" geht es eher um die Fragen:
- Wann bin ich richtig in die Rolle reingewachsen?
- Welche Empfindungen hatte ich?
- Welche Reaktionen habe ich erwartet?

Anmerkung:
Diese Übungseinheit schließe ich meist mit einem Spiel, das beruhigt und die Gruppe wieder zusammenbringt. Der Knoten, die Schlange häuten, oder das atmende Tier eignen sich dafür.

Der Dritte Weg

Dauer: 90 Minuten
Material: "Schlagstöcke"

Schlagstöcke können leicht selbst gebaut werden. Große Zeitungen zusammenrollen und mit Kreppapier umwickeln. Schön und weniger schmerzhaft sind die sogenannten Badokas, Schläger aus Schaumstoff, die im Versandhandel für die Jugendarbeit angeboten werden.

Verlauf:
Die Gruppe teilt in zwei gleich große Reihen auf, die einander gegenüberstehen. Jede Person sucht sich einen direkten Partner.

Vorbereitung
Anleitung:

1. Nun nimmt jede Person aus der linken Reihe einen Schläger. Euer Ziel ist es, möglichst viele Schläge bei eurem Gegener anzubringen. Die rechte Reihe soll sich dagegen nach ihren Kräften zur Wehr setzen. Achtet darauf, niemanden zu verletzen. Ich werde irgendwann "Stopp" rufen. Geht dann bitte wieder in eure Ausgangsstellung zurück. Sind alle bereit? Dann los!

Die Angegriffenen sollen nun versuchen, sich so zu verteidigen, daß sie möglichst wenige Schläge einkassieren. Ich breche meist ab, wenn ich den Eindruck habe, es geschieht nichts Neues mehr, wenn z.B. einige der Angreifer entwaffnet sind oder andere ineinander verkeilt ringen, was häufig schon nach nicht einmal fünf Minuten der Fall ist. Nach der Übung bitte ich die Teilnehmer, sich ein paar Notizen zu den Geschehnissen auf ein Blatt Papier zu machen: "Als du mich angegriffen hast .....", "Als ich dich angegriffen habe...."

2. Die Angreifer haben weiterhin den Auftrag, möglichst viele Schläge zu landen. Die Angegriffenen versuchen zu fliehen.

Die Angegriffenen fliehen und zeigen dabei den Rücken. Der Jagdinstinkt wird geweckt. Auch nach diesem Abschnitt sollen beide kurz ihre Notizen ergänzen:
"Als du mich angegriffen hast ....",
"Als ich dich angegriffen habe...."

Hauptphase

3. Bitte geht in eure Ausgangsstellung und spürt noch einmal den letzten Handlungen nach. Nun ist es wichtig, daß der Angreifer auch wirklich möglichst viele Schläge anzubringen versucht und der Angegriffene einen Weg wählt, der zwischen Angriff und Flucht liegt. Dieser "Dritte Weg" soll natürlich ebenfalls zum Ziel haben, möglichst wenig Schläge zu erhalten. Denkt noch einmal kurz nach, setzt eure Phantasie ein, um eine Lösung zu finden und betrachtet das Ganze als Test. Vielleicht habt ihr mehrere Ideen. Überprüft, ob sie passen und setzt sie ein. Seid ihr bereit? Dann los!

In der sogenannten Hauptphase der Übung sollen die Teilnehmer möglichst originelle Verhaltensformen ausprobieren. Damit sie aber ein Erfolgsgefühl erleben, ist es wichtig, daß die Angreifer wirklich schlagen wollen. Ein halbherziges Herumtätscheln hilft wenig.

Nach dieser Phase wird ein Rollentausch vorgenommen und alles wiederholt!

Auswertung:
Die Teilnehmer bilden nun Kleingruppen. Inhalt des Austausches sind die Erfahrungen, die sie in ihren Rollen gemacht haben. Deswegen ist auch eine Auswertung nach Rollen geordnet sinnvoll. Da jeder alle Rollen einmal ausgefüllt hat, kann auch jeder etwas berichten. Wichtiges notieren und versuchen zusammenzufassen. Für die Auswertung der Hauptphase empfiehlt es sich, mit den Ideen der Angegriffenen zu beginnen. Die verschiedenen Formen der Abwehr sollten ebenfalls für das Plenum notiert werden. Die Angreifer sollen anschließend berichten, welche Reaktionen sie beeindruckt haben. Bei welcher Verhaltensweise waren sie blockiert, ermutigt oder schockiert?

Anmerkung:
Der Einsatz dieser Übung ruft bei manchen "sanften" Menschen einige Widerstände hervor, weil sie Schwierigkeiten haben, sich bei einem gewaltfreien Seminar zu schlagen. Ich verstehe diese Reaktionen, weise aber dennoch darauf hin, daß meiner Meinung nach die einzige Möglichkeit, Aktions- und Reaktionsmuster kennenzulernen, darin besteht, sie durch Übungen zu erfahren. Deshalb müssen diese Übungen auch in einem ernsthaften Rahmen stattfinden. Reine Rhethorik führt nicht zu einer Verhaltensänderung. Aus diesem Grund brauche ich ein "reales" Gegenüber.
Ein Grund für Verweigerung kann auch die versteckte Lust am Schlagen sein und die Angst, damit entlarvt zu werden. Ich ermutige die TN, sich dennoch nicht zurückzuhalten. So tragisch es ist, die Schlägerrolle macht auch Lust. Aber vielleicht verstehen wir dann auch leichter die Gruppe von Jugendlichen oder Erwachsenen, die dieser Lust nachgehen. Wieso nicht - desto freier können die Ideen sprudeln, um einen "Dritten Weg" zu finden.

Situationsspiele

Dauer: 90 Minuten

Verlauf:
Zwei oder drei Teilnehmerinnen verlassen den Raum zusammen mit einer Trainerin und werden von dieser eingewiesen. Die andere bereitet die restlichen Teilnehmerinnen auf ihren Aktionsort vor.

z.B.:
Ort: Ein Supermarkt: ein Tisch dient als Kasse, Stühle als Einkaufswägen. Die TN spielen Kundinnen beim Einkauf.
Zwei Spielerinnen (extra vorbereitet): Eine vom Einkauf völlig entnervte Mutter mit einem vierjährigen Kind, das schon die ganze Zeit quengelt und jetzt an der Kasse unbedingt ein **Mars** will. Es wirft sich auf den Boden und plärrt.... die Mutter zerrt es hoch und schlägt es schließlich ... .

oder

Ort: Eine Kinokasse, Samstagabend. Die TN wollen in einen Film und stehen in der Warteschlange.
Zwei Spielerinnen (als Mann und Frau): Die Frau ist ohne ihren Mann/Freund aus und will sich diesen Film **alleine** ansehen. Sie steht in der Schlange vor einem Mann. Ihr Mann/Freund kommt daher, die Frau verhält sich so, als würde sie ihn nicht kennen. Der Mann/Freund stürmt auf seine Frau zu, reißt sie am Arm aus der Schlange und brüllt: "Was fällt dir ein, ohne mich wegzugehen? Bist wohl mit dem Typen da unterwegs? Warte, wenn wir zu Hause sind - da kannst du was erleben..."

Nach den ersten Überraschungssekunden suchen die Teilnehmerinnen nach einer Möglichkeit einzugreifen. In beiden Fällen kann passieren, daß die TN es nicht wagen, in den Intimbereich der Kämpfenden einzudringen. Dies kann eine gute Grundlage für

einen Informationsschub "Intimität der Gewalt" sein. Um nun zu vielen verschiedenen Handlungsmöglichkeiten zu gelangen, rufe ich zu einem Brainstorming über mögliche Interventionsformen auf. Anschließend werden einige der Ideen ausgewählt und spielerisch erprobt.
Die erste Szene löste einmal eine Teilnehmerin dadurch, daß sie in den Einkaufswagen sprang, sich eine Banane holte und sie vor den Augen der konsternierten Mutter aufaß. Weniger spektakulär eine andere Lösung, bei der eine Teilnehmerin, ohne Vorwürfe zu erheben, auf die Mutter mit den Worten zuging: "Warten Sie, ich nehme so lange ihr Kind. Zahlen sie nur erst einmal ..."
Bei der zweiten Szene brachte ein gewaltiger Aufschrei der Frau und ein Kniefall, mit dem sie sich auf die Suche nach ihrer verlorenen Kontaktlinse begab, den Mann auch aus der Fassung.

Grundaufbau dieser Übung:

Spielerinnen	für die Szene instruieren, ihnen Mut machen zu kleinen Übertreibungen
Ort	mit sehr einfachen Mitteln den Raum umgestalten; dabei immer deutlich machen: dies ist nun die Kasse, dies ein Einkaufswagen
Teilnehmerinnen	spielen sich selbst: sie tun das, was sie in einer solchen Situation in der Realität tun würden
Auswertung und Ideensammlung	Sich in kleinen Gruppen zusammensetzen und mittels Brainstorming alternative Interventionsformen suchen. Dann ausprobieren

Weitere Szenenvorschläge:

1.Ausweiskontrolle
3 bis 5 Spieler
Ort: Bahnhof einer Großstadt
Spieler: 2 bis 4 Polizistinnen, eine südländisch aussehende Deutsche, die ihren Ausweis vergessen hat und zu einem sehr wichtigen Termin unterwegs ist.
Situation: Die Polizeibeamtinnen kontrollieren vorwiegend ausländisch aussehende Menschen. Als eine, die es offensichtlich eilig hat, keinen Ausweis vorzeigen will, halten sie sie fest, legen ihr Handschellen an und führen sie ab.

Anmerkung: Diese Szene hebt sich von den anderen ab, da sie eine legale Gewaltanwendung beschreibt. Eine Intervention ähnlich wie im Supermarkt würde hier die Bedeutung der Lage verschleiern und den Konflikt nicht offensichtlich machen. Die Frage ist nämlich hier, ob solches Handeln legitim ist oder nicht. Wenn ich es nicht als legitim empfinde, dann muß ich als Passantin eine Machtfrage stellen und muß Formen finden, die dieses Handeln als nicht legitim demaskieren. Dazu kann es gehören, daß ich laut eingreife und frage, warum die Person festgenommen wurde und wieso ich nicht nach meinem Ausweis gefragt werde. Eine Idee, die aus dieser Situation heraus entwickelt wurde, war, daß die Gruppe selbst begann, Ausweise zu kontrollieren und sie den Beamtinnen vorzuzeigen.

2. Die klassische U-Bahnszene
Ort: U- oder S-Bahn
Zwei Spielfiguren: Ein älterer Herr, politisch rechtsstehend, eine augenscheinlich türkisch aussehende Frau.
Szene: Die Frau will sich auf den freien Platz gegenüber dem Herrn setzen. Dieser sagt laut: "Du kannst ruhig stehen. Du brauchst uns in der U-Bahn nicht auch noch die Plätze wegnehmen." Die Frau stellt sich in den Gang.

Anmerkung: Bei diesem Spiel kann die Überraschung und die wieder auftretende "Intimität" des Geschehens zur Blockade der Ideen führen. Diese Szene läßt sich auch in Form eines Forumtheaters spielen.

3. Ampel

Ort: Stark befahrene Straße, sehr unübersichtlich, mit Fußgängerampel.
Spielerinnen: Mutter, den Arm voller Einkaufstaschen, kleine Kinder, eine unbestimmte Person, die es sehr eilig hat.
Szene: Die TN stehen an der roten Ampel, hüben wie drüben und warten auf Grün. Die Kinder hampeln herum. Die eilige Person schaut kurz und rennt über die Straße, die Kinder .....

Anmerkung: Es soll hier keine Verkehrserziehung betrieben werden. Was aber ist in solch einer Situation zu tun, die für die Kinder eindeutig gefährlich ist und gegenüber der Mutter eine Rücksichtslosigkeit darstellt. Laut "Kindermörder" rufen? Der Entgegenkommenden die Hand schütteln und ihr freundlich mitteilen, daß man gerne bereit sei, einer Blinden über die Straße zu helfen? Oder: "Haben sie die Kinder nicht gesehen?"
Ob dies dann in die Realität umgesetzt wird oder nicht, ist für diese Szene egal. Wichtig ist, spontan zu reagieren, nicht durch persönliche Beschimpfungen und nicht durch Schweigen.

Das Finden von Szenebildern
ist eigentlich ganz leicht. Solche Szenen sollten den Alltag dramatisieren, also zum Spiel erhöhen. Aus diesem Grund brauche ich für das Spiel einige wenige Hauptdarstellerinnen, die alltägliche Gewalt in Szene setzen. Bei diesem Spiel geht es nicht wie beim Forumtheater darum, außen zu stehen und Lösungsvorschläge in die Szene einzubringen, sondern um die eigene Reaktion und das Finden eines dritten Weges für mich selbst.

Forumtheater zu einer Gewaltsituation

Dauer: 120 - 180 Minuten

Verlauf:
Eine genaue Beschreibung des Forumtheaters findet sich auch im Abschnitt "Theater der Unterdrückten"

Grundmuster:

a. Szene erfassen
b. Rollenbeschreibung
c. Handlung festlegen
d. Probelauf
e. Interventionsmöglichkeit

Mögliche Szenen:

1. **Ort:** Café
Situation: Du sitzt mit einem Freund im Café. An einem weiter entfernten Tisch sitzen zwei Menschen mit dunkler Hautfarbe und abgetragenen Parkas und warten auf die Bedienung. In ihrer Nähe sitzen drei Männer, die offensichtlich Einwände gegen die beiden Gäste haben. Sie sind angetrunken und stänkern hinüber. Dann stehen sie auf und befördern die beiden Schwarzen ins Freie.

2. **Ort:** Eisenbahn
Situation: Freitag abend, in einem der "Lumpensammlerzüge". Du sitzt in einem offenen Abteil, eine Gruppe junger Männer geht gerade auf einen türkischen Jugendlichen los. Anpöbelei, Naziparolen, Schläge, ...

3. **Ort:** Asylbewerberheim
Situation: Eine Gruppe Jugendlicher bewirft die Fenster mit Steinen. Ihr seid eine organisierte Mahnwache ...

Macht über dich

Dauer: 120 Minuten
Material: Papier, Stifte, Flipchart

Verlauf:
Paarübung
Einleitung: Entscheidet bitte, wer von euch als erste die Machtperson ist. Wenn deine Spielpartnerin einverstanden ist, gibt sie dir nun 5 Minuten Macht über sich. Mit dieser Macht kannst du jetzt machen, was du willst. Seid ihr einverstanden? Es ist klar, daß wir auf das Taktgefühl der "Mächtigen" vertrauen.
Bevor ihr anfangt, notiert bitte schnell auf ein Blatt Papier, was ihr in diesem Augenblick denkt und befürchtet.

Nun beginnt die Übung: Die "Machtvollen" können über einen Menschen verfügen. Was machen sie? Erfahrungsgemäß fangen viele an, ihre Partnerin zu schikanieren. Sie schicken sie irgendwo hin, lassen sie Liegestütze machen. Die wenigsten lassen sich selbst etwas Gutes tun.
Nach fünf Minuten werden die Rollen getauscht, das Spiel, beginnt von neuem.
Anschließend sollen die Teilnehmerinnen ihre gemachten Erfahrungen aufschreiben.

Fragen:
An die Mächtigen:
Wozu hast du deine Macht verwendet?
Welches Gefühl hattest du dabei?
Hast du Widerstand gespürt?
Wie bist du damit umgegangen?
An die Ohnmächtigen:
Hat deine Partnerin Macht ausgedrückt?
Welches Empfindungen hattest du?
Hast du Widerstand geleistet?

Wenn ja, welchen?

Die Auswertung der Antworten erfolgt wieder in Kleingruppen von 4 - 6 Leuten.

Zusätzliche Fragen für die Gruppe:
Konntest du diese Macht annehmen?
Wenn nicht, warum?
Könnt ihr euch erklären, wieso Macht so und nicht anders ausgedrückt wurde?
In welcher Rolle habt ihr euch wohler gefühlt? Wieso?

Gesamtauswertung im Plenum:
Welche Gründe lassen uns lieber ohnmächtig als mächtig sein?

Anmerkung:
Diese Übung eignet sich als Einstieg in die Machtdiskussion. Erfahrungsgemäß geschieht bei der "Machtausübung" nichts Unsittliches, auch wenn die Anweisungen dazu einzuladen scheinen.
Auffallend bei dieser Übung ist die häufig festzustellende Verweigerung, mit Macht sinnvoll umzugehen. Überwiegend wird nur Negatives verlangt. Was hindert aber eine Teilnehmerin daran, kraft ihrer Macht sich etwas vorlesen zu lassen, einen gemeinsamen Spaziergang zu "befehlen" oder die Rücken-an-Rücken-Übung zu machen ...?
Interessant ist auch die Erfahrung der Ohnmächtigen. Sie nehmen sich als viel freier wahr. Sie fühlen sich sogar manchmal mächtiger als die Mächtigen. Auch finden sich Beispiele des subtilen Widerstandes. Langsamer gehen, etwas verschütten, nicht hören ... .
Wenn Widerstand gegen die Übung auftritt, ist es sinnvoll, die Gründe dafür visualisieren. Eine Wandtafel oder ein Flipchart leisten dabei gute Dienste.

Machtfragen

Dauer: 120 Minuten
Material: Papier, Stifte

Verlauf:
Paarübung

1. Die Paare entscheiden sich, wer von beiden als Veränderer auftreten möchte. Nun nimmt die andere Person diejenige Haltung und Position ein, die sie gerne einnehmen und durchhalten möchte.
2. Der Veränderer hat jetzt zur Aufgabe, die Haltung und Position des Übungspartners zu verändern. Dazu ist ausreichend Zeit. Zunächst einmal aber notieren beide ihre ersten Empfindungen auf ein Blatt Papier. Nun beginnt die Übung. Diejenigen, die Haltung und Position eingenommen haben, sollen sich bewußt machen, wann sie bereit sind, diese aufzugeben.
Die Übung beginnt nun. Sie kann verbal, aber auch nonverbal durchgeführt werden. Ich bevorzuge die nonverbale Durchführung, da ich sehr oft erlebt habe, wie das Sprechen die Entfaltung der Phantasie blockiert. Nach einer Zeitspanne von zehn Minuten soll der Trainer darauf achten, wie die Entwicklungen verlaufen sind. Stellt er fest, daß die Spieler noch Zeit brauchen, verlängert er die Übung. Ansonsten beendet er sie und läßt sie individuell auswerten. Dann werden die Rollen gewechselt und wie oben verfahren.

Auswertung:

Veränderer:
Konntest du Kontakt aufnehmen? Wie war deine Strategie? Hattest du Erfolg? Wenn nein, warum meinst du, hattest du ihn nicht? Sind dir noch andere Ideen gekommen? Welche Schwierigkeiten und Hemmungen hast du erlebt?

Positionsinhaber:
Hast du dich verändert? Ist es dir leichtgefallen oder schwer? Was war der ausschlaggebende Punkt der Veränderung? Was hat dich daran gehindert, dich zu verändern? Welche Strategie hast du bei deinem Veränderer vermutet?

Anmerkung: Vor dieser Übung ist es sinnvoll, daß die Partner miteinander Kontakt aufnehmen. Hilfreich sind dabei die geschilderten Energie- und Kontaktübungen. Die Auswertung sollte nicht überbewertet werden, da es sich um eine Simulation handelt, die nur sehr bedingt auf den Alltag übertragen werden kann.

Variante:
Diese Übung kann auch als Gruppe gemacht werden. Eine der beiden Gruppen nimmt Haltung und Position ein. Die andere Gruppe soll versuchen, beides nonverbal zu verändern. Die Auswertungsfragen erweitern sich auf die Kommunikationsformen und die Entscheidungsfindung in der Verändererguppe. Wer hat dominiert? Welche Person wurde als erste verändert? Hat die Gruppe zusammengearbeitet oder hat jeder für sich agiert?

Burgspiel

Dauer: 120 -180 Minuten

Verlauf:
Es bilden sich zwei Gruppen. Eine Gruppe hat die Aufgabe, sich selbst zur Burg aufzubauen, in die kein Mensch eindringen kann. Die andere Gruppe hat die Aufgabe, mit möglichst vielen Menschen in die Burg einzudringen.
Die Gruppen haben fünf Minuten Zeit, ihre Strategie zu besprechen. Dann geht es los.

Auswertung:
Welche Strategie wurde angewandt?
Hat die Gruppe ihr Ziel erreicht? Wodurch? Warum nicht?
Welche Form der Auseinandersetzung wurde gewählt?
Haben die Eindringlinge das Gefühl gehabt, daß sie willkommen seien?
War die Burggruppe offen für originelle Herangehensweisen?

Anmerkung:
Wichtig! Die Gruppen sollen ermutigt werden, mit Einsatz zu spielen, nicht mit der Brechstange ans Ziel gelangen zu wollen sondern originell an das Problem heranzugehen. Die Phantasie ist gefordert und nicht die Körperkraft!

Jonasübung oder Ändere Dich!

Dauer: ca. 180 Minuten
TN: maximal 12, größere Gruppen teilen sich auf

Verlauf:
Hintergrund der Übung ist die biblische Geschichte des Propheten Jona(s), der nach seinem mißglückten Versuch, sich vor seiner Aufgabe zu drücken, nach Ninive geht und dessen Einwohner auffordert: "Ändert Euch!"
Diese Übung versucht Ähnliches. Die Gesamtgruppe bildet einen lockeren Kreis. Eine Person tritt heraus und spielt den Jonas. Er geht auf die Gruppe zu und sagt zu jedem: "Ändere Dich!" Wenn sie die Runde gemacht hat, stellt sie sich wieder hin und ein nächtster Jona tritt aus dem Kreis und macht sich auf den Weg.
Die "Mauer" kann sich von Jonas zu Jonas ändern. Jedes Mauerglied kann sich mit einem anderen verbinden oder auseinandergehen, auf den Boden oder in die Luft schauen. Es kann sich auch einem anderen Mauerglied zuwenden. Wenn Jonas kommt, reagiert das Mauerglied nur sehr knapp, seine Reaktion ist dabei offen. Es kann ein "Wieso ich?" kommen oder ein "Oh ja, ich ändere mich!" oder ....

Auswertung:
Welche Formen der Ansprache sind verwendet worden? War das Auftreten Jonas' unglaubwürdig, befehlend, schwach, stark ...?
Wurde ich als Mauerglied angesprochen und angesehen oder ging es an mir vorbei?
Wie habe ich mich als Jonas erlebt? Was habe ich erlebt? Fühlte ich mich isoliert?

Anmerkung:
Diese Übung ist zum einen eine "Machtübung". Da die Jonasfigur Machtfragen stellt, muß sie sich überlegen, wie sie diese artikuliert. Es ist zum anderen auch eine Übung zur Wahrnehmung der Isolationsangst. Viele TN spüren ein starkes Unbehagen, aus der Menge

heraustreten zu müssen und von anderen Menschen etwas zu fordern, zumal hier nicht klar ist, was verändert werden soll. "Wieso soll ich so pauschal um Änderung ersuchen?" Diese Kritik ist richtig und zugleich falsch. Wenn ich in eine Situation komme, in der ich Hilfe brauche, muß ich mir diese Hilfe holen. Die Frage, die ich dabei an die passiven Menschen im Umfeld richte, lautet verkürzt: "Änderst du dich?" (deine Passivität). Die Angesprochenen werden mir ihre Unterstützung nur zuteil werden lassen, wenn sie sich von mir angesprochen fühlen.

Aus der Reihe tanzen

Dauer: 120 Minuten
Material: evtl. Rap- oder Marschmusik, Kassettengerät, ein Raum ohne Schwingdecke oder geeignetes Freigelände

Verlauf:
1. Die Gruppe stellt sich hintereinander, mit einer Armlänge Abstand, im Kreis auf. Sie beginnt, im Gleichschritt zu marschieren. Wenn die Gruppe im Tritt ist, wird versucht, in einem bestimmten Takt zu gehen, wobei die Musik sehr hilfreich sein kann. Beispiel: vier Schritte vorwärts, bei vier in die Hände klatschen, vier Schritte am Platz, dabei Kehrtwendung um 180°, vier Schritte in die Gegenrichtung, dann wieder Klatschen und Wendung. Diese (oder eine andere) Schrittfolge wird durch laute Kommandos aus der ganzen Gruppe untermalt.
2. Wenn dieser Takt sitzt, tritt eine Teilnehmerin aus der Gruppe heraus und versucht, die Gruppe aus dem Takt zu bringen. Dabei darf sie sich nicht in den Weg stellen und niemanden festhalten. Sonst ist aber alles erlaubt.
3. Zur Vereinfachung kann eine aus dem Takt gekommene Person ihr helfen.

Auswertung:
Was ist dir an der Gruppe aufgefallen, als du stören wolltest? Welche Gefühle hattest du dabei? Welche Strategie hast du angewandt?

Anmerkung:
Diese Übung muß gut eingeführt werden. Sie bezieht sich auf die Schwierigkeit, einen Alltagstrott zu durchbrechen. Die Musik und der Gleichschritt setzen einen Takt, der es den Störenden sehr schwer macht, andere herauszubringen. Ein auffallendes Merkmal bei dieser Übung ist das Zusammenwachsen der Gruppe beim Auftauchen einer Störerin. Selbst wenn es anfangs Schwierigkeiten

mit dem Takt gibt, spätestens beim Auftreten von Störerinnen findet er sich. Dieses Zusammenwachsen der Gruppe ist ein wichtiges Reaktionsmuster, dem wir (nicht nur) bei rechten Gruppen begegnen. Eine zweite wichtige Beobachtung bei dieser Übung ist die Umkehrung der Normalität. Zuerst werden viele der Teilnehmerinnen kichern und lachen, weil sie diese Marschübung als sehr albern und komisch empfinden. Es ist ja unnormal, sich so zu bewegen! Mit Beginn der Störung aber wird die Gruppe gewissenhaft den Takt zu erreichen versuchen. Jetzt fühlen sich plötzlich die Störerinnen als unnormal, sich lächerlich machend und komisch. Diese Verdrehung erleben auch Menschen, die bei einem rassistischen oder sexistischen Witz nicht mitlachen und den "Witzbold" kritisieren.
Doch brauchen wir nicht gerade den Mut, aus der Reihe zu tanzen, wenn wir etwas verändern wollen?

Adressen

von Organisationen und Gruppen, die Trainings anbieten:

Fränkisches Bildungswerk für Friedensarbeit e.V.(FBF),
Hessestraße 4, 90443 Nürnberg, 0911/288500
Werkstatt für Gewaltfreie Aktion Baden
Christoph Besemer, Am Dorfbach 11, 79111 Freiburg
Renate Wanie, Römerstraße 32, 69115 Heidelberg, 06221/161978
Bildungs- und Begegnungsstätte für gewaltfreie Aktion
Kirchstraße 14, 29462 Wustrow, 05843/507
Kölner Trainingskollektiv für gewaltfreie Aktion und kreative Konfliktlösung
Scharnhorststraße 6, 50733 Köln, 0221/765842
Friedenskotten Lippinghausen
Milchstraße 81-83, 32120 Hiddenhausen, 05221/67191
Friedens- und Begegnungsstätte
Forststraße 3, 73557 Mutlangen, 07171/75661

International

War Resisters International
55, Dawes Street, GB - London SE 17 1EL, 1/702 71 89
International Fellowship of Reconciliation
Jill Sternberg, Spoorstraat 38, NL - 1815 BK Alkmaar
Le Cun du Larzac
Route de St. Martin à Pierrefiche, F - 12100 Millau, 0033/65606233
Centre de ressources sur la non-violence
420 est, rue St-Paul, CDN - Montréal, Qc. H2Y1H4, 514-8440484
Versöhnungsbund Österreich
Lederergasse 23/3/27, A - 1080 Wien, 0222/485332

Liste der Übungen und Spiele:

Methoden für die Rahmenbedingungen
Fragebogen für eine Bürgerinitiative/Aktionsgruppe 110
Gestaltungshilfe für ein Seminar 112
Ausschreibungstexte 114
Finanzgeschäfte: 120
Honorarvereinbarung 121
Übungen zur Raumwahrnehmung
Raumerfahrung 134
Wo komme ich her? 135
Den Atem suchen 136
Raumfahrer 137
Gleichklang 138
Das Geheimnis oder den Alltag zurücklegen 139
Entdeckungsreise 140

Kennenlernen
Krokodilspiel 143
Spiegelschrift-Namen 144
Partner-Interview 145
Personenraten 147
Ansichtskarten 149
Erkennungszeichen 149
Assoziation mit Namen 151
Magischer Ball 152
Kofferpacken, Lieblingsspeisen 153
Angenehm, ich bin ...." 154
Ich bin der Klaaaaaauuuuuuuussssssssssssss 155
Bildersprache 156

Erwartungen äußern
Erwartungsgalerie 158
Atom-Moleküle 159
Blumen-Rosette 160

Themenorientierter Spaziergang 162
Zwiebelschale 163
Körperumriß 165
Graffiti 166
Provoka I 167
Provoka II 169
Provoka III 170
Stichworte zu Erwartungen 171
Zettelwirtschaft 172
Brainstorming/Erwartungssturm 173
Fragebogen zu Erwartungen/Befürchtungen 174

Planung und Absprache
Programmplanung 176
Programmgestaltung 179
Prioritäten- und Konsensübung 180

Auswertungsformen
Tagesauswertung "Larzac" 183
Selbstbeobachtung 184
Fragebogen 186
Freudenturm und Klagemauer 187
Gesichter, lachen, weinen / Farbkarten 188
Hinter dem Rücken - behind your back 189

Wochenübersicht 190

Spiele und Übungen um in Bewegung zu kommen
Einfach mitreißend 192
Schüttelfrost 193
Die Kirschen klauen 194
Die Erde tragen 194
Streck mich 195
Gleichgewichtsübungen 196
Handflächenstoßen 196
Hebeln 196
Kniehebeln 196

Pohebeln 196
Schwingen 197
Schwingen mit Strick 197
Eierlauf 197
Gleichgewicht mit Luftballon 197
Gleichgewichtsübungen mit dem Tau (in der Gruppe) 199
Tau ziehen 199
Tau halten 199
Tau schwingen 199
Gleichgewichtsübungen ohne Material 200
Tau schwingen" ohne Tau 200
Tragender Kreis 200
Sitzkreis 200
Gleichgewichtsübungen für die Gruppe mit dem Erdball 201

Spiele zum Lärmen und Toben
Atomreaktor 203
Urschrei 203
Namensschrei 204
Zoo 204
Dschungel-Laute oder der Dschungel erwacht 205
Konzertissimo 205
Der Löwe kommt 206
Vampirspiel 207
Goofy" 207

Übungen und Spiele zum Kontakt finden
Spirale 209
Der Knoten 210
Die Brezel 211
Rückendrücken 212
Förderband 213
Rollerfaß 214
Hagel und Sturm 215
Waschanlage 216
Drachenspiel oder Tausendfüßler 217
Sardinenbüchse 218

Das ist eine Umarmung - Was ist das? . . . 219
Ich gehe auf die Reise . . . 220
Schlangen häuten . . . 221
Wackelndes Kopfkissen oder "Ha-ha-ha" . . . 221
Ameisenhaufen . . . 222
Handlesen . . . 222
Gewittertropfen . . . 224
Maschine . . . 225
Berühre Blau! . . . 226
Sprichwörtlich . . . 227
Igitt, was ist denn das? . . . 228

...den anderen wahrnehmen..
Maskenparade . . . 229
Zweierspiegel . . . 230
Gruppenspiegel . . . 230
Kreisspiegel . . . 231
Bewegungsübernahme . . . 232
Energie zu zweit . . . 233
Wer ist der Drahtzieher? . . . 234
Zimmer einrichten . . . 235

Fangen und wetten
Gemüsekarren . . . 237
Ketten fangen . . . 238
Zweier-Zweck . . . 238
Bruder/Schwester - hilf! . . . 239
Fuchs und Hase . . . 239
Katz und Maus . . . 239
Hühnerstall . . . 240
Emanzipierter Hühnerstall . . . 240
Gruppenknobeln (Stein-Schere-Papier) . . . 241
Pudelspiel oder Über den Jordan springen . . . 242
Wandererspiel . . . 242
Versteinern - Entsteinern . . . 243
Do-Do-Do oder Yogi Cath (Titel aus New Games) . . . 244
Schlange im Gras . . . 245

Büffeljagd 246
Der schlaue Fuchs geht um (Grundidee) 247
Guten Morgen, Frau Nachbarin 247
Fliegender Holländer 247
Die Roboter sind los 248
Krabbenlauf 249

Kommunikationsspiele
Die unendliche Geschichte 252
Ein-Wort-Geschichte 252
Daumengeschichten 252
Wo befinde ich mich? 253
Was mache ich? 254
Gruppen-Malaktion 255
Gruppenbilder 256
In der Schonung wachsen Bäume 256
Quatschrede 257

Vertrauen finden
Partner finden für Paarübungen 260
Blind führen (Paarübung) 261
Blind führen (Gruppe) 262
Blinde Kette 262
Raupe 262
Durch die Wildnis 263
Blinder Kreis 263
Ich suche Dich! 264

Grundübung zur Entspannung 274
Erspüren des Innenraumes 275
Eins werden 276
Betrachtungen 277
Musikbetrachtung 277
Märchen 277
Bild-, Kunstbetrachtung 278

Entspannungsübungen mit Partnern

Den Energiefluß aktivieren . . . 279
Ausklopfen . . . 280
Wiegen . . . 280
Meditativer Tanz . . . 282
Tanz in der Trainingsarbeit . . . 282

Analyseformen

Problemfindung . . . 284
Barometer . . . 286
Volltreffer . . . 287
Das instabile Dreieck . . . 288
Die Netztabelle . . . 293
Zukunftswerkstatt . . . 297
Kraftfeldanalyse . . . 302
Gruppenbedingung "Zeit" . . . 305
Gruppenbedingung "Fähigkeiten" . . . 306
Problemkartierung . . . 307
Übungen zur Konsensfindung . . . 313
Darstellen eines Konfliktes . . . 314

Entscheidungsfindung

Atomspiel für Konsensfindung . . . 315
Weiser Rat . . . 316
Modell-Entscheidung . . . 317
Entscheidungsbarometer . . . 319
Entscheidungsblitz . . . 320
Frage - Antwort . . . 321
Stegreif-Rollenspiel . . . 322
Quadrat-Übung . . . 329
Elefantenspiel . . . 332

Theaterübungen

Image . . . 342
Das Statuentheater . . . 344
Galerie der Unterdrücker . . . 344
Forumtheater . . . 346

Unsichtbares Theater: 348
Der Polizist im Kopf 351
Der Regenbogen der Wünsche 353

Übungen zum Thema: Aggression und Gewalt
Sich stellen 356
Gewaltlandschaften 358
Gewalt - Bild 361
Umfrage 362
Statue oder Kunstaktion 364
Arbeit mit Texten 365
Statuen oder Forumtheater 365
Kunst-Konfrontationen 365
Geschichts-Konfrontation 366
Körperwahrnehmungsübungen 367
Bogenübung 368
Mit dem Kopf durch die Wand? 369
Faustübung 371
Monsterkabinett 373
Streitlinie 374
Der Dritte Weg 378
Situationsspiele 381
Forumtheater zu einer Gewaltsituation 384
Macht über dich 386
Machtfragen 388
Burgspiel 390
Jonasübung oder Ändere Dich! 391
Aus der Reihe tanzen 393

Liste der Spiele und Übungen - alphapetisch

Ameisenhaufen ... 222
Angenehm, ich bin ...." ... 154
Ansichtskarten ... 149
Arbeit mit Texten ... 365
Assoziation mit Namen ... 151
Atom-Moleküle ... 159
Atomreaktor ... 203
Atomspiel für Konsensfindung ... 315
Aus der Reihe tanzen ... 393
Ausklopfen ... 280
Ausschreibungstexte ... 114
Barometer ... 286
Berühre Blau! ... 226
Betrachtungen ... 277
Bewegungsübernahme ... 232
Bild-, Kunstbetrachtung ... 278
Bildersprache ... 156
Blind führen (Gruppe) ... 262
Blind führen (Paarübung) ... 261
Blinde Kette ... 262
Blinder Kreis ... 263
Blumen-Rosette ... 160
Bogenübung ... 368
Brainstorming/Erwartungssturm ... 173
Bruder/Schwester - hilf! ... 239
Büffeljagd ... 246
Burgspiel ... 390
Darstellen eines Konfliktes ... 314
Das ist eine Umarmung - Was ist das? ... 219
Das Geheimnis oder den Alltag zurücklegen ... 139
Das instabile Dreieck ... 288
Das Statuentheater ... 344
Daumengeschichten ... 252
Den Energiefluß aktivieren ... 279

Den Atem suchen 136
Der Polizist im Kopf 351
Der schlaue Fuchs geht um (Grundidee) 247
Der Dritte Weg 378
Der Regenbogen der Wünsche 353
Der Löwe kommt 206
Der Knoten 210
Die Netztabelle 293
Die Erde tragen 194
Die unendliche Geschichte 252
Die Roboter sind los 248
Die Kirschen klauen 194
Die Brezel 211
Do-Do-Do oder Yogi Cath (Titel aus New Games) 244
Drachenspiel oder Tausendfüßler 217
Dschungel-Laute oder der Dschungel erwacht 205
Durch die Wildnis 263
Eierlauf 197
Ein-Wort-Geschichte 252
Einfach mitreißend 192
Eins werden 276
Elefantenspiel 332
Emanzipierter Hühnerstall 240
Energie zu zweit 233
Entdeckungsreise 140
Entscheidungsbarometer 319
Entscheidungsblitz 320
Erkennungszeichen 149
Erspüren des Innenraumes 275
Erwartungsgalerie 158
Faustübung 371
Finanzgeschäfte: 120
Fliegender Holländer 247
Förderband 213
Forumtheater 346
Forumtheater zu einer Gewaltsituation 384
Frage - Antwort 321

Fragebogen zu Erwartungen/Befürchtungen 174
Fragebogen 186
Fragebogen für eine Bürgerinitiative/Aktionsgruppe 110
Freudenturm und Klagemauer 187
Fuchs und Hase 239
Galerie der Unterdrücker 344
Gemüsekarren 237
Geschichts-Konfrontation 366
Gesichter, lachen, weinen / Farbkarten 188
Gestaltungshilfe für ein Seminar 112
Gewalt - Bild 361
Gewaltlandschaften 358
Gewittertropfen 224
Gleichgewicht mit Luftballon 197
Gleichgewichtsübungen für die Gruppe mit dem Erdball 201
Gleichgewichtsübungen mit dem Tau (in der Gruppe) 199
Gleichgewichtsübungen ohne Material 200
Gleichgewichtsübungen 196
Gleichklang 138
Goofy" 207
Graffiti 166
Grundübung zur Entspannung 274
Gruppen-Malaktion 255
Gruppenbedingung "Fähigkeiten" 306
Gruppenbedingung "Zeit" 305
Gruppenbilder 256
Gruppenknobeln (Stein-Schere-Papier) 241
Gruppenspiegel 230
Guten Morgen, Frau Nachbarin 247
Hagel und Sturm 215
Handflächenstoßen 196
Handlesen 222
Hebeln 196
Hinter dem Rücken - behind your back 189
Honorarvereinbarung 121
Hühnerstall 240
Ich gehe auf die Reise 220

Ich suche Dich! . . . 264
Ich bin der Klaaaaaauuuuuuuussssssssssss . . . 155
Igitt, was ist denn das? . . . 228
Image . . . 342
In der Schonung wachsen Bäume . . . 256
Jonasübung oder Ändere Dich! . . . 391
Katz und Maus . . . 239
Ketten fangen . . . 238
Kniehebeln . . . 196
Kofferpacken, Lieblingsspeisen . . . 153
Konzertissimo . . . 205
Körperumriß . . . 165
Körperumriß . . . 165
Körperwahrnehmungsübungen . . . 367
Krabbenlauf . . . 249
Kraftfeldanalyse . . . 302
Kreisspiegel . . . 231
Krokodilspiel . . . 143
Kunst-Konfrontationen . . . 365
Macht über dich . . . 386
Machtfragen . . . 388
Magischer Ball . . . 152
Märchen . . . 277
Maschine . . . 225
Maskenparade . . . 229
Meditativer Tanz . . . 282
Mit dem Kopf durch die Wand? . . . 369
Modell-Entscheidung . . . 317
Monsterkabinett . . . 373
Musikbetrachtung . . . 277
Namensschrei . . . 204
Partner finden für Paarübungen . . . 260
Partner-Interview . . . 145
Personenraten . . . 147
Pohebeln . . . 196
Prioritäten- und Konsensübung . . . 180
Problemfindung . . . 284

Problemkartierung 307
Programmgestaltung 179
Programmplanung 176
Provoka I 167
Provoka III 170
Provoka II 169
Pudelspiel oder Über den Jordan springen 242
Quadrat-Übung 329
Quatschrede 257
Raumerfahrung 134
Raumfahrer 137
Raupe 262
Rollerfaß 214
Rückendrücken 212
Sardinenbüchse 218
Schlange im Gras 245
Schlangen häuten 221
Schüttelfrost 193
Schwingen mit Strick 197
Schwingen 197
Selbstbeobachtung 184
Sich stellen 356
Situationsspiele 381
Sitzkreis 200
Spiegelschrift-Namen 144
Spirale 209
Sprichwörtlich 227
Statue oder Kunstaktion 364
Statuen oder Forumtheater 365
Stegreif-Rollenspiel 322
Stichworte zu Erwartungen 171
Streck mich 195
Streitlinie 374
Tagesauswertung "Larzac" 183
Tanz in der Trainingsarbeit 282
Tau halten 199
Tau schwingen 199

Tau schwingen" ohne Tau 200
Tau ziehen 199
Themenorientierter Spaziergang 162
Tragender Kreis 200
Übungen zur Konsensfindung 313
Umfrage 362
Unsichtbares Theater: 348
Urschrei 203
Vampirspiel 207
Versteinern - Entsteinern 243
Volltreffer 287
Wackelndes Kopfkissen oder "Ha-ha-ha" 221
Wandererspiel 242
Was mache ich? 254
Waschanlage 216
Weiser Rat 316
Wer ist der Drahtzieher? 234
Wiegen 280
Wo befinde ich mich? 253
Wo komme ich her? 135
Wochenübersicht 190
Zettelwirtschaft 172
Zimmer einrichten 235
Zoo 204
Zukunftswerkstatt 297
Zweier-Zweck 238
Zweierspiegel 230
Zwiebelschale 163

Literaturübersicht zu Gewaltfreiheit, Gewaltfreie Aktion - eine Auswahl

Alt, Franz: Frieden ist möglich. Piper und Co Verlag, München, 1983

Bauriedel, Thea, Wege aus der Gewalt, München 1992

Bhave, Vinoba: Dritte Macht, Gladenbach 1974

Bhave, Vinoba:Gedanken , Gladenbach 1979

Benedict, Hans Jürgen ,Ebert,Theodor: Macht von unten, Hamburg 1968

Boal, Augusto: Theater der Unterdrückten. Suhrkamp Verlag, Frankfurt, 1979

Broich, Josef: Rollenspiele mit Erwachsenen. Rowohlt Taschenbuch Verlag, Reinbek, 1980

Blume, Michael: Satyagraha, Wahrheit und Gewaltfreiheit,yoga und Widerstand bei Gandhi, Verlag Hinder + Deelmann, Gladenbach 1987

Capitini: Die Technik des gewaltlosen Widerstandes. Jugend-dienstverlag, Wuppertal-Barmen, 1969

Carter, April: Direkte Aktion,Leitfaen für den gewaltfreien Widerstand, berlin 1979, Neuauflage: Verlag Weber &Zucht,Kassel 1983

Del Vasto,Lanza: Die Macht der Friedfertigen, Freiburg, 1982

Dolci, Danilo: Die Zukunft gewinnen, Gladenbach 1969

Ebert, Theodor: Gewaltfreier Aufstand. Fischer Taschenbuch Verlag, Frankfurt, gekürzte Ausgabe Nov. 1972

Eppler, Erhard: Wege aus der Gefahr. Rowohlt Verlag, Reinbek, 1981

Erikson, H. Erik: Gandhis Wahrheit. Suhrkamp Verlag, Frankfurt, 1978

Franck, Johannes: Sozialpsychologie für die Gruppenarbeit. Katzmann Verlag, Tübingen, 1976

Fischer, Herbert: Mahatma Gandhi, VEB,Verlag der Wissenschaften,-Berlin 1981

Fischer, Rainer: Theorie und Praxis der Erwachsenenbildung. expert verlag, Sindelfingen, 1985

Freire, Paulo: Erziehung als Praxis der Freiheit. Kreuz Verlag, Stuttgart, 1. Auflage 1974

Freire, Paulo: Pädagogik der Unterdrückten. Rowohlt Taschenbuch Verlag, Reinbek, Okt. 1973

ders: Volkserziehung in Lateinamerika. Von der Theorie Paolo Freires zur politischen Praxis der Unterdrückten, AG SPAK M 33, Müchen 1978

Galtung, Johann: Strukturelle Gewalt. Rowohlt Taschenbuch Verlag, Reinbek, April 1975

Gandhi, M.K.: Eine Autobiographie. Verlag Hinder und Deelmann, Gladenbach, 4.Auflage 1984

Gandhi, M.K. sarvodaya, Wohlfahrt für alle, Verlag Hinder und Deelmann, Gladenbach 1975

Goß-Mayr, Hildegard: Der Mensch vor dem Unrecht. Katholische Sozialakademie Österreichs (Hg), Wien, 4. neubearbeitete Auflage, 1981

Gregg, Richard ,B.:Die Macht der Gewaltlosigkeit, Gladenbach 1968

Grosse, Heinrich; Die Macht der Armen, Furche Vg. 1971

Gugel, Günther und Furtner, Horst: Gewaltfreie Aktion. Verein für Friedenspädagogik Tübingen e.V., 1983

Hinte, Wolfgang: Non-direktive Pädagogik. Westdeutscher Verlag, Opladen, 1980

Hinte, Wolfgang: Karas, Fritz: Grundprogramm Gemeinwesenarbeit, Praxis des sozialen Lernen in offenen pädagogischen Feldern, Jugenddienstverlag, Wuppertal 1978

ders. GRUNPROGRAMM GRUPPENARBEIT,Arbeits- und Aktionshilfen für Bürgergruppen, Jugenddienstverlag, Wupperal 1980

Hessel,Dieter T.: Fibel für soziale Aktion, Gelnhausen 1973

Jochheim, Gernot: Länger leben als die Gewalt. Edition Weitbrecht im Thienemanns Verlag, Stuttgart und Wien, 1986

Jochheim, Gernot: Die Gewaltfreie Aktion: Idee und Methoden, Vorbilder und Wirkungen. Rasch und Röhring Verlag, Hamburg, 1984

Jungk, Robert und Müllert, Norbert: Zukunftswerkstätten. Hoffmann und Campe Verlag, Hamburg, 1981

Kaiser, Arnim: Bildungsarbeit mit Erwachsenen. Lexika Verlag Max Hueber, München, 1986

Kidd, James Robbins: Wie Erwachsene lernen. Hg. der dt. Übersetzung: Deutscher Volkshochschulverband, Georg Westermann Verlag, Braunschweig, 1979

King, Coretta: Mein Leben mit M.L. King. Deutsche Verlagsanstalt, Stuttgart, 1970

King, Martin Luther: Schöpferischer Widerstand. Gütersloher Verlagshaus, Gütersloh, 1980

Kobler, Franz (Hg): Gewalt und Gewaltlosigkeit. Rotapfelverlag, Zürich, 1928

Kuypers, Harald W. und Leydendecker, Bernd: Erwachsenenbildung in der Praxis: Didaktik und Methodik. Klinkhardt Verlag, Bad Heilbrunn/Obb, 1982

Lafontaine, Oskar: Angst vor den Freunden. Rowohlt Taschenbuch Verlag, Reinbek, August 1983

Miller, Wiliam Robert: Nonviolence, Grundlagen einer christlichen Theorie der Gewaltlosigkeit, Jugenddienstverlag,Wuppertal 1971

Markert, Ludwig: Taschenbuch der Erwachsenenbildung. Bayerische Verlagsanstalt, Bamberg, 1980

Niggemann, Wilhelm: Praxis der Erwachsenenbildung. Herder Verlag, Freiburg/Breisgau, 1975

Nolting, H.P.: Lernschritte zur Gewaltlosigkeit, roro, Reinbeck 1982
ders: Lernfall Aggression, Reinbeck 1986

Rau, Heimo: Gandhi. Rowohlt Taschenbuch Verlag, Reinbek, 1970

Reckmann, Piet: Soziale Aktion. Laetare Verlag, Stein/Nürnberg, 1971

Richter, Horst E.: Die Gruppe, Reinbeck

ders.: Flüchten oder Standhalten, Reinbeck 1978

ders.: Der Gotteskomplex, Reinbeck 1987

ders.: Sich der Krise stellen, Reinbeck 1982

ders: Zur Psychologie des Friedens, Reinbeck 1984

Rogers, Carl R.: Lernen in Freiheit. Kösel Verlag, München, 1974

Schmidbauer, Wolfgang: Ist Macht heilbar, Therapie und Politik, Reinbeck 1986

ders.: Alles oder nichts, Reinbeck 1980

ders.: Die hilflosen Helfer, Reinbeck 1979

Schultz, Hans Jürgen (Hg): Liebhaber des Friedens. Kreuz Verlag, Stuttgart, 1982

Senghaas, Dieter: Gewalt Konflikt Frieden. Hoffmann und Campe Verlag, Hamburg, 1974

Thoreau, Henry David: Über die Pflicht zum Ungehorsam gegen den Staat. Diogenes Verlag, Zürich, 1967

Tolstoi, Leo: Patriotismus und Regierung. Libertad Verlag, Berlin, 1983

Watzlawick/Beavin/Jackson: Menschliche Kommunikation. Hans Huber Verlag, Bern, 4. unveränderte Auflage 1974

Literaturübersicht: Methoden

Batz Michael, Schroth Horst:Theater zwischen Tür und Angel, Hamburg 1983

Broich, Josef: Anwärmspiele, Maternus Verlag, Köln 1990
ders.: Körper- und Bewegungsspiele, Köln 1990
ders.: Rollenspiele mit Erwachsenen, Köln 1991
ders.: Szenische Spielfindung, Köln

Rademacher, Helmolt/Wilhelm, Maria: Spiele und Übungen zum interkulturellen Lernen, Berlin 1991, VWB-Verlag-Berlin

Reichel, Renè, Rabenstein, Reinhold: Bewegung für die Gruppe, ökotopia 1986
dies.: Großgruppenanimation, ökotopia 1986

Leifels Georg/Mölter Uwe: Konflikt spielend begreifen, Offenbach 1984

New Games 1 + 2, München 1979

Arbeitskreis Pädagogik Paulo Freire: mit Phantasie und Spass, München 1992

Das ***Fränkische Bildungswerk für Friedensarbeit e.V.*** wurde im Herbst 1982 gegründet. Es entstand aus einem Zusammenschluß verschiedener Friedensinitiativen und Einzelpersonen. Ziel war es, neben der mehr auf Quantität ausgerichteten "Anti-Raketen-Bewegung" eine langfristige qualitative Einrichtung der Friedenspädagogik zu schaffen.
Das FBF hat schon von Anfang an auf den umfassenden Friedensbegriff, der aus der gewaltfreien Bewegung kommt, Wert gelegt. So sind die Angebote und Aktionen des FBF nie auf reinen Antimilitarismus begrenzt gewesen. Die Vielfalt einer friedlichen Gesellschaft darzustellen, war von Anfang an Ziel des FBF. Dies zeigt sich in den vielen verschieden Arbeitsbereichen.

Das FBF ist ein gemeinnütziger Verein. Er finanziert sich in erster Linie durch Spenden, Eigenarbeit und Zuschüsse.
Derzeit sind vier hauptamtliche Mitarbeiter, davon eine belgische Freiwillige, sowie ein Team ehrenamtlicher Mitarbeiter/innen für den Verein tätig.

Seit 1992 ist das FBF im "Ersten Nürnberger Ökozentrum" beheimatet. In diesem Projekteverbund und in dem multikulturellen Stadtteil Gostenhof versucht es, lokale Aktivitäten mit internationalen Begegnungen zu verbinden.
Kooperationen im Bereich der Bildungsarbeit ermöglichen ein qualifiziertes Bildungsangebot.

Das FBF arbeitet zusammen unter anderem Mitglied mit der Aktionsgemeinschaft Dienste für den Frieden (AGDF), der Arbeitsgemeinschaft friedenspädagogischer Bildungseinrichtungen (AFPB), dem Zusammenschluß Bayerischer Bildungsinitiativen (ZBB), der Stiftung Regenbogen Bayern e.V.(RBB) und dem deutsch-französischen Jugendwerk. Gefördert wird das FBF vom Alternativtopf der Stadt Nürnberg.